判例フォーカス

行政法

村上裕章　下井康史　編著

三省堂

はしがき

　本書は、畠山武道＝下井康史編著『はじめての行政法（第3版）』（三省堂、2016年）の姉妹書として、行政法の重要判例をコンパクトに紹介するために編まれました。最高裁判所の判決を中心として、121の裁判例に「フォーカス」しています。読者として想定しているのは、大学で法学を学んでいる学生や、公務員試験などの受験を目指す人、そして、行政法を初歩から学びたいと考えている人です。行政法の学習が進んでいる人にとっても、各判例の概要や判例の全体像を確認するための教材として役立つものと考えています。

　法律学を学ぶにあたっては、判例の学習が不可欠です。このことは、どの法律科目でも同じです。ただ、行政法の場合、多くの法律科目とは異なり、基本法典がありません。重要な事項について、法令の定めが存在しないこともしばしばあります。その結果、入門段階から、判例の学習がとりわけ大きな意味を持ってきます。

　しかし、行政法の事件では、問題となる様々な個別行政法規——建築基準法とか児童福祉法とか——の仕組みが、おうおうにして複雑です。事案が入り組んでいることも少なくありません。そのため、行政法の入門書や教科書で取り上げられる論点が、具体的にどのようなかたちで争われているのか、初学者には分かりづらいこともあるでしょう。そこで本書では、各判例をできるだけコンパクトに紹介・解説することで、行政法判例の学習をスムーズにスタートさせることができるように工夫しました。本書によって、行政法の学習に少しでも親しんでもらえればと願っています。

　本編では、121の項目ごとに判決を1つ取り上げ、それぞれにタイトルと事件名を付けました。各項目では、関連条文と争点を示し、事実——どのような事件なのか——と判旨——判決はどのような判断をしたのか——を紹介したうえで、簡潔な解説を加え

3

ています。最後には、各判決の評釈を、1点だけですが紹介してありますので、さらなる学習へのみちびきとしてください。

121の判決は、行政法の一般的な教科書の構成（体系）に従って並べられています。教科書のどの部分に関係する判例であるのかは、タイトルから判断できるでしょう。なお、法令の略称については、凡例を参照してください。

本書は、あくまで入門書です。本書によって行政法判例の全体像を把握できた人や、行政法判例に興味を持った人には、より本格的な判例解説集にステップアップしていくことが望まれます。また、いうまでもなく、判例を正確に理解するためには、判決の原文を読むことが重要です。最高裁の重要判例については、調査官による解説（調査官解説）が公表されており、判例をより深く理解する上でとても参考になります。

本書の完成に至るまで、各執筆者は熟慮を重ね、何度も書き直しをしてきました。2名の編者は、全原稿に何度も目を通し、率直に意見を述べたり、記述がバラバラにならないように加筆修正したりしています。

本書の企画から完成まで、三省堂六法・法律書編集室の黒田也靖氏のお世話になりました。諸事情から完成までに時間がかかってしまいましたが、黒田氏の粘り強く心温かいサポートがなければ、本書が日の目を見ることはなかったでしょう。心から御礼申し上げます。

最後になりますが、本書の執筆者は、全員が、北海道大学において、姉妹書の編者のお一人である畠山武道先生の謦咳に接する幸運に恵まれた者たちです。執筆者一同、あらためて畠山先生の学恩に感謝したいと思います。

2019年1月

村上　裕章

下井　康史

目　次

はしがき　3

凡　例　15

I　行政法の基本原則

1　行政上の強制執行と法律の根拠──浦安漁港事件
　　〔最判平成3年3月8日民集45巻3号164頁〕……………………16

2　行政調査と法律の根拠(1)──自動車一斉検問事件
　　〔最決昭和55年9月22日刑集34巻5号272頁〕……………………18

3　行政調査と法律の根拠(2)──所持品検査事件
　　〔最判昭和53年9月7日刑集32巻6号1672頁〕……………………20

4　行政指導と根拠規範──石油カルテル事件
　　〔最判昭和59年2月24日刑集38巻4号1287頁〕……………………22

5　政策変更と信義則──宜野座村企業誘致事件
　　〔最判昭和56年1月27日民集35巻1号35頁〕……………………24

6　課税処分と信義則──青色申告課税事件
　　〔最判昭和62年10月30日判時1262号9頁〕……………………26

7　水道料金と平等原則──高根町水道条例事件
　　〔最判平成18年7月14日民集60巻6号2369頁〕……………………28

8　農地買収処分と民法177条──大分県農地委員会事件
　　〔最大判昭和28年2月18日民集7巻2号157頁〕……………………30

9　行政法規違反行為の効力──精肉販売食品衛生法違反事件
　　〔最判昭和35年3月18日民集14巻4号483頁〕……………………32

10　安全配慮義務──陸上自衛隊事件
　　〔最判昭和50年2月25日民集29巻2号143頁〕……………………34

Ⅱ　行政の主体

11　内閣総理大臣の指揮監督権限——ロッキード事件
〔最大判平成7年2月22日刑集49巻2号1頁〕 ⋯⋯⋯⋯⋯⋯⋯⋯⋯⋯⋯⋯⋯ 36

12　国と特殊法人の関係——成田新幹線事件
〔最判昭和53年12月8日民集32巻9号1617頁〕 ⋯⋯⋯⋯⋯⋯⋯⋯⋯⋯⋯ 38

13　地方公共団体と指定法人の関係——東京建築検査機構事件
〔最決平成17年6月24日判時1904号69頁〕 ⋯⋯⋯⋯⋯⋯⋯⋯⋯⋯⋯⋯⋯ 40

14　地方公共団体と社会福祉法人の関係——積善会事件
〔最判平成19年1月25日民集61巻1号1頁〕 ⋯⋯⋯⋯⋯⋯⋯⋯⋯⋯⋯⋯⋯ 42

15　条例の違法性——徳島市公安条例事件
〔最判昭和50年9月10日刑集29巻8号489頁〕 ⋯⋯⋯⋯⋯⋯⋯⋯⋯⋯⋯ 44

16　地方議会による債権放棄議決
〔最判平成24年4月20日民集66巻6号2583頁〕 ⋯⋯⋯⋯⋯⋯⋯⋯⋯⋯ 46

17　住民訴訟における審理対象—— 一日校長事件
〔最判平成4年12月15日民集46巻9号2753頁〕 ⋯⋯⋯⋯⋯⋯⋯⋯⋯⋯ 48

Ⅲ　行政の作用

18　告示の法的性質——伝習館高校事件
〔最判平成2年1月18日判時1337号3頁〕 ⋯⋯⋯⋯⋯⋯⋯⋯⋯⋯⋯⋯⋯⋯ 50

19　委任命令の違法性⑴——幼児接見不許可事件
〔最判平成3年7月9日民集45巻6号1049頁〕 ⋯⋯⋯⋯⋯⋯⋯⋯⋯⋯⋯⋯ 52

20　委任命令の違法性⑵——医薬品インターネット販売権事件
〔最判平成25年1月11日民集67巻1号1頁〕 ⋯⋯⋯⋯⋯⋯⋯⋯⋯⋯⋯⋯ 54

21　通達の法的性質——墓地埋葬通達事件
〔最判昭和43年12月24日民集22巻13号3147頁〕 ⋯⋯⋯⋯⋯⋯⋯⋯⋯ 56

22　登録拒否と法律の根拠——ストロングライフ事件
〔最判昭和56年2月26日民集35巻1号117頁〕 ⋯⋯⋯⋯⋯⋯⋯⋯⋯⋯⋯ 58

23 公定力と国家賠償請求——名古屋冷凍倉庫固定資産税事件
〔最判平成22年6月3日民集64巻4号1010頁〕………… 60

24 公定力と刑事訴訟——余目町個室付特殊浴場事件〈刑事〉
〔最判昭和53年6月16日刑集32巻4号605頁〕………… 62

25 違法性の承継——新宿区建築安全条例事件
〔最判平成21年12月17日民集63巻10号2631頁〕………… 64

26 瑕疵の治癒——大分税務署事件
〔最判昭和47年12月5日民集26巻10号1795頁〕………… 66

27 行政処分の無効事由(1)——山林所得課税事件
〔最判昭和36年3月7日民集15巻3号381頁〕………… 68

28 行政処分の無効事由(2)——譲渡所得課税事件
〔最判昭和48年4月26日民集27巻3号629頁〕………… 70

29 行政裁量(1)——神戸全税関事件
〔最判昭和52年12月20日民集31巻7号1101頁〕………… 72

30 行政裁量(2)——マクリーン事件
〔最大判昭和53年10月4日民集32巻7号1223頁〕………… 74

31 行政裁量(3)——伊方原発事件
〔最判平成4年10月29日民集46巻7号1174頁〕………… 76

32 行政裁量(4)——日光太郎杉事件
〔東京高判昭和48年7月13日行例集24巻6・7号533頁〕………… 78

33 行政裁量(5)——剣道実技拒否事件
〔最判平成8年3月8日民集50巻3号469頁〕………… 80

34 行政裁量(6)——呉学校施設使用不許可事件
〔最判平成18年2月7日民集60巻2号401頁〕………… 82

35 行政裁量(7)——小田急事件（本案）
〔最判平成18年11月2日民集60巻9号3249頁〕………… 84

36 処分職権取消しの可否——秋田本荘町農地買収令書事件
〔最判昭和33年9月9日民集12巻13号1949頁〕………… 86

37 処分撤回の可否——優生保護医指定撤回事件

〔最判昭和63年6月17日判時1289号39頁〕 ………… 88

38 給水契約拒否の違法性——志免町給水拒否事件

〔最判平成11年1月21日民集53巻1号13頁〕 ………… 90

39 公害防止協定の効力——福間町公害防止協定事件

〔最判平成21年7月10日判時2058号53頁〕 ………… 92

40 行政指導の限界(1)——品川マンション事件

〔最判昭和60年7月16日民集39巻5号989頁〕 ………… 94

41 行政指導の限界(2)——武蔵野マンション事件〈民事〉

〔最判平成5年2月18日民集47巻2号574頁〕 ………… 96

Ⅳ 行政の手段

42 行政手続と憲法31条——成田新法事件

〔最大判平成4年7月1日民集46巻5号437頁〕 ………… 98

43 意見陳述手続の瑕疵——個人タクシー事件

〔最判昭和46年10月28日民集25巻7号1037頁〕 ………… 100

44 諮問手続の瑕疵——群馬中央バス事件

〔最判昭和50年5月29日民集29巻5号662頁〕 ………… 102

45 理由提示の意義と内容(1)——パスポート発給拒否事件

〔最判昭和60年1月22日民集39巻1号1頁〕 ………… 104

46 理由提示の意義と内容(2)—— 一級建築士免許取消事件

〔最判平成23年6月7日民集65巻4号2081頁〕 ………… 106

47 理由差替えの可否——逗子市情報公開事件

〔最判平成11年11月19日民集53巻8号1862頁〕 ………… 108

48 行政代執行の可否——茨木市市庁舎事件

〔大阪高決昭和40年10月5日行例集16巻10号1756頁〕 ………… 110

49 司法的執行の可否(1)——茨城県農業共済組合連合会事件

〔最判昭和41年2月23日民集20巻2号320頁〕 ………… 112

50 司法的執行の可否(2)——宝塚市パチンコ店事件

〔最判平成14年7月9日民集56巻6号1134頁〕……………………114

51 交通反則金制度の意義——交通反則金事件

〔最判昭和57年7月15日民集36巻6号1169頁〕………………116

V 行政の情報収集管理

52 行政調査と令状主義——川崎民商事件

〔最大判昭和47年11月22日刑集26巻9号554頁〕………………118

53 行政調査と事前手続——荒川民商事件

〔最決昭和48年7月10日刑集27巻7号1205頁〕………………120

54 税務調査と犯則調査(1)——麹町税務署事件

〔最判昭和63年3月31日判時1276号39頁〕……………………122

55 税務調査と犯則調査(2)——今治税務署事件

〔最決平成16年1月20日刑集58巻1号26頁〕…………………124

56 情報公開と本人情報開示——兵庫県レセプト開示請求事件

〔最判平成13年12月18日民集55巻7号1603頁〕………………126

57 知事交際費の情報公開——大阪府知事交際費事件

〔最判平成6年1月27日民集48巻1号53頁〕…………………128

58 行政文書不存在の立証責任——沖縄返還密約事件

〔最判平成26年7月14日判時2242号51頁〕……………………130

59 インカメラ審理の可否——沖縄ヘリ墜落事件

〔最決平成21年1月15日民集63巻1号46頁〕…………………132

60 個人情報の本人開示請求——大田区指導要録事件

〔最判平成15年11月11日判時1846号3頁〕……………………134

61 レセプトの本人訂正請求——京都府レセプト訂正請求事件

〔最判平成18年3月10日判時1932号71頁〕……………………136

VI 行政争訟

62 国営空港の供用差止めと民事訴訟――大阪空港事件（民事差止め）
〔最大判昭和56年12月16日民集35巻10号1369頁〕 ················138

63 処分性(1)――大田区ごみ焼却場設置事件
〔最判昭和39年10月29日民集18巻8号1809頁〕 ················140

64 処分性(2)――労災就学援護費不支給事件
〔最判平成15年9月4日判時1841号89頁〕 ················142

65 処分性(3)――盛岡市公共施設管理者同意拒否事件
〔最判平成7年3月23日民集49巻3号1006頁〕 ················144

66 処分性(4)――登録免許税還付通知拒否事件
〔最判平成17年4月14日民集59巻3号491頁〕 ················146

67 処分性(5)――病院開設中止勧告事件
〔最判平成17年7月15日民集59巻6号1661頁〕 ················148

68 処分性(6)――東山村消防長同意取消事件
〔最判昭和34年1月29日民集13巻1号32頁〕 ················150

69 処分性(7)――盛岡用途地域指定事件
〔最判昭和57年4月22日民集36巻4号705頁〕 ················152

70 処分性(8)――浜松市土地区画整理事業計画事件
〔最大判平成20年9月10日民集62巻8号2029頁〕 ················154

71 処分性(9)――御所町2項道路指定事件
〔最判平成14年1月17日民集56巻1号1頁〕 ················158

72 処分性(10)――横浜市保育所廃止条例事件
〔最判平成21年11月26日民集63巻9号2124頁〕 ················160

73 原告適格(1)――主婦連ジュース事件
〔最判昭和53年3月14日民集32巻2号211頁〕 ················162

74 原告適格(2)――長沼ナイキ基地事件
〔最判昭和57年9月9日民集36巻9号1679頁〕 ················164

10

75 原告適格(3)——新潟空港事件
〔最判平成元年2月17日民集43巻2号56頁〕 ································166

76 原告適格(4)——近鉄特急料金変更認可事件
〔最判平成元年4月13日判時1313号121頁〕 ································168

77 原告適格(5)——もんじゅ事件（原告適格）
〔最判平成4年9月22日民集46巻6号571頁〕 ································170

78 原告適格(6)——国分寺市パチンコ店営業許可事件
〔最判平成10年12月17日民集52巻9号1821頁〕 ·····················172

79 原告適格(7)——小田急事件（原告適格）
〔最大判平成17年12月7日民集59巻10号2645頁〕 ·················174

80 原告適格(8)——サテライト大阪事件
〔最判平成21年10月15日民集63巻8号1711頁〕 ·····················178

81 訴えの利益(1)——名古屋郵政局職員免職事件
〔最大判昭和40年4月28日民集19巻3号721頁〕 ·····················180

82 訴えの利益(2)——運転免許停止事件
〔最判昭和55年11月25日民集34巻6号781頁〕 ························182

83 訴えの利益(3)——北海道パチンコ店営業停止命令事件
〔最判平成27年3月3日民集69巻2号143頁〕 ···························184

84 訴えの利益(4)——優良運転免許証不交付事件
〔最判平成21年2月27日民集63巻2号299頁〕 ························186

85 訴えの利益(5)——仙台市建築確認事件
〔最判昭和59年10月26日民集38巻10号1169頁〕 ·················188

86 出訴期間——京都府個人情報保護条例事件
〔最判平成28年3月10日判タ1426号26頁〕 ···························190

87 違法判断の基準時——高知県農地買収事件
〔最判昭和27年1月25日民集6巻1号22頁〕 ···························192

88 原処分主義——米子鉄道郵便局事件
〔最判昭和62年4月21日民集41巻3号309頁〕 ························194

89 取消判決の第三者効——健康保険医療費値上げ事件
〔東京地決昭和40年4月22日行例集16巻4号708頁〕·····196

90 判決の拘束力——東京12チャンネル事件
〔最判昭和43年12月24日民集22巻13号3254頁〕·····198

91 事情判決——八鹿町土地改良事業施行認可事件
〔最判平成4年1月24日民集46巻1号54頁〕·····200

92 無効確認訴訟の補充性——もんじゅ事件（補充性）
〔最判平成4年9月22日民集46巻6号1090頁〕·····202

93 非申請型義務付け訴訟——産廃処分場措置命令事件
〔福岡高判平成23年2月7日判時2122号45頁〕·····204

94 公法上の確認訴訟——在外国民選挙権事件
〔最大判平成17年9月14日民集59巻7号2087頁〕·····206

95 差止訴訟と公法上の確認訴訟の関係——東京都教職員国旗国歌事件
〔最判平成24年2月9日民集66巻2号183頁〕·····208

96 執行停止——弁護士懲戒処分執行停止事件
〔最決平成19年12月18日判時1994号21頁〕·····212

Ⅶ　国家補償

97 職務関連性——川崎駅警察官強盗殺人事件
〔最判昭和31年11月30日民集10巻11号1502頁〕·····214

98 加害公務員特定の必要性——岡山税務署健康診断事件
〔最判昭和57年4月1日民集36巻4号519頁〕·····216

99 違法性(1)——富山パトカー追跡事件
〔最判昭和61年2月27日民集40巻1号124頁〕·····218

100 違法性(2)——奈良過大更正事件
〔最判平成5年3月11日民集47巻4号2863頁〕·····220

101 規制権限不行使の違法性(1)——京都宅建業者事件
〔最判平成元年11月24日民集43巻10号1169頁〕·····222

102 規制権限不行使の違法性(2)——熊本水俣病関西事件
〔最判平成16年10月15日民集58巻7号1802頁〕……224

103 申請に対する不作為の違法性——熊本水俣病認定遅延訴訟
〔最判平成3年4月26日民集45巻4号653頁〕……226

104 過失(1)——不法滞在外国人国民健康保険事件
〔最判平成16年1月15日民集58巻1号226頁〕……228

105 過失(2)——小樽種痘禍事件
〔最判平成3年4月19日民集45巻4号367頁〕……230

106 逮捕・拘留や公訴提起の違法性——芦別国家賠償事件
〔最判昭和53年10月20日民集32巻7号1367頁〕……232

107 裁判行為の違法性——大阪民事判決国賠事件
〔最判昭和57年3月12日民集36巻3号329頁〕……234

108 立法行為の違法性——在宅投票制度廃止事件
〔最判昭和60年11月21日民集39巻7号1512頁〕……236

109 最終的な賠償責任の負担者——福島県求償金請求事件
〔最判平成21年10月23日民集63巻8号1849頁〕……238

110 営造物の設置管理の瑕疵(1)——高知落石事件
〔最判昭和45年8月20日民集24巻9号1268頁〕……240

111 営造物の設置管理の瑕疵(2)——故障トラック放置事件
〔最判昭和50年7月25日民集29巻6号1136頁〕……242

112 営造物の設置管理の瑕疵(3)——大東水害事件
〔最判昭和59年1月26日民集38巻2号53頁〕……244

113 営造物の設置管理の瑕疵(4)——点字ブロック未設置転落事件
〔最判昭和61年3月25日民集40巻2号472頁〕……246

114 営造物の設置管理の瑕疵(5)——大阪空港事件（国家賠償）
〔最大判昭和56年12月16日民集35巻10号1369頁〕……248

115 営造物の設置管理の瑕疵(6)——テニス審判台転倒事件
〔最判平成5年3月30日民集47巻4号3226頁〕……250

116 憲法に基づく損失補償請求権——名取川河川附近地制限令事件
〔最大判昭和43年11月27日刑集22巻12号1402頁〕 ································252

117 財産権制限と損失補償(1)——奈良県ため池条例事件
〔最大判昭和38年6月26日刑集17巻5号521頁〕 ································254

118 財産権制限と損失補償(2)——高松ガソリンスタンド事件
〔最判昭和58年2月18日民集37巻1号59頁〕 ································256

119 行政財産使用許可の撤回と損失補償——東京都中央卸売市場事件
〔最判昭和49年2月5日民集28巻1号1頁〕 ································258

120 都市計画制限と損失補償——都市計画制限事件
〔最判平成17年11月1日判時1928号25頁〕 ································260

121 正当な補償——倉吉都市計画街路事件
〔最判昭和48年10月18日民集27巻9号1210頁〕 ································262

判例索引　264
事項索引　271

装丁＝米倉八潮
組版＝木精舎

凡　例

I　判例の表記
慣例に従い、以下のように略記しました。
1　裁判所名
最 (大)	最高裁判所 (大法廷)
高	高等裁判所
地	地方裁判所

2　判決・決定
判	判決
決	決定

3　判例集
民 (刑) 集	最高裁判所民事 (刑事) 判例集
行例集	行政事件裁判例集
訟　月	訟務月報
判　時	判例時報
判　タ	判例タイムズ

II　評釈の略記
百選 I II	行政判例百選〔第7版〕 I II　第7版以外の版の場合はその旨表記

III　法令名の略記
原則として、模範六法の表記に従いました。それ以外のものは、以下のように略記しました。ここに掲載したもの以外は、原則として、フルネームで表記しています。

行特 (法)	行政事件訴訟特例法〔昭和32年廃止〕
漁港	漁港法
自創 (法)	自作農創設特別措置法〔昭和27年廃止〕
情報公開	行政機関の保有する情報の公開に関する法律

Ⅰ　行政法の基本原則

1 行政上の強制執行と法律の根拠
——浦安漁港事件

最判平成3年3月8日民集45巻3号164頁

関連条文 ▶ 代執法2条

争　点

法律や条例に根拠のない行政上の強制執行は適法か。

事　実

昭和55年6月、Aが、B（当時の浦安町）にある浦安漁港内の水域に、鉄杭約100本（本件鉄杭）を無許可で打設したため、船舶の航行にとって非常に危険な状態となっていた。そこで、同漁港の漁港管理者（旧漁港25条1項3号）であるY（Bの町長）が、B職員らに本件鉄杭を撤去させた（本件撤去）ところ、Bの町民であるXらが、Yに対し、Bに損害賠償をするよう求める住民訴訟を提起し（旧地自242条の2第1項4号）、次のように主張した。漁港管理者は、条例で漁港管理規程を定め（旧漁港26条）、同規程において、漁港区域内の水域利用を著しく阻害する行為の規制について定める義務があるが（同施令20条3号）、Bは同規程を制定していなかったのであるから、本件撤去は違法であり、その結果、本件撤去に直接要した費用をYがBの公金から支出させたこと（本件公金支出）も違法である。控訴審は請求を認容した。

判　旨　　原判決破棄（請求棄却）

本件鉄杭は、漁港区域内の水域利用を著しく阻害するもので、存置の許されないことは明白であり、漁港管理者の管理権限に基づき、漁港管理規程によって撤去することができるものである。しかし、当時、B町は同規程を制定していなかったのであるから、本件撤去の強行は、旧漁港法の規定に違反しており、代執法に基づく代執行としての適法性を肯定する余地はない。

16

しかし、本件撤去の強行は、緊急の事態に対処するためのやむをえない措置であり、民法720条の法意に照らしても、Bとしては、Yが本件撤去に要した費用をBの経費として支出したことを容認すべきものである。本件公金支出の違法性は肯認できず、YがBに対し損害賠償責任を負うとすることはできない。

解　説

本件撤去は、国民の義務を行政が代わりに執行するもので（行政代執行。代執2条）、行政上の義務履行確保措置（強制執行）の一種である。相手方の権利や利益を侵害する行政作用であるから、代執行の対象となる義務を課す行為（本件であれば鉄杭撤去命令）とともに、法律や条例に必ず根拠がなければならない。

本件当時のBは、旧漁港法の定めにもかかわらず、漁港管理規程を制定していなかった。鉄杭撤去命令の根拠が法律・条例になかったのである。そのため本判決は、本件撤去につき、代執法に基づく代執行としての適法性を肯定する余地はないと断じた。

ところで、本件は、住民訴訟の事案である。住民訴訟とは、普通地方公共団体の住民が、自己の利益とは無関係に、住民という立場から、当該普通地方公共団体の財務会計行為（地自242条1項）の違法を争う訴えである。本件の最終的争点は、財務会計行為である本件公金支出の適法性であり、この点につき、本判決は、本件撤去が緊急事態に対処するためのやむをえない措置であったとして適法とした。その際、緊急避難に関する民法720条に触れている。しかし、その「法意」を参照するのみで、同条を適用したわけではない。緊急避難の法理によって本件撤去の違法性を阻却したのではなく、本件撤去は違法だが、これに対する公金支出は適法としたものと見るべきである。

■ **評　釈**　　大橋洋一・百選Ⅰ204頁

[下井康史]

I 行政法の基本原則

2 行政調査と法律の根拠(1)
——自動車一斉検問事件

最決昭和55年9月22日刑集34巻5号272頁

関連条文 ▶ 警察法2条1項

争 点

自動車一斉検問は適法か。

事 実

昭和52年某日、飲酒運転が多いとされていた某地点において、交通違反取締のための自動車一斉検問が実施されていた（本件検問）。X運転の車が合図に従って停車したため、警察官が、Xに運転席の窓を開けてもらい、窓越しに運転免許証の呈示を求めた。すると酒臭がしたため、派出所で飲酒検知をしたところ、酒気帯び運転の事実が確認された。道交法違反により起訴されたXは、本件検問は法的根拠を欠いた違法なものであり、同検問を端緒として収集された証拠に証拠能力はないと主張した。

判 旨　上告棄却（有罪）

警察法2条1項が「交通の取締」を警察の責務と定めることに照らすと、交通の安全及び交通秩序の維持などに必要な警察の諸活動は、強制力を伴わない任意手段による限り、一般的に許容されるべきであるが、国民の権利や自由の干渉にわたるおそれのある事項にかかわる場合は、任意手段であっても無制限に許されるものではない。しかし、自動車の運転者は、公道での自動車利用を許されていることに伴う当然の負担として、合理的に必要な限度で行われる交通の取締に協力すべきであること、その他、現時における交通違反、交通事故の状況などをも考慮すると、警察官が、交通取締の一環として、①交通違反の多発する地域等の適当な場所で、②交通違反の予防、検挙のための自動車検問を実施し、

18

同所を通過する自動車に対して走行の外観上の不審な点の有無に
かかわりなく③短時分の停止を求め、運転者などに対し必要な事
項について質問などをすることは、④相手方の任意の協力を求め
る形で行われ、⑤自動車の利用者の自由を不当に制約することに
ならない方法、態様で行われる限り、適法である。本件検問は、
上記の範囲を越えない方法と態様で実施された適法なものと解す
べきである。

解 説

　自動車一斉検問とは、一般に、警察官が、ある地点を走行中の
自動車を、外観が不審かどうかを問わず、すべて停止させ、各自
動車を見分したり、運転者や同乗者に質問することをいう。運転
者の行動の自由を制約する行政作用であるが、道路交通法には、
一斉検問についての明確な定めがない。また、警職法2条1項も
根拠となりにくい。同項に基づき「停止させて質問することがで
きる」のは、「異常な挙動その他周囲の事情から合理的に判断し
て」犯罪を疑うに足りる相当な理由のある者等に対してであるが、一斉検問は、外観の不審さとは無関係に停止を求めるものだ
からである。そこで本件では、自動車一斉検問が、法律に根拠の
ない侵害行政作用として、違法かどうかが争われた。

　本決定が挙げる警察法2条1項は、「警察は……交通の取締そ
の他公共の安全と秩序の維持に当ることをもつてその責務とす
る」と定める。組織の役割を定めた組織規範にすぎない。しかし、
法律に根拠があるといえるためには、「どういう場合に行政は何
ができるか」を定めた根拠規範が必要である。本決定も、警察法
2条1項だけから、一斉検問を適法としたわけではない。自動車
運転者が交通取締に協力すべきことを踏まえ、①〜⑤の要件をす
べて満たした一斉検問に限って、適法としている。

■ **評 釈**　濱西隆男・百選Ⅰ216頁

[下井康史]

I 行政法の基本原則

3

行政調査と法律の根拠(2)
——所持品検査事件

最判昭和53年9月7日刑集32巻6号1672頁

関連条文 ▶ 警職法2条1項

争 点

同意のない所持品検査は適法か。

事 実

昭和49年某日深夜、警察官Aは、覚せい剤事犯や売春事犯の検挙例が多い地帯を警ら中、不審な動きをした自動車を停止させ、運転者Xに対し、降車を求めた上で、所持品の提示を要求したところ、Xはしぶしぶこれに応じた。さらにAが、ポケットを触らせてもらうと断り、Xの上着とズボンのポケットを外から触ったところ、上着左内ポケットに「刃物ではないが何か堅い物」が入っている感じでふくらんでいたので、その提示を求めた。Xは不服らしい態度を示したが、Aは、「それなら出してみるぞ」と言った上で、Xの上着左内ポケット内に手を入れ、「ちり紙の包、プラスチックケース入りの注射針一本」を取り出した。この包みに覚せい剤（本件証拠物）が入っていたため、Xは、覚せい剤不法所持の現行犯として逮捕され、起訴された。控訴審は、Aの所持品検査が違法であることを理由に、本件証拠物の証拠能力を否定し、Xを無罪とした。

判 旨　　原判決破棄（差戻し）

職務質問（警職2条1項）に附随して行う所持品検査は、任意手段として許容されるものであるから、所持人の承諾を得てその限度で行うのが原則である。しかし、職務質問や所持品検査の目的、性格及びその作用等にかんがみると、所持人の承諾のない限り一切許容されないと解するのは相当でなく、「捜索に至らない

20

程度の行為は、強制にわたらない限り、たとえ所持人の承諾がな
くても、所持品検査の必要性、緊急性、これによつて侵害される
個人の法益と保護されるべき公共の利益との権衡などを考慮し、
具体的状況のもとで相当と認められる限度において許容される場
合がある」。

　本件の場合、「Xの承諾がないのに、その上衣左側内ポケツト
に手を差入れて所持品を取り出したうえ検査したAの行為は、一
般にプライバシイ侵害の程度が高い行為であり、かつ、その態様
において捜索に類するものであるから」、「本件の具体的な状況の
もとにおいては、相当な行為とは認めがたいところであつて、職
務質問に附随する所持品検査の許容限度を逸脱したものと解する
のが相当である」。しかし、その違法は必ずしも重大ではない。
本件証拠物の証拠能力は肯定される。

解　説

　所持品検査一般について、法律に明確な根拠はみあたらない
が、実際には、警察官の職務質問に伴って行われている。ただし、
職務質問自体、あくまで任意の手段にすぎないから、所持品検査
も同じく任意のものでなければならない。そのため、所持者の同
意がない所持品検査について、その適法性が問題となる。

　本判決は、所持品検査には原則として所持人の承諾が必要とし
つつ、「捜索に至らない程度の行為」であれば、「承諾がなくて
も」、「強制にわたらない限り」で許されるとする（最判昭和53年
6月20日刑集32巻4号670頁も同旨）。その上で、本件の所持品検
査については、「本件の具体的状況のもとにおいては」違法とし
た。必要性と緊急性が、それほど高くなかったというのだろう。
すると、事案の内容次第では、承諾なしに内ポケットに手を入れ
る検査でも、適法となる場合がありうることになる。

■ **評　釈**　　曽和俊文・百選Ⅰ〔第6版〕226頁

[下井康史]

Ⅰ　行政法の基本原則

4 行政指導と根拠規範
——石油カルテル事件

最判昭和59年2月24日刑集38巻4号1287頁

関連条文 ▶ 通産省設置法3条、独禁法3条、89条、95条

争 点

石油製品価格に対する行政指導はどこまで許されるか。

事 実

　昭和40年代後半の石油ショックに際して、通商産業省（当時）は、石油業界に対し、値上げを業界のみの判断に委ねることなく、事前に相談に来させてその了承を得させたり、基本方針を示してこれを値上げ案に反映させるための行政指導（本件行政指導）を行った。石油製品元売り会社の営業担当役員であるXらは、本件行政指導に従って値上げの上限に関する業界の希望案を合意するにとどまらず、希望案が通商産業省の了承を得られることを前提に、一定の期日に、了承される限度一杯まで各社一斉に値上げすることを合意した。そこで公正取引委員会が独禁法違反でXらを告発し、公訴が提起された。

判 旨　　一部原判決破棄、一部上告棄却（Xらの一部につき有罪）

　石油業法に直接の根拠のない価格に関する行政指導であっても、これを必要とする事情がある場合に、これに対処するため社会通念上相当と認められる方法によって行われ、独禁法の究極の目的に実質的に牴触しない限り、これを違法とすべき理由はない。そして、価格に関する事業者間の合意が形式的に独禁法に違反するようにみえる場合でも、それが適法な行政指導に従い、これに協力して行われたものであれば、その違法性が阻却される。本件行政指導は、原油価格の異常な高騰という緊急事態に対処するために行われており、社会通念上相当とされる限度を逸脱して独禁法

の究極の目的に実質的に牴触するとは認められないから、違法とはいえない。しかし、Ｘらの合意は、本件行政指導に従い、これに協力して行われたものと評価できないことは明らかであり、行政指導が存在しているからといって違法性を阻却されるものではない。

解説

　行政指導はあくまで行政による働きかけ、要望であり、相手方の任意の協力によりその内容が実現されるにすぎない非権力的な行政手法である（行手2条6号・32条ないし34条参照）。そのため、行政指導については、法律や条例に根拠規範は不要と考えられている。もっとも、行政機関は、自己の所掌事務の範囲外の事項について行政指導をすることはできない（行手32条1項）。

　本判決は、通産省設置法および石油業法の規定からすれば、通商産業省の所掌事務の範囲に石油価格形成への介入が含まれているとして、石油製品の価格に関する本件行政指導を可能としている。さらに本判決は、価格に関する行政指導が適法であるためには、これを必要とする事情がある場合に、それに対処するため社会通念上相当と認められる方法で行われ、独禁法の究極の目的（「一般消費者の利益を確保するとともに、国民経済の民主的で健全な発達を促進する」）に実質的に牴触しないことを要するとした上で、本件行政指導の適法性を認めている。

　また本判決は、事業者間の合意が形式上独禁法に抵触するようにみえる場合でも、適法な行政指導に従い、これに協力して行われた場合は、違法性が阻却されるとも判示している。もっとも本判決は、Ｘらの合意は本件行政指導に従ったものではないとして違法性の阻却を否定し、Ｘらの一部が有罪となった。

■ **評　釈**　　白石忠志・百選Ｉ194頁

[小川一茂]

Ⅰ　行政法の基本原則

5 政策変更と信義則
——宜野座村企業誘致事件

最判昭和56年1月27日民集35巻1号35頁

関連条文 ▶ 民法1条2項

争 点

地方公共団体による政策変更が信義則に反するのはいかなる場合か。

事 実

　Y（宜野座村）での工場建設を考えたXは、昭和45年11月、当時のY村長Aに対し、工場誘致と村有地譲渡を陳情した。Aが、Y村議会による議決を経て、Xに対し、工場建設に全面協力すると発言したため、Xは、土地明渡しに対する補償料の支払いや、機械設備の発注等を経て、昭和47年12月、工場敷地の整地工事を完了した。ところが、同月の村長選挙で新村長に当選したBは、工場設置に反対の住民に支持されていたことから、Xへの協力を拒否した。工場建設を断念したXは、それまでに形成された信頼関係が破られたとして、Yに対し損害賠償を求めて出訴したが、控訴審は請求を棄却した。

判 旨

破棄差戻し（差戻し後、Yが賠償をするという内容の和解が成立）

　地方公共団体のような行政主体が、一定内容の将来にわたって継続すべき施策を決定した場合でも、同施策が社会情勢の変動等に伴って変更されうるのは当然である。しかし、この決定が、①特定の者に対し、特定内容の活動をするよう促す個別具体の勧告・勧誘を伴うものであり、かつ、②その活動が相当長期の施策継続を前提としてはじめてこれに投入する資金や労力に相応する効果を生じうるものである場合、その特定の者は、同施策が維持

24

されると信頼し、これを前提として様々な活動に入るのが通常である。たとえ同施策の維持を内容とする契約が締結されたとは認められない場合でも、そのように密接な交渉を持つに至った当事者間の関係を規律すべき信義衡平の原則に照らし、上記のような信頼に対して法的保護が与えられなければならない。すなわち、勧告・勧誘に動機づけられて様々な活動に入った者が、③施策変更によって所期の活動を妨げられ、社会観念上看過することのできない積極的損害を被る場合、地方公共団体が、④損害を補償するなどの代償的措置なしに施策変更することは、⑤やむをえない客観的事情がない限り、当事者間に形成された信頼関係を不当に破壊するものとして違法性を帯び、地方公共団体の不法行為責任を生ぜしめる。本件では①～③が認められるところ、④や⑤についての審理がされていないことから、事案を控訴審に差し戻す。

解　説

　地方公共団体は、一度決定した政策・施策を、その後の事情変化を理由に変更できる。しかし、そのような変更により、当初の決定を信頼した者が損害を被った場合に、地方公共団体が、同人との間で契約を締結していなくても、その損害を賠償すべきこともあるだろう。では、どのような場合であれば、いかなる違法があるとして、損害賠償責任が認められるのだろうか。

　本判決は、①と②の事情が認められ、③の示す損害が生じていれば、⑤の事情がない限り、④代償的措置な措置を講じないことは、信義衡平の原則に反して違法であるとした。

　同原則は民法1条2項が定める信義則から導かれるが、同項は法の一般原則の表れであるから、行政上の法律関係にも問題なく適用される。信義則違反の承認が違法状態の放置をもたらすこともあるが、本件にそのような事情はない。

■ **評　釈**　　赤間聡・百選Ⅰ52頁

［下井康史］

Ⅰ　行政法の基本原則

6 課税処分と信義則
——青色申告課税事件

最判昭和62年10月30日判時1262号9頁

関連条文 ▶ 民法1条2項

争点

　所得税法に反しない課税処分が信義則に反するのはいかなる場合か。

事実

　昭和47年3月、Xが、青色申告承認を受けないまま、青色申告書による確定申告をした（従前は、青色申告承認を受けていたXの義父名義で申告していた）。Y（八幡税務署長）はこれを受理し、翌年以降、Xに青色申告用紙を送付して、Xの青色申告に基づく所得税額を収納した。しかし、昭和51年3月、Yは、Xに対し、昭和48年・49年分の所得税につき、青色申告の承認がないことを理由に、納税額を増額する更正処分（本件処分）等を行った。そこで、Xが本件処分の取消しを求めて出訴したところ、控訴審は、信義則違反の主張を認め、請求を認容した。

判旨　　破棄差戻し（差戻し後控訴審が請求棄却）

　法の一般原理である信義則の適用により、租税法規に適合する課税処分を違法として取り消し得る場合があるとしても、法律による行政の原理、とりわけ租税法律主義の原則が貫かれるべき租税法律関係において、その適用は慎重でなければならず、納税者間の平等、公平という要請を犠牲にしてもなお、課税処分に係る課税を免れしめて納税者の信頼を保護しなければ正義に反するといえるような特別の事情が存する場合に、初めて同法理の適用の是非を考えるべきである。特別の事情の有無を判断するに当たっては、少なくとも、①税務官庁が納税者に対し信頼の対象となる

公的見解を表示したことにより、②納税者がその表示を信頼しその信頼に基づいて行動したところ、③のちに同表示に反する課税処分が行われ、④そのために納税者が経済的不利益を受けることになったのかどうか、⑤納税者に②の点について責めに帰すべき事由がないかどうかの考慮は不可欠である。

本件処分は、YがXに与えた公的見解の表示に反する処分とはいえず、信義則の適用を考える余地はない。

解　説

所得税納税者が青色申告を承認されると、課税手続や税額計算について、他の申告納税者（白色申告者）にはない特典が認められる（所税143条以下）。しかし、Xはこの承認を受けていなかった。本件処分は所得税法に違反しない。そこでXは、本件処分が信義則（民1条2項）に反すると主張した（行政上の法律関係における信義則の適用については判例5の解説を参照）。しかし、本件処分を取り消すと、所得税法違反の状態が放置されてしまう。そこで、いかなる場合であれば、税法上は適法な処分が信義則違反として違法とされるのかが問題となる。

本判決は、信義則適用の余地を、特別の事情がある場合に限定した。しかも、特別の事情の有無を判断するにあたり、「少なくとも」①〜⑤の考慮が「不可欠」とするから、①〜⑤以外の事情を理由に、特別の事情がないとされることもあり得る。さらに、特別の事情があるとされても、信義則「適用の是非」を「考える」というにすぎない。信義則適用に対し非常に消極的である。

最判平成19年2月6日（民集61巻1号122頁）も、普通地方公共団体に対する債権について、消滅時効（地自236条2項）の主張が信義則違反となるケースを例外的な場合に限定する。ただし、同事件については、違法な通達の存在が原告の権利行使を妨げていたとして、県による消滅時効の主張を信義則違反とした。

■ **評　釈**　　原田大樹・百選Ⅰ50頁　　　　　　　　　［下井康史］

Ⅰ　行政法の基本原則

7 水道料金と平等原則
——高根町水道条例事件

最判平成18年7月14日民集60巻6号2369頁

関連条文 ▶ 地自法244条

争　点

利用者によって水道料金に差を設けることは平等原則違反か。

事　実

平成10年、Y（当時の高根町）は、簡易水道事業給水条例を改正し（本件条例改正）、住民ではない別荘所有者（別荘給水契約者）の基本料金額を、別荘以外の給水契約者の3.57倍に設定した。そこで、別荘給水契約者であるXらが、本件条例改正の前後における基本料金の差額分に関し、未払水道料金の債務不存在確認等を求めて出訴した。

判　旨　　上告棄却（請求認容）

普通地方公共団体が経営する簡易水道事業施設は、地自法244条1項所定の「公の施設」に該当する。同条3項は、普通地方公共団体は住民が公の施設を利用することについて不当な差別的取扱いをしてはならないと定める。ところで、公の施設を利用する者の中には、当該地方公共団体の住民ではないが、その区域内に家屋敷等を有し、その地方公共団体への地方税納付義務を負う者など、住民に準ずる地位にある者が存在する。これらの者の公の施設利用について、当該施設の性質やこれらの者と当該普通地方公共団体との結び付きの程度等に照らし合理的な理由なく差別的取扱いをすることは、地自法244条3項に違反する。本件の別荘給水契約者は、Yの住民に準ずる地位にある。

水道事業においては、最大使用量に耐え得る水源と施設を確保する必要がある。夏季等の一時期に水道使用が集中する別荘給水

契約者に対し、年間を通じて平均して相応な水道料金を負担させるため、その基本料金を、他の給水契約者よりも高額に設定すること自体は、水道事業者の裁量として許されないものではない。しかし、平成8年度の大口需用者（いずれも別荘以外の給水契約者。ホテル等が含まれる）の年間水道使用量は、Yの総水道使用量の約20％であるのに対し、別荘給水契約者のそれは約4.7％である。この大きな格差にもかかわらず、本件改正条例による水道料金の改定においては、別荘以外の給水契約者（大口需要者を含む）の年間水道料金平均額と別荘給水契約者の年間水道料金の負担額とをほぼ同一水準にするとの考え方に基づいて、後者の基本料金が定められた。公営企業たる水道事業において、水道料金の設定は給水に要する個別原価に基づくとの原則に照らせば、本件条例改正による水道料金設定方法に、基本料金の大きな格差を正当化するに足りる合理性はない。不当な差別的取扱いに当たる。

解説

本判決は、「住民」（地自10条1項）に「準ずる地位」にある者でも、「公の施設」利用における平等原則（不当な差別的取扱い禁止の原則）が及ぶとし、本件の別荘給水契約者は「準ずる地位」にあるとした。ただし、平等原則違反が認められるかどうかは、公の施設ごとに、その性質等を踏まえて判断される。

本判決は、一部住民等の水道基本料金を高額とすること自体を禁じたわけではない。本件条例改正の目的は、夏季等の一時期に集中して水道を使用する者に応分の負担を求めることにあったが、別荘以外の給水契約者にも、ホテル等の大口需要者がいたところ、にもかかわらず、本件条例改正は、大口需要者を別荘以外の給水契約者に含めていた。このような料金設定方法が、不当な差別的取扱いとされたのである。

■ **評 釈** 太田直史・百選Ⅱ 322頁

［下井康史］

Ⅰ　行政法の基本原則

8 農地買収処分と民法177条
——大分県農地委員会事件

最大判昭和28年2月18日民集7巻2号157頁

関連条文 ▶ 民法177条

争　点

農地買収処分に民法177条は適用されるか。

事　実

　Xは、戦前にAから農地（本件農地）を買い受け、代金を支払い、引渡しも受けたが、諸事情から所有権移転登記をしなかったため、登記簿上の所有権者はAのままであった。戦後の農地改革の際、地区農地委員会は、Aが本件農地の所有者であり、旧自作農創設特別措置法（自創法）3条1項1号に定める不在地主（農地所在の市町村に居住していない地主）であるとして、本件農地の買収計画を定めた（同6条）。そこでXは、Y（大分県農地委員会）に不服を申し立て（当時は訴願と称されていた）、本件農地の所有者は自分であると主張した。これに対しYが、所有権移転登記が完了していない以上、Xは第三者たるYに対抗できないとして（民177条）、請求棄却の裁決を下したため、Xがその取消しを求めて出訴した。

判　旨　　上告棄却（請求棄却）

　自創法に基づく農地買収処分は、国家が権力的手段をもって農地の強制買上を行うものである。対等の関係にある私人相互の経済取引を本旨とする民法上の売買とは、その本質を異にする。私経済上の取引の安全を保障するために設けられた民法177条の規定は、農地買収処分に適用されない。政府は、登記簿上の所有者からではなく、真実の所有者から農地を買収すべきである。

　以上のことは、自創法の制定趣旨（同1条）や、同法が、農地

30

買収の基準を、不在地主か否か、地主が農地を自作しているか、小作人に小作をさせているかといった、現実の事実関係にかからしめている等、自創法の各種規定自体からも窺える。

解　説

　農地改革とは、第2次大戦後に行われた農地制度の改革である。その内容は、自作農を創設するため、政府が、不在地主等から強制買収した農地を（相手方には補償がなされる）、小作人に売り渡すというものである。本件では、登記簿上の所有者に対する買収計画について、真実の所有権者が自己の権利を主張したため、農地買収をめぐる法律関係に、民法177条が適用されるか否かが争われた。行政上の法律関係における民法の適用可否という問題の一局面である。

　かつての支配的見解は、行政上の法律関係を公法関係とし、私人間の法律関係（私法関係）から区別したうえで（公法私法二元論）、前者のうち、処分のような公権力の行使に基づく権力関係の場合、私法である民法は、原則として適用されないとしていた（例外は、法の一般原則や技術的約束事に関する定め）。今日の通説は、公法私法二元論を否定したうえで、民法の適用については、個々の法律関係の特質に照らして個別に判断すべきとする。

　本判決の前半は、かつての支配的見解に従うが、後半では、民法177条適用否定の理由を、自創法の趣旨や、農地買収要件の内容（買収の基準）からしても、真実の所有者から農地を買収すべきであることに求めた。根拠法令である自創法の内容に照らした判断である。今日の通説の立場が、既に採用されていたことになろう。

　その後の判例も、本判決と同様の方向性を示す。その結果として、例えば最判昭和31年4月24日民集10巻4号417頁は、権力関係の典型である租税関係に民法177条の適用を認めている。

■ 評　釈　　高橋滋・百選Ⅰ〔第6版〕20頁　　　　　　［下井康史］

Ⅰ　行政法の基本原則

	行政法規違反行為の効力
9	——精肉販売食品衛生法違反事件

最判昭和35年3月18日民集14巻4号483頁

関連条文 ▶　食品衛生法51条・52条1項

争　点

無許可業者が締結した契約は有効か。

事　実

　会社Xは、昭和30年6月頃、Yとの間で、精肉の売買契約（本件売買契約）を締結し、Yに精肉を売り渡したが、Yが代金の一部しか支払わなかったため、Yを被告として、残代金と遅延損害金の支払いを求めて出訴した。Yは、精肉販売には食品衛生法上の許可が必要であるところ、Yが許可を得ていないことをXは知っていたとして、本件売買契約は無効であると主張した。

判　旨　　**上告棄却（請求認容）**

　「本件売買契約が食品衛生法による取締の対象に含まれるかどうかはともかくとして同法は単なる取締法規にすぎないものと解するのが相当であるから、Yが食肉販売業の許可を受けていないとしても」、同法「により本件取引の効力が否定される理由はない」。許可の有無は本件取引の私法上の効力に影響しない。

解　説

　食肉販売業を営むためには、都道府県知事の許可を受けなければならない（食衛52条1項、同施令35条12号）。無許可で営業した者は、刑事罰の対象となる（食衛72条1項）。では、無許可業者の締結した契約は、食品衛生法という行政法規に違反することを理由に、その効力が否定されるのだろうか。

　かつての通説は、問題となった行政法規が、(1)取締法規か(2)強行法規かで区別し、(1)に違反する行為は有効だが、(2)に違反する

32

行為は無効であるとしていた。(1)取締法規とは、事実としての行為（たとえば食肉販売）の禁止（または命令）のみを目的とする法であり、(2)強行法規とは、禁止や命令だけでなく、違反行為の効力否定をも目的とする法を意味する。

本判決は、食品衛生法が(1)であることを理由に、本件売買契約を有効とした。他方、(2)であることから契約の効力を否定する例として、最判昭和30年9月30日民集9巻10号1498頁がある。そこで問題となったのは、かつての臨時物資需給調整法に基づく指定を受けた煮乾いわし等について、同法の定める資格者ではない者が締結した売買契約であった。同判決は、同法が「わが国における産業の回復振興に関する基本的政策及び計画の実施を確保するために制定された」とし、「無資格者による取引の効力を認めない…強行法規である」として、無効とする。

しかし、その後の判決は、(1)と(2)の区別を重視しない。各事案における諸事情を総合判断し、公序良俗（民90条）違反で無効かどうかで判断する（(1)違反の事例で無効としたものとして、食品衛生法違反が問題となった最判昭和39年1月23日民集18巻1号37頁、建築基準法違反が問題となった最判平成23年12月16日判タ1463号47頁等）。最近の学説には、各事案ごとに、問題となった法令の趣旨、違反行為に対する倫理的非難の程度、取引の安全、両当事者間の公平・信義などを、総合的に判断するしかないとするものがある。

本判決におけるＹの主張は、自己の債務履行を免れるためのものだろう。これを認めることは、Ｘとの関係で不公平である。この点を重視すれば、食品衛生法が(1)であるかどうかとは無関係に、本件売買契約の効力は肯定されるべきとも考えられよう。

■ **評　釈**　　玉井克哉・百選Ｉ28頁

［下井康史］

Ⅰ　行政法の基本原則

10 安全配慮義務
——陸上自衛隊事件

最判昭和50年2月25日民集29巻2号143頁

関連条文 ▶ 民法1条2項・167条1項

争 点

国は国家公務員に対して安全配慮義務を負うか。

事 実

Xらの子である自衛隊員Aは、昭和40年7月13日、車両整備工場での勤務中に、大型自動車に轢かれて即死した。翌日にこの事実を知ったXらは、Y（国）に対して損害賠償を求めて出訴し、昭和47年9月20日、控訴審において、Yが使用者としての安全保障義務を怠ったと主張したが、請求を棄却された。

判 旨　　破棄差戻し

国は、国家公務員に対し、その生命及び健康等を危険から保護するよう配慮すべき義務を負う。この「安全配慮義務は、ある法律関係に基づいて特別な社会的接触の関係に入つた当事者間において、当該法律関係の付随義務として当事者の一方又は双方が相手方に対して信義則上負う義務として一般的に認められるべきもので」、国と公務員との間でも別異に解すべき論拠はない。

会計法30条は、国に対する権利のうち、金銭給付を目的とするものにつき、消滅時効期間を5年と定める。この定めは、国の権利義務を早期に決済する必要があるなど、「行政上の便宜を考慮する必要がある金銭債権であつて、他に時効期間につき特別の規定のないものに適用される」。公務員に対する国の安全配慮義務について、「行政上の便宜を考慮する必要はなく、また、国が義務者であっても、被害者に損害を賠償すべき関係は、公平の理念に基づき、被害者に生じた損害の公正な填補を目的とする点に

34

10　安全配慮義務

おいて、私人相互間における損害賠償の関係とその目的性質を異にするものではない」。消滅時効期間は、会計法30条所定の5年ではなく、民法167条1項が定める10年である。

解　説

　古くからの民法学説によれば、民間企業の使用者は、その雇用する労働者に対し、作業上の安全に配慮する義務（安全配慮義務）を負い、これを怠った場合は、債務不履行による損害賠償責任を負う（民415条）。このような義務を定める明文の規定はないが、本判決は、上記の学説を踏まえ、民間の労働関係に先立って、国家公務員につき、国に安全配慮義務があることを認めた。

　安全配慮義務について、上記学説は、雇用契約に付随する信義則上の義務とする。これに対し本判決は、「ある法律関係に基づいて特別な社会的接触の関係に入つた当事者間において」、当該法律関係に付随して信義則上負う義務とした（行政上の法律関係における信義則の適用については判例5の解説を参照）。公務員関係が契約関係とはされていないからであろう。本判決の後、安全配慮義務は、契約関係ではない行政上の法律関係に広く承認されていく（国公立学校や刑事収容施設における事故等）。

　本件における安全配慮義務違反の主張は、本件事故の7年後になされた。民法167条1項によれば、債務不履行による損害賠償請求の消滅時効期間は10年であるが、会計法30条によれば、国に対する権利で金銭給付を目的とするものについてのそれは5年である。いずれが適用されるべきかについて、本判決は、安全配慮義務につき行政上の便宜を考慮する必要はないとして、会計法の適用を否定した。これは、従来からの判例の考え方を踏まえた判断である（最大判昭和45年7月15日民集24巻7号771頁参照）。

■ 評　釈　嵩さやか・百選Ⅰ54頁

[下井康史]

Ⅰ　行政法の基本原則

II　行政の主体

11　内閣総理大臣の指揮監督権限 ——ロッキード事件

最大判平成7年2月22日刑集49巻2号1頁

関連条文 ▶ 憲法66条・72条、内閣法6条

争　点

国務大臣への働き掛けは内閣総理大臣の職務権限に属するか。

事　実

昭和47年8月、会社Aの社長X₁らは、当時の内閣総理大臣X₂に対し、ロッキード社製ジェット機の選定購入を会社Bに求める行政指導をするよう、運輸大臣（当時）に働き掛けること等を依頼し、成功報酬として現金5億円の供与を約束した。その後、会社Bがロッキード社製ジェット機の購入を決定したため、X₁らは、昭和49年3月までに、現金5億円をX₂に供与した。X₁は贈賄（刑198条1項）等で、X₂は受託収賄（同197条1項）等でそれぞれ起訴されたところ、運輸大臣への働き掛けが、内閣総理大臣の職務権限に属するか否かが争われた（X₂は死亡したため公訴棄却）。

判　旨　　上告棄却（有罪）

「内閣総理大臣は、憲法上、行政権を行使する内閣の首長として（66条）、国務大臣の任免権（68条）、内閣を代表して行政各部を指揮監督する職務権限（72条）を有するなど、内閣を統率し、行政各部を統轄調整する地位にある」。(1)内閣総理大臣が行政各部に対し指揮監督権限を行使するためには、閣議にかけて決定した方針の存在を要するが（内6条）、(2)そのような方針が存在しない場合でも、内閣総理大臣の上記のような地位及び権限に照らすと、「流動的で多様な行政需要に遅滞なく対応するため、内閣総理大臣は、少なくとも、内閣の明示の意思に反しない限り、行政各部に対し、随時、その所掌事務について一定の方向で処理する

よう指導、助言等の指示を与える権限を有する」ものと解される。運輸大臣は、その職務権限として、民間航空会社に対し、特定機種の選定購入を求める行政指導ができるのであるから、内閣総理大臣から運輸大臣に対する本件の働き掛けは、一般的には、内閣総理大臣の指示として、その職務権限に属する。

解 説

公務員の受託収賄罪が成立するためには、賄賂の対象となった行為が、その公務員の職務権限に属し、「職務に関し」てなされたものであることが求められる（刑197条1項）。本件では、運輸大臣に対するX_2の働き掛けが、内閣総理大臣の職務権限に含まれるか否かが争われた。内閣総理大臣は行政各部を指揮監督できるが、この権限は「閣議にかけて決定した方針に基づいて」行使されるものであるところ（内6条）、本件におけるX_2の働き掛けは、閣議が決定した方針に基づくものではなかったからである。

本判決は、行政各部に対する内閣総理大臣の権限として、(1)閣議が決定した方針に基づく指揮監督権限とは別に、(2)そのような方針がない場合における指示権限が認められるとする。そのうえで、本件の働き掛けは(2)の（職務）権限に属するとした。

本判決は、(2)の権限が認められる法的根拠を、内閣総理大臣の憲法上の地位や権限に求めた。しかし、憲法によれば、行政事務全般に責任を有するのは内閣である（憲65条）。内閣総理大臣ではない。本判決の判断は、行政の実態に即した内容ではあるが、なぜ、閣議による決定方針がないのに、内閣総理大臣に行政事務全般を所掌する権限が認められるのか、その論拠が明確であるとはいいにくい。

■ 評 釈 高橋明男・百選Ⅰ40頁

[下井康史]

II 行政の主体

12 国と特殊法人の関係
——成田新幹線事件

最判昭和53年12月8日民集32巻9号1617頁

関連条文 ▶ 行訴法3条2項

争 点

特殊法人に対して大臣がした認可は処分にあたるか。

事 実

　昭和46年、Y（当時の運輸大臣）は、全国新幹線鉄道整備法7条に基づく整備計画の決定を経て、特殊法人A（当時の日本鉄道建設公団）に対し、成田新幹線の建設を指示した（Aは平成15年に解散し、その事務は独立行政法人鉄道建設・運輸施設整備支援機構が引き継いでいる）。翌年2月、Yが、Aの申請に基づき、同新幹線の工事実施計画（本件工事実施計画）を認可（本件認可）したため（同9条1項）、同新幹線の通過予定地とされた土地の所有者等であるXらが、その取消しを求めて出訴した。

判 旨　　上告棄却（訴え却下）

　「本件認可は、いわば上級行政機関としてのYが下級行政機関としてのAに対しその作成した本件工事実施計画の整備計画との整合性等を審査してなす監督手段としての承認の性質を有するもので、行政機関相互の行為と同視すべきものであり、行政行為として外部に対する効力を有するものではなく、また、これによつて直接国民の権利義務を形成し、又はその範囲を確定する効果を伴うものではないから、抗告訴訟の対象となる行政処分にあたらない」。

解 説

　特殊法人とは、一般に、「法律により直接に設立される法人又は特別の法律により特別の設立行為をもって設立すべきものとさ

れる法人」のうち、独立行政法人（独立行政法人通則法2条1項）を除くものをいう（総務省設置法4条9号）。国から委任された行政事務を実施する法人（特別行政主体）であるため、国との関係が、異なる法人（団体）間の関係なのか、それとも、実質的には国という団体の内部関係であるのかが問題となる。内部関係とされれば、本件認可は処分（行訴3条2項）とされない。処分とは、行政庁が、その属する団体の外部の者に対してするものだからである（判例63参照）。

　かつての通説は、両者の関係を内部関係としていた。形式的には国から独立した別法人でも、国の代行機関であるから、実質的には国と一体だというのである（本件の控訴審は、Aが、一種の政府関係機関であり、機能的には運輸大臣の下部組織を構成し、広い意味での国家行政組織の一環をなすとしていた）。これによれば、国と特殊法人の間の紛争は、一法人内部におけるそれと同様、法律上の争訟に当たらず、法律に特別の定めがなければ、訴訟で争うことはできない（裁3条1項）。

　本判決は、この見解に従ったようにも見える。しかし、あくまで本件認可について判断したにすぎず、国と特殊法人の関係を、一律に内部関係としたわけではない。事実、最判平成6年2月8日民集48巻2号123頁は、特殊法人（旧）国民金融公庫（現在は株式会社日本政策金融公庫）に対し、国が不当利得返還請求をした事案において、法律上の争訟であることを前提に判断している。

　内部関係か否かは、国と地方公共団体の関係や、地方公共団体同士の間でも問題となる。後者につき、最判昭和49年5月30日民集28巻4号594頁は、上級行政庁と下級行政庁と同様の関係であるとしたが、当該事件で問題となった法律関係（国民健康保険の給付等を拒否した市と、これに対する審査請求を認容する裁決を下した都道府県行政機関との関係）に限った判断となっている。

■評　釈　　飯島淳子・百選16頁　　　　　　　　　　　　［下井康史］

Ⅱ　行政の主体

13 地方公共団体と指定法人の関係
——東京建築検査機構事件

最決平成17年6月24日判時1904号69頁

関連条文 ▶ 行訴法21条

争点

指定法人がした建築確認につき、賠償責任を負うのはだれか。

事実

　民間の指定確認検査機関であるA（東京建築検査機構）が、マンションの建築確認等を行った（建基6条の2第1項）。これに対し、同マンションの周辺住民であるXらが、Aを被告として、同建築確認の取消しを求めて出訴したが、判決が出る前に同マンションが完成し、訴えの利益が消滅したため（判例85参照）、この訴えを国家賠償請求の訴えに変更することを申し立てたところ（行訴21条1項）、裁判所はこれを許可した。同訴えの被告は、同マンションの所在地を管轄するY（横浜市）とされていたため、Yが同許可に対し抗告をした。

判旨　　抗告棄却（申立許可）

　建築確認に関する事務は地方公共団体の事務であり（建基4条）、同事務の帰属する行政主体は地方公共団体である。建築基準法は、指定確認検査機関の確認を受け、確認済証の交付を受けたときは、当該確認は建築主事の確認と、当該確認済証は建築主事の確認済証とみなす旨定める（同6条の2第1項）。また、指定確認検査機関が確認済証を交付したときはその旨を特定行政庁（同2条35号。本件ではY市長）に報告しなければならない旨定めた（同6条の2第5項）上で、確認済証の交付を受けた建築物の計画が建築基準関係規定に適合しない場合は、特定行政庁による通知手続を経て当該確認済証がその効力を失う旨を定めて（同条6

項）、特定行政庁に対し、指定確認検査機関の確認を是正する権限を付与している。このように、建築基準法は、建築確認事務を地方公共団体の事務とする前提に立ったうえで、指定確認検査機関による確認事務を、特定行政庁の監督下において行うものとしている。同事務は地方公共団体の事務であり、その事務の帰属する行政主体は、当該確認に係る建築物についての確認権限を有する建築主事が置かれた地方公共団体である。Yは、当該処分に係る事務の帰属する公共団体（行訴21条1項）に当たる。

解　説

　建築確認は、地方公共団体の建築主事（建基6条）のほか、国土交通大臣や都道府県知事の指定（同77条の18）を受けた民間団体（指定確認検査機関）も実施できる（同6条の2）。このように、特別の法律に基づく行政庁の指定を受けて行政事務を担当する民間法人のことを、一般に「指定法人」と言う。

　指定確認検査機関がした建築確認も行政処分（行訴3条2項）であり、公権力の行使であるから、これによって被った損害の賠償は「公共団体」に請求する（国賠1条1項）。本件では、この「公共団体」が、指定確認検査機関であるのか、問題となった建築物の所在地を管轄する地方公共団体なのかが争われた。

　本決定は、地方公共団体であるYを「公共団体」とした。その論拠は、建築確認が地方公共団体の事務であることと、指定確認検査機関が特定行政庁の監督下で建築確認を行うことである。しかし、指定確認検査機関は、自分の名前で、自己の権限として、建築確認を行う。同機関こそが賠償責任を負うべきとも考えられよう。本判決後に、そのように判断した下級審判決もある。本決定は、Yに対する国家賠償請求訴訟への変更を許可しただけで、Yが賠償責任者であるとまで断じたわけではないのかもしれない。

■ **評　釈**　　松塚晋輔・百選Ⅰ16頁

[下井康史]

Ⅱ　行政の主体

14 地方公共団体と社会福祉法人の関係 ——積善会事件

最判平成19年1月25日民集61巻1号1頁

関連条文 ▶ 国賠法1条

争点

　県の措置により社会福祉法人の児童養護施設に入所した児童の事故につき、賠償責任を負うのは県と当該法人のどちらか。

事実

　Xは、保護者による適切な養育監護が期待できない児童（要保護児童。児福6条の3第8項）として、児童福祉法27条1項3号に基づくY（愛知県）の措置（3号措置）により、A（社会福祉法人積善会）が運営する児童養護施設に入所していたところ、同施設に入所していた他の児童らから暴行を受け、重傷を負った。そこでXが、同施設の職員Cに過失があったとして、国賠法1条1項に基づき、Yに対して損害賠償を求めて出訴したところ、Yが、損害賠償責任を負うのはAであると主張した。

判旨　　上告棄却（請求認容）

　児童福祉法は、「要保護児童に対して都道府県が有する権限及び責務を具体的に規定する一方で、児童養護施設の長が、入所児童に対して監護、教育及び懲戒に関しその児童の福祉のため必要な措置を採ることを認めている。上記のような法の規定及び趣旨に照らせば、3号措置に基づき児童養護施設に入所した児童に対する関係では、入所後の施設における養育監護は本来都道府県が行うべき事務であり、このような児童の養育監護に当たる児童養護施設の長は、3号措置に伴い、本来都道府県が有する公的な権限を委譲されてこれを都道府県のために行使するものと解される」。「当該施設の職員等による養育監護行為は、都道府県の公権

力の行使に当たる公務員の職務行為と解するのが相当である」。

解説

　都道府県は、要保護児童を、3号措置により、児童養護施設に入所させることができる。児童養護施設には国公立のものもあるが、本件で問題となったのは、民間の社会福祉法人が経営するものであった（社福2条2項2号・60条）。そこで、Xの事故につき、YとAのどちらが賠償責任を負うのかが争われた。

　Xの養育監護を、AがA自身の業務として実施していたといえるならば、Aやその職員が、民法に従って賠償責任を負う。しかし、本判決は、県の「公権力の行使に当たる公務員の職務行為」であるとして、Yが、国賠法1条1項に従って賠償責任を負うとした。Aは民間の団体だが、あくまでYの公務として、Xの養育監護をしていたというのである。そのように判断する理由は、3号措置により児童養護施設に入所した要保護児童の養育監護が、本来は都道府県の行うべき事務であること、および、児童養護施設の長は、当該児童に対し、監護・教育・懲戒に関する様々な公的権限を行使できるが、これは、本来は都道府県が有する権限を委譲され、都道府県のために行うものであることに求められた。

　なお、本件においてXは、民法709条に基づき、Cにも損害賠償を求めていた。しかし、判例上、国賠法1条1項に基づく責任が認められる場合、加害者個人の責任は問われない（判例99参照）。本判決もこれに従っている。同じ理由から、民法715条に基づくAの使用者責任も否定した。

　以上の判断は、あくまで、3号措置によって児童養護施設に入所した要保護児童についてのものである。民間団体等が社会福祉行政の一翼を担う場合のすべてに通用するとは限らない。

■ **評　釈**　　中原太郎・百選 II 476頁

[下井康史]

Ⅱ　行政の主体

15 条例の違法性
——徳島市公安条例事件

最判昭和50年9月10日刑集29巻8号489頁

関連条文 ▶ 憲法94条、地自法14条

争 点

　国の法令が規律する事項について条例を制定できるか。

事 実

　被告人Xは、昭和43年に徳島市内で行われたデモ行進におい
て、徳島市「集団行進及び集団示威運動に関する条例」(本件条例)
3条3号および5条に該当するとして起訴されたが、控訴審は、
本件条例3条3号が犯罪構成要件の内容として合理的解釈によっ
て確定できる程度の明確性を備えておらず、罪刑法定主義の原則
に反することから、本件条例5条所定の罰則をXに適用すること
はできないとして無罪判決を下した。なお、本件条例3条は、集
団行進を行う者に対し「交通秩序を維持すること」を義務付け、
これに違反した集団行進の扇動者につき同5条は、懲役若しくは
禁錮又は5万円以下の罰金に処すると定めていた。

判 旨　　**破棄自判 (有罪)**

　「条例が国の法令に違反するかどうかは、両者の対象事項と規
定文言を対比するのみでなく、それぞれの趣旨、目的、内容及び
効果を比較し、両者の間に矛盾牴触があるかどうかでこれを決し
なければならない。例えば、ある事項について国の法令中にこれ
を規律する明文の規定がない場合でも、当該法令全体からみて、
右規定の欠如が特に当該事項についていかなる規制をも施すこと
なく放置すべきものとする趣旨であると解されるときは、これに
ついて規律を設ける条例の規定は国の法令に違反することとなり
うる。逆に、特定事項について規律する国の法令と条例とが併存

15 条例の違法性

する場合でも、後者が前者とは別目的に基づく規律を意図するものであり、その適用によつて前者の規定の意図する目的と効果をなんら阻害することがないときや、両者が同一の目的に出たものでも、国の法令が必ずしもその規定によつて全国的に一律に同一内容の規制を施す趣旨ではなく、各普通地方公共団体において、その地方の実情に応じて、別段の規制を施すことを容認する趣旨であると解されるときは、国の法令と条例との間にはなんらの矛盾牴触はなく、条例が国の法令に違反する問題は生じえない」。

解 説

憲法94条は、地方公共団体が、「法律の範囲内で条例を制定することができる」と定め、地自法14条1項は、「法令に違反しない限り」で条例を制定できると定める。では、国の法令が規律する事項について、条例を定めることは許されるのか。

かつては、法律の委任がない限り、同一目的の条例を定めることはできないという見解（法律先（専）占論）が支配的であった。本判決はこの見解を否定し、条例が法令に違反するかどうかを判断するための基準を示した。具体的には、①法令と条例の目的が異なり、条例の適用により法令の規定の目的と効果を阻害しない場合、あるいは、②両者の目的が同じでも、法令の趣旨が全国一律規制ではなく、地方公共団体における別段の規制を容認する趣旨である場合であれば、当該条例は適法であるとする。

本件条例につき本判決は、まず、その目的が道路交通法と一部共通するとした上で、道路使用について警察署長の許可を必要とする同法77条1項4号は、集団行進等による道路の特別使用行為につき全国一律に定めることを避けているとした。そして、本件条例における重複規制は、それ自体、独自の目的と意義があり、それなりの合理性があるとして適法とした。

■ **評 釈**　嘉藤亮・百選 I 88頁

［北見宏介］

Ⅱ 行政の主体

	地方議会による債権放棄議決
16	

最判平成24年4月20日民集66巻6号2583頁

関連条文 ▶ 地自法96条、242条の2

争 点

　住民訴訟で請求された債権を放棄する地方議会の議決は有効か。

事 実

　神戸市は、市の職員を派遣した外郭団体（本件各団体）に補助金を交付していた。当該補助金の一部が当該職員の給与にあてられていたところ、同市の市民Xらが、このような補助金支出は違法であるとし、Y（神戸市長）を被告として、本件各団体に対して不当利得返還請求をすること等を求める住民訴訟を提起した（地自242条の2）。第1審が請求を一部認容したのでYが控訴したところ、神戸市議会が当該不当利得返還請求権の放棄等を内容とする条例を制定する議決を行った（本件議決）。控訴審は、本件議決は議決権の濫用にあたり無効として、請求を一部認容した。

判 旨　　破棄自判（請求棄却）

　地自法においては、地方公共団体がその債権を放棄するにあたり、その議会の議決及び長の執行行為という手続的要件を満たしている限り、その適否の実体的判断は、住民による直接の選挙を通じて選出された議員により構成される議会の裁量権に基本的に委ねられている。もっとも、同法において、普通地方公共団体の執行機関等による財務会計行為等にかかる違法事由の有無およびその是正の要否等につき住民の関与する裁判手続による審査等を目的として住民訴訟制度が設けられている。そして住民訴訟の対象とされている不当利得返還請求権等を放棄する旨の議決がされた場合についてみると、このような請求権が認められる場合は

46

様々であり、個々の事案ごとに、当該請求権の発生原因である財務会計行為等の性質、内容、原因、経緯および影響、当該議決の趣旨および経緯、当該請求権の放棄または行使の影響、住民訴訟の係属の有無および経緯、事後の状況その他の諸般の事情を総合考慮して、これを放棄することが普通地方公共団体の民主的かつ実効的な行政運営の確保を旨とする法の趣旨等に照らして不合理であって上記裁量権の範囲の逸脱またはその濫用にあたると認められるときは、その議決は違法となり、当該放棄は無効となる。

　本件議決は、裁量権の範囲の逸脱またはその濫用にあたらず適法であり、本件債権放棄は有効である。

解　説

　住民訴訟は地方公共団体の財務会計行為の適法性を確保することなどを目的として提起される訴訟である。地自法242条の2第1項4号に基づく請求（4号請求）は、住民が地方公共団体の執行機関等を被告として、当該職員等に損害賠償等を請求するよう求める訴訟を提起し、住民が勝訴した場合、地方公共団体の長が当該職員等に損害賠償請求等を行う制度である。

　4号請求がなされた場合に、当該地方公共団体の議会が、当該請求にかかる債権を放棄することを議決して（地自96条1項10号）、職員等を免責しようとすることがある。かかる議決の効力については、①議会には債権を放棄する権限があるから有効とする説、②住民訴訟の制度趣旨に反するから無効とする説、③一定の場合に限って有効とする説があった。

　本判決は、債権放棄を基本的に議会の裁量権に委ねつつ、諸般の事情を総合考慮して、裁量権の逸脱濫用にあたるといえる場合には、債権放棄の議決は違法無効になると判示したが、本件議決は違法無効ではないとした。本判決は、上記のうち③説を採った上で、本件については無効でないと判断した。

■ 評　釈　　白藤博行・百選Ⅰ 12頁　　　　　　　［朝田とも子］

Ⅱ　行政の主体

17 住民訴訟における審理対象 ── 一日校長事件

最判平成4年12月15日民集46巻9号2753頁

関連条文 ▶ 地自法242条の2第1項4号（平成14年改正前のもの。）

争　点

　住民訴訟において財務会計行為に先行する行為の違法を主張できるか。

事　実

　東京都教育委員会は、都立学校の教頭のうち、勧奨退職に応じた29名を、昭和58年3月31日付けで校長に任命した上で、条例等に基づいて昇給させ（本件昇格処分）、同日付けで退職承認処分（本件退職承認処分）とした。同委員会の所掌事務に関する予算の執行権限を有するY（東京都知事）は、本件昇格処分及び本件退職承認処分を踏まえて算定した額の退職手当支出決定（本件支出決定）をし、当該29名はその支給を受けた。東京都の住民であるXらは、本件昇格処分は違法であり、これを前提とした本件支出決定も違法であるなどと主張し、地自法242条の2第1項4号（平成14年改正前のもの）に基づき、Y個人に対し、損害賠償を請求した。

判　旨　　**上告棄却（請求棄却）**

　普通地方公共団体の職員の財務会計上の行為をとらえて、地自法242条の2第1項4号に基づく損害賠償請求を問うことができるのは、たとえ先行する原因行為に違法事由が存する場合でも、右原因行為を前提とした当該職員の行為自体が財務会計法規上の義務に違反する違法なものであるときに限られる。地方公共団体の長は、関係規定に基づき予算執行の適正を確保すべき責任を地方公共団体に対して負担するが、地方教育行政法に基づく独立した機関としての教育委員会の有する固有の権限内容にまで介入し

うるものではない。教育委員会と地方公共団体の長との権限の配分関係にかんがみると、教育委員会がした教育機関の職員の人事に関する処分については、地方公共団体の長は、右処分が著しく合理性を欠き、そのためこれに予算執行の適正確保の見地から看過しえない瑕疵の存する場合でない限り、右処分を尊重しその内容に応じた財務会計上の措置をとるべき義務がある。

本件昇格処分及び本件退職承認処分が著しく合理性を欠き、予算執行の適正確保の見地から看過しえない瑕疵が存するものとは解しえないから、本件支出決定が財務会計法規上の義務に違反してされた違法なものとはいえない。

解　説

住民訴訟の対象は財務会計行為（地自242条1項）である（同242条の2第1項）。しかし、一般に行政活動は財政支出を伴うものであるため、財務会計行為に先行してその原因となる非財務会計行為（原因行為）がなされることが少なくない。そこで、住民訴訟において原因行為である非財務会計行為の違法を主張できるか否かが問題となる。

本判決は、財務会計行為の違法を主張できるのは、当該行為自体が財務会計法規上の義務に違反する場合に限られるとする。その上で、教育委員会と長の権限配分を前提とすると、教育委員会の処分が著しく合理性を欠き、予算執行の適性確保の見地から看過しえない瑕疵が存する場合でない限り、長は、当該処分を前提とした財務会計上の措置をとる義務があり、本件昇格処分にこのような瑕疵は認められず、本件支出決定は違法ではないとした。

このように、本件においては、長の支出決定が違法とされる場合が限定されたが、これは教育委員会が長から独立した執行機関であることを踏まえての判断であろう（本判決もその点を明示する）。その射程は必ずしも広いわけではないと解される。

■ **評　釈**　大久保規子・地方自治判例百選174頁　　［朝田とも子］

Ⅲ　行政の作用

	告示の法的性質
18	——伝習館高校事件

最判平成2年1月18日判時1337号3頁

関連条文 ▶ 学校教育法43（現52）条

争 点

　告示の形式による学習指導要領は法規としての性質を有するか。

事 実

　昭和45年、県立高校の社会科教諭であったXが、学校教育法（学教法）等の法令に違反したことを理由に、地方公務員法（地公法）29条1項に基づく懲戒免職処分を受けた。同処分の理由には、Xの行った政治経済の授業内容やレポート提出の時期・内容等が、文部省（当時）告示（本件告示）の高等学校学習指導要領に違反することが含まれていた。Xは、同処分の取消しを求めて出訴し、本件告示は法規ではないから、同学習指導要領違反を理由とする懲戒処分は違法であると主張した。控訴審は、本件告示について、文部大臣（当時）が、学教法43条、106条1項、同法施行規則57条の2の委任に基づき、普通教育である高等学校の教育の内容及び方法についての基準を定めたものであるから、法規としての性質を有するとし、請求を棄却した。

判 旨　原判決破棄（請求棄却）

　高等学校学習指導要領（昭和35年文部省告示第94号）は法規としての性質を有するとした原審の判断は、正当として是認することができ、右学習指導要領の性質をそのように解することが憲法23条、26条に違反するものでない。

解 説

　生活保護基準（生保8条）や土地収用の事業認定（土収20条）

など、行政機関の決定や事実が、告示という形式で発せられることがある（行組14条1項）。その性質はさまざまで、法規命令であることもあれば（行手2条8号イ）、行政規則とされる場合もあり、中には、処分の性質が認められるものもある（判例71参照）。

法規命令とは、行政機関が定めるルール（行政立法・行政基準）のうち、その性質が法規（国民の権利義務を規律するルール）であるもので、法律の委任がなければ定めることはできない。法規である以上、裁判所による違法性判断の基準（裁判規範）として用いられる。そのため、必ず公表しなければならない。

これに対し行政規則は、法規としての性質が認められない行政立法・行政基準であり（行政規則のみを行政基準と称する見解もある）、法律の委任がなくても定めることができる。行政の内部基準にすぎず、法律による行政の原理からすれば、当然に裁判規範とされるわけではない（ただし判例83参照）。

公務員は法令を遵守する義務を負う（地公32条）。そこでいう「法令」に法規命令が含まれるのは当然だが、行政規則はそこから外れる（ただし、行政規則違反は、同条が定める命令服従義務に反すると評価される可能性はある）。そのため本件では、学習指導要領を定める本件告示について、法規命令か行政規則かが問題となった。控訴審は、学教法43条等から委任されて定められた法規命令であるとし、本判決も、この結論を支持した。そのように解しても憲法違反とはならないとする点は、いわゆる旭川学力テスト事件に関する最判昭和51年5月21日刑集30巻5号615頁に従うものである。

■ **評 釈** 　門脇美恵・百選Ｉ106頁

［北見宏介］

Ⅲ　行政の作用

	委任命令の違法性(1)
19	——幼児接見不許可事件

最判平成3年7月9日民集45巻6号1049頁

関連条文 ▶ 国賠法1条1項、旧監獄法50条

争点

在監者と幼年者との接見を禁じる省令は法律に違反するか。

事実

　拘置所に未決勾留中だったＸは、拘置所長に対し、当時10歳であった義理の姪との面会の許可を申請したところ、不許可とされた。その理由は、旧監獄法50条が、「接見ノ立会……其他接見……ニ関スル制限ハ命令ヲ以テ之ヲ定ム」とし、これを受けた法務省令たる旧監獄法施行規則（本件規則）120条が、「14歳未満ノ者ニハ在監者ト接見ヲ為スコトヲ許サス」とし、同124条は、拘置「所長ニ於テ処遇上其他必要アリト認ムルトキハ前4条ノ制限ニ依ラサルコトヲ得」としていたところ、この本件規則120条の例外を適用しないとされたためである。そこでＸが、国に対し国家賠償を求めて出訴し、規則120条と124条は旧監獄法50条の委任の範囲を超え、無効であると主張した。

判旨　　**原判決破棄（請求棄却）**

　未決勾留により拘禁された者も当該拘禁関係に伴う一定の制約の範囲外においては、原則として一般市民としての自由を保障される。旧監獄法50条は、命令（法務省令）をもって、面会の立会、場所、時間、回数等、面会の態様についてのみ必要な制限をすることができる旨を定めているが、もとより命令によって許可基準そのものを変更することは許されない。

　ところが、本件規則120条は原則として幼年者との接見を許さないこととする一方、同124条がその例外として限られた場合に

監獄の長の裁量によりこれを許すこととしている。これらの規定は、たとえ事物を弁別する能力の未発達な幼年者の心情を害することがないようにという配慮のもとに設けられたものであるとしても、それ自体、法律によらないで、被勾留者の接見の自由を著しく制限するもので、旧監獄法50条の委任の範囲を超える。法が一律に幼年者と被勾留者との接見を禁止することを予定し、容認しているものと解することは困難である。

解 説

国民の権利や義務についてのルール（法規）は、原則として、国の唯一の立法機関である国会が法律で（憲41条）、または、地方公共団体の立法機関である地方議会が条例で（同94条）定める。行政機関も法規を定めることができるが（法規命令。判例18の解説参照）、国民の権利義務の内容自体を具体的に規律する法規命令（委任命令）を定めるためには、行政機関に対する個別具体的な授権（委任）が法律や条例になければならない。また、法律や条例の趣旨に適合しない委任命令は違法無効となり、行手法38条もこれを確認的に規定している。

本件において、旧監獄法45条は、「在監者ニ接見センコトヲ請フ者アルトキハ之ヲ許ス」ことを原則とするが、一定の場合には例外的に接見が制限されるべきことから、同法50条が、制限の内容について、命令（法務省令）に委任していた。しかし、本件規則120条と124条が、14歳未満の者との接見を一律に原則禁止としていたのである。本判決は、未決拘留者の自由を前提に、幼年者との接見を法が禁止しているわけではないとして、本件規則を、法律による委任の範囲を超える違法な委任命令とした。

なお、2007年に監獄法は廃止され、これに代わり、「刑事収容施設及び受刑者の処遇等に関する法律」が施行されている。

■ **評 釈** 筑紫圭一・百選 I 98頁

［北見宏介］

Ⅲ　行政の作用

20 委任命令の違法性(2)
──医薬品インターネット販売権事件

最判平成25年1月11日民集67巻1号1頁

関連条文 ▶　(旧)薬事法36条の5、36条の6

争　点

医薬品の通信販売を禁じる省令は法律に違反するか。

事　実

旧薬事法(平成26年に「医薬品、医療機器等の品質、有効性及び安全性の確保等に関する法律」と改称)は、その平成18年の改正の際に、一般用医薬品を副作用等の健康被害のリスクの大きいものから、第1類から第3類までの3クラスに区分し、適正な使用のための情報提供と販売を、第1類医薬品は薬剤師に、第2類・第3類医薬品は薬剤師または登録販売者に行わせることを新たに規定した(36条の5・36条の6)。

この改正を受けて定められた厚生労働省令(新施行規則)は、第1・2類医薬品の通信販売(郵便等販売)を禁止し、これらの情報提供と販売を薬剤師等が「対面で」行うべきこととした。

そこで、この改正以前からインターネットを通じて医薬品を適法に販売していた業者Xらが、国を被告として、第1類・第2類のインターネットによる販売を行う権利ないし地位があることの確認などを求めて出訴した。

判　旨　　上告棄却(請求認容)

改正前の薬事法の下では違法とされていなかった郵便等販売に対する新たな規制は、郵便等販売をその事業の柱としてきた者の職業活動の自由(憲22条)を相当程度制約するものである。新施行規則の規定が、これを定める根拠となる改正薬事法の趣旨に適合するものであり、その委任の範囲を逸脱したものではないとい

54

うためには、立法過程での議論も斟酌した上で、改正薬事法中の諸規定から、郵便等販売を規制する内容の省令の制定を委任する授権の趣旨が明確に読み取れることを要する。しかし、改正薬事法の規定中に、郵便等販売を規制すべきであるとの趣旨を明確に示すものは存在しない。立法過程において、郵便等販売の安全性に懐疑的な意見が多く出されたにもかかわらず、改正薬事法の立場は、上記のように不分明である。改正薬事法による授権の趣旨が、第1類と第2類にかかる郵便販売等を一律に禁止する省令の制定までをも委任するものとして明確であると解するのは困難である。新施行規則は、郵便等販売を一律に禁止する限度において、改正薬事法の委任の範囲を逸脱しており、違法無効である。

解　説

　委任命令である法規命令（判例19の解説を参照）の内容は、委任する法律の趣旨に適合するものでなければならない（行手38条）。この点の判断にあたり、従来の最高裁判決には、委任規定の文理やその趣旨を考慮したり（最判平成2年2月1日民集44巻2号369頁）、法律による仕組みとの整合性や、委任命令により制約される権利利益を考慮するもの（最大判平成21年11月18日民集63巻9号2033頁）がみられる。

　本判決は、職業活動の自由に新たに課される制約の範囲・程度（平成19年当時の販売構成比は、第1類・第2類で約67％だった）等に応じて、授権する法律の趣旨が明確であることが必要であり、その考慮に際して、立法過程の議論を参照すべきとして、立法者意思の明確性を要求した。

　現在は、一般用医薬品と別に「要指導医薬品」という分類が新設され、これに指定される劇薬等以外は、インターネット販売が可能になっている。

■ **評　釈**　　野口貴久美・百選Ⅰ 102頁

［北見宏介］

Ⅲ　行政の作用

21　通達の法的性質
——墓地埋葬通達事件

最判昭和43年12月24日民集22巻13号3147頁

関連条文 ▶ 行訴法3条2項

争　点

通達は国民や裁判所の判断を拘束するか。

事　実

墓地、埋葬等に関する法律（墓地埋葬法）13条によれば、「墓地……の管理者は、埋葬……の求めを受けたときは、正当の理由がなければこれを拒んではならない」。これに違反した者は刑事罰の対象となる。「正当の理由」について、昭和24年の厚生省（当時）通達は、「従来から異教徒の埋、収蔵を取扱っていない場合で、その仏教宗派の宗教的感情を著しく害なうおそれがある場合」を明示していた。その後、埋葬拒否が増えたため、昭和35年に厚生省は、内閣法制局から、依頼者が他の宗教団体の信者であることのみを理由とした埋葬拒絶は、正当の理由によるものとは認められないとの回答を得た上で、各都道府県・政令市に対し、今後はこの回答の趣旨に従って解釈運用することを求める通達（本件通達）を発した。そこで墓地を経営する寺院Xが、Y（当時の厚生大臣）に対し、本件通達の取消しを求めて出訴した。

判　旨　　上告棄却（訴え却下）

本件通達は、Yが、知事をも含めた関係行政機関に対し、法律の解釈、運用の方針を示して、その職務権限の行使を指揮したものと解される。元来、通達は、原則として、法規の性質をもつものではなく、上級行政機関が関係下級行政機関および職員に対してその職務権限の行使を指揮し、職務に関して命令するために発するもので、右機関および職員に対する行政組織内部における命

56

令にすぎない。これらのものがその通達に拘束されることはあっても、一般の国民は直接これに拘束されるものではない。行政機関が通達に反する処分をした場合でも、そのことを理由として、処分の効力が左右されるものではない。裁判所がこれらの通達に拘束されることのないことはもちろんで、裁判所は、法令の解釈適用にあたり、通達に示された法令の解釈とは異なる独自の解釈をすることができ、通達に定める取扱いが法の趣旨に反するときは独自にその違法を判定することもできる。

解　説

墓地埋葬法13条の解釈基準を定めた本件通達は、同法の委任に基づいて定められたものではない。その性質は行政規則である（判例18の解説参照）。本判決は、通達について行政の内部基準にすぎず、法規ではないから、国民や裁判所を拘束せず、裁判所は、その内容とは異なる法令解釈ができるとした（そのため、通達は、取消訴訟の対象となる処分にあたらない）。

同様の判断を示すものとして、最判昭和33年3月28日民集12巻4号624頁（パチンコ球遊器事件）がある。従来の扱いを変更する通達に従った課税処分が争われたものであった。同最判は、たまたま同通達を機縁とした課税であっても、その内容が法の正しい解釈に合致する以上は適法であるとする。

裁判所は行政規則に拘束されず、その存在や内容を無視して、法令違反のみを判断すべきことになるが、法律の解釈基準や、行政の裁量基準を定める行政規則（行手5条、12条等）は、現実の行政活動において重要な役割を果たしている。そのため、本判決以降の判例には、行政規則の存在と内容を踏まえた判断をするものが多い（判例83事件は、行手12条の処分基準が裁量権を特段の事情がない限り拘束することを前提とした判示をしている）。

■ **評　釈**　周蒨・百選 I 112頁

［北見宏介］

Ⅲ　行政の作用

22　登録拒否と法律の根拠
——ストロングライフ事件

最判昭和56年2月26日民集35巻1号117頁

関連条文 ▶ 毒物及び劇物取締法5条

争　点

法律に根拠のない事由で登録申請を拒否できるか。

事　実

Xは、催涙剤ブロムアセトンの稀溶液を小型カートリッジに入れ、スプレー状に噴射することで相手を一時的に開眼不能にする護身用具（商品名ストロングライフ）を輸入し販売していた。昭和40年の毒物及び劇物指定令改正により、ブロムアセトンが劇物指定を受けることになり、ストロングライフの輸入には、毒物及び劇物取締法（毒劇法）3条2項、4条1項によるY（当時の厚生大臣）の登録が必要となった。Xが登録申請を行ったところ、Yは申請からおよそ3年後に、「ストロングライフは、……人又は動物の目に噴射し、……諸種の機能障害を生じさせ、開眼不能の状態に至らしめるものであり、かつ、それ以外の用途を有しないものである」との理由で、申請を拒否する処分を行った。

Xは、毒劇法5条が、登録を拒否しうる場合を、一定の欠格事由に該当する場合のほか、同法施行規則4条の4で定められた設備基準への不適合の場合に限定していることから、登録は覊束行為であり、法定された登録拒否事由以外の理由で拒否したことは違法として、拒否処分の取消しと損害賠償を求めて出訴した。

判　旨　　**上告棄却（請求認容）**

毒劇法は、毒劇物の輸入業等の営業に対する規制は、専ら設備の面から登録を制限することをもって足りるものとし、毒劇物がどのような目的でどのような用途の製品に使われるかについては

直接規制の対象とせず、他の個々の法律がそれぞれの目的に応じて個別的に取り上げて規制するのに委ねている趣旨と解されるから、ストロングライフがその用途に従って使用されることにより人体に危害が生ずるおそれがあることを登録の拒否事由とすることは、同法の趣旨に反し許されない。

解　説

　毒劇法5条は、「基準に適合しないと認めるとき……は、登録をしてはならない」と規定する。しかし、同法の定める登録基準に適合した申請があった場合、これに対し、登録拒否を行う余地が存在するかどうかについて、明示的な根拠はない。本件では、この基準に適合した申請に対し、Yが登録を行うことを義務付けられるかが争われた。

　古典的な行政行為の分類論においては、「登録」は準法律行為的行政行為の1つである「公証」で、行政庁には裁量が認められないものと考えられており、Xもこれに沿った主張をした。本件の控訴審まででも、本件の「登録」が、裁量の余地がない「公証」にあたるか、それとも、裁量が認められうる「許可」にあたるか、という形で議論がなされていた。

　しかし本判決は行政行為の分類や、そこから導かれる裁量論等に論及することなく、毒劇物の用途に関する規律のされ方を、毒劇法の各条項と、食品衛生法などの諸法律も対象としながら精査し、これを通じて登録に係る規制の制度趣旨を検討した。その上で、本件での登録制度を、専ら設備に関する基準に適合するか否かによって判断されるものとし、毒劇法施行規則には規定されていない、用途を根拠としたその登録拒否処分を違法と評価した。

■ **評　釈**　　下山憲治・百選Ⅰ122頁

［北見宏介］

Ⅲ　行政の作用

	公定力と国家賠償請求
23	——名古屋冷凍倉庫固定資産税事件

最判平成22年6月3日民集64巻4号1010頁

関連条文 ▶ 国賠法1条、行訴法3条2項

争　点

　金銭納付義務を課す行政処分が取り消されていなくても、その処分の違法を理由として国家賠償請求ができるか。

事　実

　Y（市）の市長から権限の委任を受けたA区長は、地方税法に基づき、昭和62年度以来、倉庫業者Xの倉庫を一般倉庫として固定資産課税台帳に登録し、その登録価格を決定してきた。Xもこれに従って固定資産税等を納税してきたが、平成18年、A区長は、同倉庫が冷凍倉庫等に該当するとして、平成14年度から同18年度までの登録価格を修正し、Xに対し、これら各年度における固定資産税等の納税額を減額する更正処分を行った。これによりXは、減額分390万円を還付されたが、平成13年度以前の課税も違法であるとして、Yを相手に国家賠償を求めて出訴したところ、控訴審は請求を棄却した。

　なお、地方税法の下で市町村長は、毎年、固定資産の価格を決定し、固定資産課税台帳に登録する。価格の登録に不服がある納税者は、一定期間内に、固定資産評価審査委員会に審査の申出をしなければならず、価格の登録ではなく審査の決定しか取消訴訟を提起することができない（裁決主義）。しかしXは、委員会への審査申出を行うことなく、国家賠償請求訴訟を提起した。

判　旨　　破棄差戻し

　「行政処分が違法であることを理由として国家賠償請求をするについては、あらかじめ当該行政処分について取消し又は無効確

認の判決を得なければならないものではな」く、「このことは、当該行政処分が金銭を納付させることを直接の目的としており、その違法を理由とする国家賠償請求を認容したとすれば、結果的に当該行政処分を取消した場合と同様の経済的効果が得られるという場合であっても異ならない」。

解説

　行政処分は、たとえ違法であっても、取消判決等で取り消されるまでは有効とされる（公定力）。行訴法3条2項が、処分取消訴訟という特別の訴訟を用意しているため、処分の効力を争う訴訟は、原則として取消訴訟だけとされるからである（取消訴訟の排他的管轄）。

　他方、処分の違法を争う国家賠償請求の訴えは、取消訴訟の排他的管轄に服さない。処分の効力を争う訴えではないからである。そのため、この訴えを提起するにあたり、処分を取り消す判決を事前に得ておく必要はない（最判昭和36年4月21日民集15巻4号850頁）。

　しかし、本件のような金銭納付義務を課す処分の場合は、一考を要する。その取消しによって得られる効果と、損害賠償によって得られる効果とが、内容的に異ならないため（どちらも同一金額を取得できる）、国家賠償請求が可能だとすると、取消訴訟を用意していることが無意味という考え方もありうるからである。

　本判決は、金銭納付義務賦課処分についての国家賠償請求でも、あらかじめその取消判決を得ておく必要はないとした。ただし、そのように解すべき理由は述べられていない。この点、金築裁判官の補足意見は、処分取消しと国家賠償とでは認容要件が異なる以上、取消しが認められても国家賠償が認められない場合があり得ることを指摘している。

■**評　釈**　田中孝男・百選Ⅱ478頁

［北見宏介］

Ⅲ　行政の作用

24 公定力と刑事訴訟
——余目町個室付特殊浴場事件〈刑事〉

最判昭和53年6月16日刑集32巻4号605頁

関連条文 ▶ 行訴法3条2項

争点

　行政処分に基づく規制に違反しても、同処分が違法であれば刑事責任を免れるか。

事実

　旧風俗営業等取締法は、既存児童福祉施設等から200m以内における個室付浴場の営業を禁止し、これに違反した者を刑事罰の対象としていた（4条の4第1項、7条2項。現行の風俗営業等の規制及び業務の適正化等に関する法律28条1項、49条5号）。会社Xは、個室付浴場の営業を開始したが、同浴場施設から134.5m離れた場所に、児童福祉施設である児童遊園があったことを理由に営業停止処分を受け、さらに、同法4条の4第1項違反を理由に起訴された。この刑事訴訟において、Xは、上記児童遊園の設置認可処分（本件認可処分）が、A町、B県、B県警察本部が協議し、Xの個室付浴場業を阻止するために急遽なされたものであり、行政権の濫用に相当する違法なものであるとして無罪を主張した。

判旨　　破棄自判（無罪）

　児童遊園設置の認可申請、同認可処分は、児童に健全な遊びを与えてその健康を増進し、情操をゆたかにするという児童福祉法の趣旨に沿ってなされるべきものであって、Xの個室付浴場営業の規制を主たる動機、目的とするA町の児童遊園設置の認可申請を容れた本件認可処分は、行政権の濫用に相当する違法性があり、被告会社の個室付浴場営業に対しこれを規制しうる効力を有しない。

24　公定力と刑事訴訟

解　説

　行政処分の効力を争うことができる訴訟は、原則として、取消訴訟に限定される（取消訴訟の排他的管轄。判例23の解説を参照）。その結果、処分には公定力という効力が備わるとされる。しかし、国家賠償を求める訴訟であれば、処分の公定力は及ばず、あらかじめ処分の取消判決が得られていなくても、その違法を争うことができる（判例23参照）。本件でもXは、営業停止処分が違法であるとして、国家賠償を求める訴訟も提起していた。こちらの訴えにつき、最判昭和53年5月26日民集32巻3号689頁は、本件認可を、「行政権の著しい濫用によるものとして違法」であるとして、請求を認容している。

　では、刑事訴訟の場合はどうか。刑事訴訟にも公定力が及ぶのであれば、本件認可処分が取り消されているか、当然に無効とされない限り、Xは有罪となる。しかし、本判決は、本件認可につき、行政権の濫用に相当する違法があるとし、Xの個室付浴場業を規制する効力がないとして無罪とした。本件認可処分の公定力は、本件の刑事訴訟に及ばないという判断である。

　他方、最決昭和63年10月28日刑集42巻8号1239頁の判断は異なる。同最決の事案は、免許停止処分の前歴考慮期間中に道路交通法違反を理由として起訴されたところ、免許停止処分の理由とされた事故につき無罪判決が確定したというものであった。同最決は、この無罪判決によっても、免許停止処分が当然に無効となるわけではないから、同処分の取消判決が下されていない以上、適法な起訴であるとした。刑事訴訟で処分の効力がどのような意味を持つのかは、刑事罰を定めた法令の解釈（処分の適法性を要件とするのか、その有効性を要件とするのか）次第ということになろう。

■ 評　釈　　田中良弘・百選 I 138頁

［北見宏介］

III　行政の作用

63

Ⅲ　行政の作用

	違法性の承継
25	——新宿区建築安全条例事件

最判平成21年12月17日民集63巻10号2631頁

関連条文 ▶ 建築基準法43条2項、東京都建築安全条例4条

争　点

先行処分の違法を後行処分の取消訴訟で主張できるか。

事　実

　建築基準法43条1項では、建築物の敷地は道路に2m以上接していなければならないと規定している（接道義務）。同条2項は、条例による制限の付加を認めており、東京都では、東京都建築安全条例を制定し、4条1項において、延べ面積2,000㎡を超え3,000㎡以下の建築物につき接道義務を8m以上に厳格化する一方で、同条3項で、都知事が安全上支障がないとする安全認定を行った場合には、第1項の規定は適用されないものとしていた。なお、安全認定に係る事務は特別区が処理するものとされ、特別区の長がその管理・執行をするものとなっていた。

　マンション業者のA社らは、平成16年12月22日にY（新宿区）の区長から安全認定を受け、A社から敷地を譲り受けたBらは、平成18年7月31日にY建築主事から建築確認処分を受けた。これに対して、周辺住民等のXらは、Y区長の安全認定と、Y建築主事の建築確認の取消しを求めて出訴した。第1審では、建築確認の違法事由として、安全認定の違法を主張することを認めなかったが、控訴審はこれを認めていた。

判　旨　　**上告棄却（請求認容）**

　建築確認と安全認定の判断は、避難または通行の安全の確保という同一の目的を達成するためのものであり、安全認定は建築確認と結合して初めてその効果を発揮する。他方で安全認定は申請

64

25　違法性の承継

者以外に通知されないから、周辺住民等これを争おうとする者に手続的保障が十分に与えられておらず、安全認定の存在を知ったとしても直ちに争訟提起をしない判断をすることもあながち不合理ではないから、建築確認の取消訴訟において、安全認定の違法を主張することは許される。

解　説

　連続して行われる複数処分のうち、先行処分に違法性が存在するにもかかわらず、それを争う取消訴訟の出訴期間を徒過してしまったような場合、後行処分の取消訴訟において先行処分の違法を主張することは、公定力（判例23の解説を参照）・不可争力（判例27の解説を参照）により許されないのが原則である。そうした主張を例外的に行うことの可否が違法性の承継と呼ばれる問題である。

　従来、この違法性の承継の可否は、先行処分と後行処分が1つの目的の実現に向けられたものであるか否か、を基準として判断しようとするのが基本的な姿勢であったとされている。税の賦課処分とそれに続く滞納処分などでは、それぞれが別個の法的効果を発生させることを目的とする独立の処分であることから、違法性の承継は認められないと考えられてきた。

　本判決は、①先行処分である安全認定と、後行処分である建築確認の目的の同一性に加えて、②先行処分である安全認定が行われた時点での第三者の手続的保障（安全認定の効果は申請者に対する接道義務の免除であり、それ自体は周辺住民等に不利益を生じさせず、申請者以外にも通知はされないため、安全認定を対象とした争訟提起は期待しがたい）も根拠にあげている。②については、違法性の承継の可否について、周辺住民らの実効的権利救済を考慮要素としたものと指摘されている。

■ 評　釈　　川合敏樹・百選Ⅰ170頁

［北見宏介］

Ⅲ　行政の作用

	瑕疵の治癒
26	——大分税務署事件

最判昭和47年12月5日民集26巻10号1795頁

関連条文 ▶ 旧法人税法32条

争点

理由付記の不備の瑕疵は裁決の理由記載により治癒されるか。

事実

　法人税について青色申告の承認を受け、清算手続中であったＸは、確定申告をしたところ、Ｙ税務署長から更正処分を受けた。当時の法人税法32条（現130条）では、青色申告の更正には理由附記が義務付けられていたが、この更正通知書の理由欄には、事業年度所得の加算項目として、(1)営業譲渡補償金計上もれ1155万円、(2)認定利息（代表者）計上もれ1万9839円、清算所得の加算項目として、(3)残余財産所得の違算分4000円、(4)代表者仮払金39万6890円、(5)営業譲渡補償金905万円、としか記載されていなかった。そこでＸは同更正処分につき国税局長に対して審査請求をしたところ、国税局長は更正処分の一部を取り消したが、それ以外を維持する裁決を下した。維持の理由として、裁決書には更正処分の付記理由よりも具体的な理由が付されていた。Ｘは、同更正処分の取消しを求めて出訴し、理由付記の不備を違法事由の1つとして主張していたが、Ｙは、仮に更正処分に理由付記の不備という瑕疵があったとしても、国税局長による裁決の理由記載によって、更正処分の理由不備は補正され、瑕疵も治癒されると主張した。

判旨　　上告棄却（請求認容）

　処分庁と異なる機関の行為により付記理由不備の瑕疵が治癒されるとすることは、処分そのものの慎重合理性を確保する目的に

66

そわないばかりでなく、処分の相手方としても、審査裁決によってはじめて具体的な処分根拠を知らされたのでは、それ以前の審査手続において十分な不服理由を主張することができないという不利益を免れないから、更正における付記理由不備の瑕疵は、後日これに対する審査裁決において処分の具体的根拠が明らかにされたとしても、それにより治癒されない。

解説

行政処分が行われた際に要件が欠けていた場合、その行政処分は違法であり原則として取り消されなければならない。しかし、処分後の事情によって欠けていた要件が充足された場合、当該行政処分が違法とされる要素は消滅したことになる。このような状況下で当該行政処分を取り消しても、再度、同じ行政処分が行われることが見込まれるような場合に、当該処分を取り消さずに維持しようとする理論が、行政行為の事後的な「瑕疵の治癒」である。

しかし本件で問題となった理由附記制度は、①処分に際して、処分庁に慎重な配慮をさせて恣意を抑制するという点（恣意抑制機能）や、②処分の相手方に理由を知らせることにより審査請求や訴訟を提起する際の便宜を与えるという点（不服申立便宜機能）などに意義が認められる（判例45と46を参照）。事後的に理由が示されることで瑕疵の治癒を認め、処分が取り消されずに維持されるというのでは、①②いずれの意義も失われることになる。このため本判決では瑕疵の治癒を認めなかった。

青色申告の更正処分に限らず、申請により求められた許認可を拒否する処分の理由提示や、不利益処分について行手法8条・14条で義務づけられている理由提示についても、その不備は原則として同様に判断されることになるだろう。

■ **評 釈**　山田洋・百選Ⅰ174頁

［北見宏介］

Ⅲ 行政の作用

27 行政処分の無効事由(1)
——山林所得課税事件

最判昭和36年3月7日民集15巻3号381頁

関連条文 ▶ 旧行政事件訴訟特例法1条

争 点

行政処分の瑕疵が明白とされるのはいかなる場合か。

事 実

Wとその実子X、Wの養子Sとその子Tの間には、山林等の所有権をめぐって紛争があったが、所有権をWおよびXがTに贈与し、SがWに示談金を支払うことで示談が成立した。Sは山林の一部を売却して示談金にあてたが、所得税の支払いを免れるため、契約書等においては登記名義者のWを売渡人と表示した。税務署長YがWに対し山林所得等に所得税を賦課する処分（本件課税処分）を行ったので、Wを相続したXが本件課税処分の無効確認を求めて出訴した。

判 旨 　上告棄却（請求棄却）

行政処分が当然無効であるというためには、処分に重大かつ明白な瑕疵がなければならないが、瑕疵が明白であるというのは、処分成立の当初から、誤認であることが外形上客観的に明白である場合を指すものと解するべきである。瑕疵が明白であるかどうかは、処分の外形上、客観的に、誤認が一見看取しうるものであるかどうかにより決すべきものであって、行政庁が怠慢により調査すべき資料を見落としたかどうかは、明白な瑕疵があるかどうかの判定に直接関係を有するものではない。

解 説

法律による行政の原理からすると、法令違反の行政処分は、その効力が否定されるはずである。しかし、そのように解すると、

行政の安定性を損ない、行政処分に対する第三者の信頼を裏切るおそれがある。そこで、現行法は、行政処分が違法であっても、さしあたりこれを有効なものとして取り扱い、その違法を主張する者は、審査請求や取消訴訟を提起して、権限ある機関による取消しを求めなければならないこととした（公定力。判例23の解説を参照）。審査請求や取消訴訟の提起には期間の制限があることから、当該期間を過ぎると、違法な処分であってももはやその効力を否定できなくなる（不可争力）。

　もっとも、いかなる場合にも公定力・不可争力を認めると、行政処分によって不利益を受ける者にとって酷なことになりかねない。そこで、公定力・不可争力が発生せず、いつまででも行政処分の効力を否定できる場合を、例外的に認めることとした。これが行政処分の無効である。そこで、どのような場合に行政処分の無効が認められるかが問題となる。

　この点については、①重大かつ明白な瑕疵を要し（重大明白説）、明白性については外形上一見して明白である必要があるとする説（外観上一見明白説）、②重大かつ明白な瑕疵を要するが、処分庁が必要な調査を行っていれば判明した程度の瑕疵であれば明白性が認められるとする説（客観的明白説、調査義務説）、③原則として瑕疵が重大であれば足りるとする説（重大説）、④当該事案における利益衡量で判断すべきとする説（具体的利益衡量説）が対立している。

　本判決は外観上一見明白説をとることを明らかにした上で、本件処分には明白な瑕疵は認められないとした。もっとも、判例28においては、明白性を要しない例外的な場合があることを認めている点に注意が必要である。

■ **評　釈**　　芝池義一・百選Ⅰ〔第4版〕184頁

〔児玉　弘〕

Ⅲ　行政の作用

28 行政処分の無効事由(2)
——譲渡所得課税事件

最判昭和48年4月26日民集27巻3号629頁

関連条文 ▶ 行訴法3条4項

争　点

瑕疵が明白でない行政処分が無効となることはあるか。

事　実

X₁およびX₂は夫婦であり、X₂の妹の夫がAである。会社を経営するAは、Xらからの借金に対する担保のため、また、会社の債権者からの差押えを避けるため、Xらに無断で、A所有の土地および建物（本件土地等）の所有権をXらに移転する登記を行った。その後、Aは、借金の返済にあてるため、Xら名義の売買契約書等を偽造して、本件土地等をBらに売却した。税務署長Yは、主として登記簿の記載に依拠し、Xらに譲渡所得があるとして、所得税の課税処分（本件処分）を行った。Xらは、出訴期間（行訴14条1項）経過後になって、本件処分の無効確認を求めて出訴した。控訴審は、本件処分の瑕疵は重大であるが、明白ではないとして、請求を棄却した。

判　旨　破棄差戻し

一般に、課税処分が課税庁と被課税者との間にのみ存するもので、処分の存在を信頼する第三者の保護を考慮する必要のないこと等を勘案すれば、当該処分における内容上の過誤が課税要件の根幹についてのそれであって、徴税行政の安定とその円滑な運営の要請を斟酌してもなお、不服申立期間の徒過による不可争的効果の発生を理由として被課税者に右処分による不利益を甘受させることが、著しく不当と認められるような例外的な事情のある場合には、前記の過誤による瑕疵は、当該処分を当然無効ならしめ

70

るものと解するのが相当である。

解　説

　判例27は、行政処分の無効が認められるための要件については、重大明白説（外観上一見明白説）をとっている。本判決は、処分の重大性には言及するものの、明白性には直接言及することなく処分の無効を認めており、瑕疵が明白でなくとも処分が無効となる例外を認めたものと解される。

　本判決は、課税処分については第三者の信頼を保護する必要がないことから、瑕疵が明白でなくても無効となるのは、①当該処分の内容上の過誤が課税要件の根幹についてのものであり、②徴税行政の安定とその円滑な運営の要請を斟酌してもなお、不服申立期間の徒過による不可争的効果の発生を理由として被課税者に右処分による不利益を甘受させることが、著しく不当と認められるような例外的な事情がある場合であるとしている。

　本判決は、本件においては、Ｘらに譲渡所得がおよそ発生していない点で、課税要件の根幹についての重大な過誤があるとした（①肯定）。また、Ｘらとしてはまったく知らない間に、Ａがした登記により、突如として課税処分を受けたことになるから、②の例外的な事情も認められるとした。もっとも、ＸらがＡの登記により利益を受けていたとか、これを容認していたとかというような特段の事情がある場合は別であるとして、この点を審理させるために、本件を原審に差し戻した。

　なお、ネズミ講事件上告審判決（最判平成16年7月13日判時1874号58頁）は、課税処分の瑕疵の明白性を否定した上で、本判決を引用し、上記②の事情は認められないとして、当然無効ではないと判示している。

■　**評　釈**　　岩本浩史・百選Ⅰ168頁

［児玉　弘］

Ⅲ　行政の作用

29 行政裁量(1)
——神戸全税関事件

最判昭和52年12月20日民集31巻7号1101頁

関係条文 ▶ 国家公務員法82条、行訴法30条

争　点

公務員に対する懲戒処分にいかなる司法審査を行うべきか。

事　実

税関職員（国家公務員）で労働組合役員でもあるＸらが、争議行為等を行ったことを理由として、税関長から懲戒免職処分（本件処分）を受けたため、本件処分の取消し等を求めて出訴した。

判　旨　　上告棄却（請求棄却）

国家公務員法は、所定の懲戒事由がある場合に、懲戒処分をすべきか、いかなる処分を選択すべきかにつき、具体的な基準を設けていない。したがって、懲戒権者は、懲戒事由に該当すると認められる行為の原因、動機、性質、態様、結果、影響等、諸般の事情を考慮して決定できると考えられるが、その判断は平素から庁内の事情に通じ、部下職員の指揮監督にあたる者の裁量に任せるのでなければ到底適切な結果を期待できない。それゆえ、公務員につき、法所定の懲戒事由がある場合に、懲戒処分を行うかどうか、いかなる処分を選ぶかは、懲戒権者の裁量に任されていると解すべきである。裁判所が懲戒処分の適否を審査するにあたっては、懲戒権者と同一の立場で判断し、その結果と懲戒処分とを比較してその軽重を論じるべきではなく、懲戒権者の裁量権の行使に基づく処分が社会観念上著しく妥当を欠き、裁量権を濫用したと認められる場合に限り、違法と判断すべきである。

解　説

公務員に対する懲戒処分に裁量を認めたうえで、司法審査の枠

組みを確立した重要判例である。

　国家公務員が法所定の懲戒事由に該当する場合、懲戒権者は免職等の懲戒処分をすることができる（国公82条1項）。本判決は、法が具体的な基準を設けていないこと（法令の規定）、懲戒権者の裁量に任せなければ到底適切な結果を期待できないこと（判断の性質）を理由に、処分を行うか、いかなる処分を選択するかの裁量（効果裁量）を認める。そして、裁判所は懲戒権者と同一の立場で判断をやり直す（判断代置型審査）のではなく、処分が「社会観念上著しく妥当を欠く」かを判断すべきとする。これは「最小限審査」（あるいは「社会観念審査」、「著しさの統制」）と呼ばれ、比較的緩やかな審査を行う趣旨と解されている。本判決は、結論として、本件処分の違法性を否定した。

　本判決は、処分の前提となる事実の認定が誤っていた場合（事実誤認）に、処分が違法となることにふれていない。しかし、上記の判示は「懲戒事由がある場合」の裁量を述べた部分であるから、事実誤認が処分の違法事由となることを否定したものとは解されない（判例30・33・34・35など参照）。

　免職のような重大な処分に関し、特別の配慮を要するかについて、本判決は何も述べていない。旧国鉄職員に対する懲戒処分（行政処分ではなく私法上の行為とされている）につき、免職を選択する場合は「特に慎重な配慮を要する」とした判例があり（最判昭和49年2月28日民集28巻1号66頁）、本判決の調査官は、本判決もそれを当然の前提としていると述べている（判例33も参照）。最近では、式典において国歌斉唱等を命じる職務命令に違反したとして、公立学校教職員になされた懲戒処分について、戒告より重い処分を選択する場合、「慎重な考慮が必要」とする判例もある（最判平成24年1月16日判時2147号127頁）。

■ **評　釈**　森稔樹・百選Ⅰ162頁

［村上裕章］

III 行政の作用

30	行政裁量(2) ——マクリーン事件

最大判昭和53年10月4日民集32巻7号1223頁

関係条文 ▶ 行訴法30条、旧出入国管理令21条

争 点

在留期間更新許可にいかなる司法審査を行うべきか。

事 実

アメリカ合衆国の国籍を有するXが、在留許可を得て日本に入国した後、在留期間の更新を申請したところ、政治活動等を理由として法務大臣から不許可処分(本件処分)を受けたので、本件処分の取消しを求めて出訴した。

判 旨　　上告棄却(請求棄却)

在留期間の更新事由が概括的に規定され、その判断基準が特に定められていないのは、更新事由の有無の判断を法務大臣の裁量に任せ、その裁量権の範囲を広汎なものとする趣旨による。在留期間更新の許否を決するにあたって諸般の事情を斟酌しなければならないが、このような判断は、事柄の性質上、出入国管理行政の責任を負う法務大臣の裁量に任せるのでなければ到底適切な結果を期待できないからである。在留期間更新に関する法務大臣の裁量権の性質にかんがみると、在留期間更新不許可処分は、その判断がまったく事実の基礎を欠き、または社会通念上著しく妥当性を欠くことが明らかである場合に限り、裁量権の範囲を超えまたはその濫用があったものとして違法となる。

解 説

外国人に対する在留期間更新許可に裁量を認め、司法審査の方法を示した大法廷判決である。

旧出入国管理令によれば、本邦に在留する外国人は在留期間の

更新を受けることができるが（21条1項）、「在留期間の更新を適当と認めるに足りる相当の理由があるときに限り」、法務大臣はこれを許可できる（同条3項）。現在は出入国管理及び難民認定法21条が同旨を定める。

本判決は、更新事由が概括的に規定されているのは、法務大臣の裁量を広汎なものとする趣旨であるとし（法令の規定）、その実質的な理由として、在留期間の更新の許否を決するにあたって諸般の事情を考慮する必要があるところ、事柄の性質上、法務大臣の裁量に任せるのでなければ到底適切な結果を期待できないことを挙げる（判断の性質）。更新事由に該当するか否かの判断について、広汎な政治的・政策的裁量（要件裁量）を認める趣旨と解される。そのうえで、法務大臣の判断がまったく事実の基礎を欠き、または社会通念上著しく妥当性を欠くことが明らかである場合に限り、処分は違法となるとする。結論として、本件処分の違法性は否定された。

本判決は、法務大臣に「広汎な」裁量を認め、その判断が社会通念上著しく妥当性を欠くことが「明らか」な場合にのみ違法となると判示しており、判例29よりもさらに広い裁量を認めるようである。本判決は、憲法上および出入国管理令上、外国人には在留期間更新を求める権利が保障されていないと判示しており、これが広汎な裁量を肯定する要因になったと解される。

本判決は、判断が「まったく事実の基礎を欠く」場合にも、処分は違法となると述べている。一般に、事実認定は裁判所の任務であり、司法審査が全面的に及ぶと考えられている。したがって、本判決は事実認定に裁量を認めているわけではなく、事実誤認が軽微であれば処分は違法とはならない、とする趣旨ではないかと解される。

■ **評　釈**　　三浦大介・百選Ⅰ154頁

[村上裕章]

Ⅲ　行政の作用

	行政裁量(3)
31	——伊方原発事件

最判平成4年10月29日民集46巻7号1174頁

関係条文 ▶ 行訴法30条、旧核原料物質、核燃料物質及び原子炉の規制に関する法律（規制法）23条・24条

争 点

原子炉設置許可にいかなる司法審査を行うべきか。

事 実

内閣総理大臣が、四国電力株式会社に対し、伊方原子力発電所にかかる原子炉設置許可（本件処分）を行ったので、同発電所の付近住民Ｘらが、本件処分の取消しを求めて出訴した。

判 旨　　上告棄却（請求棄却）

原子炉の安全性審査には多面にわたるきわめて高度な最新の科学的、専門技術的知見に基づく総合的判断が必要であり、規制法が原子力委員会への諮問を求めているのは、このような審査の特質を考慮して、安全性基準の適合性につき、学識経験者等を擁する原子力委員会の科学的、専門技術的知見に基づく意見を尊重して行う内閣総理大臣の合理的な判断にゆだねる趣旨と解される。裁判所の審理は、原子力委員会等の調査審議および判断に基づく行政庁の判断に不合理な点があるか否かの観点から行われるべきであって、現在の科学技術水準に照らし、調査審議で用いられた具体的審査基準に不合理な点があるか、当該基準に適合するとした原子力委員会等の調査審議および判断の過程に看過しがたい過誤、欠落があり、行政庁の判断がこれに依拠してされたと認められる場合には、原子炉設置許可は違法となる。不合理な点があることの主張立証責任は本来原告が負うが、行政庁側に不合理でないことを主張立証する必要があり、これを尽くさない場合、

76

不合理な点があると事実上推認される。

解　説

　原子炉設置許可に裁量を認め、その安全性の判断について、司法審査の基本的枠組みを確立した重要判例である。

　旧規制法では、原子炉を設置するには内閣総理大臣の許可を要し（23条1項）、「災害の防止上支障がない」こと（24条1項4号）等が許可の要件とされていた（現行法は若干異なる）。

　本判決は、原子炉施設の安全性審査の特質（判断の性質）から、旧規制法が原子力委員会への諮問を求めているのは（法令の規定）、安全性基準との適合性を内閣総理大臣の合理的な判断にゆだねる趣旨と解する。「裁量」とは明言していないが、本判決の調査官解説は、政治的・政策的裁量のような広汎な裁量を認めたと誤解されるのを避けるためであり、実質的には専門技術的裁量（ここでは要件裁量）を認める趣旨であると説明している。

　そして、裁判所は被告行政庁の判断の不合理性、すなわち、①審査基準に不合理な点があるか、②審査基準に適合するとした判断過程に看過しがたい過誤・欠落があるかを審査すべきとする。判断過程に着目した審査（判断過程審査）を行う趣旨と解され、教科書検定（最判平成5年3月16日民集47巻5号3483頁）や生活保護基準（最判平成24年2月28日民集66巻3号1240頁）についても類似の審査がなされている。

　本判決は、判断が不合理であることの主張立証責任は本来原告が負うが、本件では行政庁側で判断が不合理でないことを主張立証する必要があるとする。裁量処分の違法性について原告に立証責任があることを前提として、原告側の立証が実際には困難であることを考慮して、立証責任を事実上転換したものと解される（判例58参照）。もっとも、本件処分は違法ではないとされた。

■ **評　釈**　　山下義昭・百選I 156頁

[村上裕章]

Ⅲ 行政の作用

32 行政裁量(4)
——日光太郎杉事件

東京高判昭和48年7月13日行例集24巻6・7号533頁

関係条文 ▶ 行訴法30条、土地収用法20条

争点

土地収用の事業認定にいかなる裁量が認められるか。

事実

建設大臣（当時）が、栃木県知事の申請に基づき、国道拡幅工事のために土地を収用する目的で、X（宗教法人東照宮）の境内地に含まれる土地について、土地収用法に基づく事業認定（本件処分）を行った。Xは、当該工事によって文化的価値の高い太郎杉等が伐採されることになるから、収用の要件を満たしていないと主張して、本件処分等の取消しを求めて出訴した。

判旨　控訴棄却（請求認容）

土地収用のための事業認定の要件である「土地の適正且つ合理的な利用に寄与するものであること」（土収20条3号）は、事業によって得られる公共の利益と失われる利益（公益も含む）を比較衡量し、前者が後者に優越する場合に満たされる。この点にはある範囲において裁量判断の余地が認められるが、本来最も重視すべき諸要素、諸価値を不当、安易に軽視し、その結果当然考慮すべき考慮を尽くさず、または本来考慮に入れるべきでない事項を考慮に入れ、もしくは本来過大に評価すべきでない事項を過重に評価し、これらのことにより処分庁の判断が左右された場合には、当該判断は裁量判断の方法ないし過程に誤りがあるものとして、違法となる。

解説

下級審判決ではあるが、いわゆる判断過程審査を初めて行った

著名な裁判例である。

本判決は、事業認定の要件を定めた土地収用法20条3号該当性について、ある範囲において裁量（要件裁量）を認めている。しかし、①処分庁が考慮すべき要素を考慮せず（考慮遺脱）、②考慮すべきでない要素を考慮した（他事考慮）場合に加えて、考慮要素の重み付けを誤った場合、すなわち、③重視すべき要素を軽視し、④過大に評価すべきでない要素を重視した場合にも、処分は違法になると判示している。

本件処分については、本件土地付近のかけがえのない文化的諸価値や環境の保全という本来最も重視すべき要素を不当、安易に軽視し（上記③）、自動車道路の整備拡充の必要性との調和手段・方法の探求において当然尽くすべき考慮を尽くさず（上記①）、オリンピックに伴う自動車交通量増加の予想という、本来考慮に入れるべきでない要素を考慮に入れ（上記②）、暴風による倒木の可能性および樹勢の衰えの可能性という、本来過大に評価すべきでない要素を過重に評価した（上記④）として、裁量判断の方法ないし過程に過誤があり、本件処分は違法であると結論した。

本判決の審理方法は、判断過程に着目している点で判例31と類似しており、同様に判断過程審査を行った裁判例として位置付けることができる。もっとも、考慮要素に着目して審査していることからすれば、むしろ判例33、34、35のタイプの判断過程審査の先駆とみることも可能であろう。

本判決については、判断過程を審査しているようにみえるが、裁判所の価値観を強く出している点で、判断代置型審査（判例29参照）に近いとの指摘もある。考慮要素の認定や、各考慮要素の重み付けのやり方によっては、行政庁の裁量を実質的に否定する結果となりかねないことは事実である。

■ **評　釈**　越智敏裕・地方自治判例百選〔第2版〕197頁

[村上裕章]

Ⅲ　行政の作用

	行政裁量(5)
33	——剣道実技拒否事件

最判平成8年3月8日民集50巻3号469頁

関係条文 ▶ 行訴法30条、学校教育法11条

争　点

退学処分にいかなる裁量が認められるか。

事　実

　市立高専の学生で「エホバの証人」であるXは、宗教上の理由で剣道実技の履修を拒否し、原級留置処分および退学処分（本件各処分）を受けたので、本件各処分の取消しを求めて出訴した。

判　旨　　上告棄却（請求認容）

　退学処分等については校長に合理的な教育的裁量が認められ、まったく事実の基礎を欠くかまたは社会観念上著しく妥当を欠き、裁量権の範囲を超えまたは裁量権を濫用したと認められる場合に限り違法となるが、退学処分等は学生の身分を剥奪する重大な処分であり、その要件の認定につき他の処分の選択に比較して特に慎重な配慮を要する。剣道実技の履修は高専において必須のものとはいいがたく、教育目的の達成は代替的方法によっても可能であること、Xが剣道実技への参加を拒否する理由は信仰の核心部分と密接に関連する真摯なものであり、剣道実技の履修を拒否した結果、原級留置・退学という事態に追い込まれており、その不利益はきわめて大きく、これを避けるには信仰上の教義に反する行動をとることを余儀なくされることからすると、本件各処分に至るまでに何らかの代替措置をとることの是非、方法、態様等について十分に考慮すべきであったにもかかわらず、本件においてそれがされていたとは到底いうことができない。したがって、本件各処分は、考慮すべき事項を考慮しておらず、または考

慮された事実に対する評価が明白に合理性を欠き、その結果、社会観念上著しく妥当を欠いたものとして違法である。

解　説

　必ずしも明示的ではないが、判例32と同種の判断過程審査を、最高裁レベルで取り入れたようにみえる判例である。

　本判決は、公立大学における退学処分の判例（最判昭和29年7月30日民集8巻7号1463頁）や判例29を引用して、退学処分に裁量（要件裁量と思われる）を認め、最小限審査の判断枠組み（判例29参照）を採用する。退学処分に慎重な配慮を求めている点は、私立大学における退学処分の先例（最判昭和49年7月19日民集28巻5号790頁）がある（判例29も参照）。

　注目されるのはあてはめの部分である。本判決は、本件における事情を詳細に検討したうえで、代替措置（レポート等）の是非等を十分に考慮すべきであったにもかかわらず、これを行っていないと指摘して、考慮すべき事項を考慮しておらず、または考慮された事実に対する評価が明白に合理性を欠いており、社会観念上著しく妥当を欠き、本件各処分は違法であると結論している。代替措置を行わなかったこと自体ではなく、その是非等を十分に考慮しなかったことを理由に、処分を違法としている点で、判例32に近い判断過程審査を行っているように思われる。

　本判決は、冒頭部分で先例（判例29等）と同様の最小限審査の判断枠組みを示しつつ、結論部分で唐突に判断過程審査を行っている。木に竹を接いだ感は否めず、判例34への過渡的な判例とみることもできよう。本判決がこのような審査方法を採用した理由は明らかでないが、慎重な配慮を要する退学処分が争われていること、信教の自由という憲法上の権利が問題となっていることなどが考えられる。

■ **評　釈**　榊原秀訓・百選 I 164頁

[村上裕章]

Ⅲ　行政の作用

34 行政裁量(6)
——呉学校施設使用不許可事件

最判平成18年2月7日民集60巻2号401頁

関係条文 ▶ 行訴法30条、国賠法1条1項、地自法238条の4第4項、学校教育法85条

争点

学校施設の目的外使用許可にいかなる裁量が認められるか。

事実

公立小中学校等の教職員で組織された職員団体Xが、教育研究集会を行うため、呉市立中学校の施設の使用を申し出たが、不許可とされたので、同市に損害賠償を求めて出訴した。

判旨　　上告棄却（請求一部認容）

行政財産である学校施設を学校教育以外の目的で使用するには、管理者（教育委員会）の許可（目的外使用許可）を要するが、その要件を定める法令の文言に加え、学校教育以外の目的で使用することが基本的に制限されていることからすれば、目的外使用許可をするかどうかは、原則として管理者の裁量にゆだねられている。管理者の裁量判断は諸般の事情を総合考慮してされるところ、その裁量権の行使が逸脱濫用にあたるか否かの司法審査においては、その判断要素の選択や判断過程に合理性を欠くところがないかを検討し、その判断が重要な事実の基礎を欠くか、または社会通念に照らして著しく妥当性を欠くものと認められる場合に限り、裁量権を逸脱濫用したとして違法となる。

解説

判例32と類似した判断過程審査を明示的に取り入れた、初めての最高裁判例である。

行政財産は「その用途又は目的を妨げない限りにおいて」使用

を許可することができ（地自238条の4第4項）、学校施設は「学校教育上支障がない限り」公共のために利用させることができる（学教85条）。本判決は、要件を抽象的に定める上記規定の文言（法令の規定）に加え、目的外使用が基本的に制限されていること（権利利益の性質）を理由に、管理者に裁量（効果裁量）を認める。そして判例29と同じ最小限審査の判断枠組みを採用するが、その際に、「判断要素の選択や判断過程に合理性を欠くところがないか」の検討を求めている。これは従来みられなかった判示であり、判断過程審査を行う趣旨と解される。

　本件へのあてはめにおいては、①教育研究集会は教員の自主的研修の側面を有し、これまで学校施設の使用が拒否された例がないこと、②不許可の理由とされた右翼団体等による具体的な妨害の動きは認められなかったうえ、本件集会は休日に予定されていたこと、③本件集会の刊行物に学習指導要領等に対する批判が記載されていたが、中心的な討議対象だったわけではないこと、④教育研修集会については学校施設を利用する必要性が高いこと、⑤Xと教育委員会の対立激化を背景に、校長がいったん口頭で使用許可の意思表示をしたが、市教委が不許可とするよう指導した経緯があったことを指摘する。そのうえで、本件不許可処分は、「重視すべきでない考慮要素を重視するなど、考慮した事項に対する評価が明らかに合理性を欠いており、他方、当然考慮すべき事項を十分考慮しておらず、その結果、社会通念に照らし著しく妥当性を欠いたもの」で、違法であると判断した。

　本判決は最小限審査の判断枠組みに判断過程審査を結び付けており、裁判所による裁量統制を強化したとみられる。その後、判例35や海岸占用許可に関する判例（最判平成19年12月7日民集61巻9号2390頁）が同様の審査を行っている。

■ **評　釈**　　土田伸也・百選 I 148頁

[村上裕章]

Ⅲ　行政の作用

	行政裁量(7)
35	——小田急事件（本案）

最判平成18年11月2日民集60巻9号3249頁

関係条文 ▶ 行訴法30条、都市計画法18条・59条

争　点

都市計画決定にいかなる裁量が認められるか。

事　実

　建設大臣（当時）が、東京都に対し、小田急小田原線の一部区間（本件区間）の連続立体交差化にかかる都市計画事業の認可（本件認可）をしたので、周辺住民Ｘらが本件認可等の取消しを求めて出訴した。

判　旨　　**上告棄却（請求棄却）**

　都市計画法所定の基準に従って都市施設の規模、配置等に関する都市計画を定めるにあたっては、当該都市施設に関する諸般の事情を総合的に考慮したうえで、政策的、技術的な見地から判断することが不可欠である。その判断は行政庁の広範な裁量にゆだねられているというべきであり、裁判所が都市施設にかかる都市計画の決定・変更の内容の適否を審査するにあたっては、重要な事実の基礎を欠く場合、または、事実に対する評価が明らかに合理性を欠くこと、判断過程において考慮すべき事情を考慮しないこと等によりその内容が社会通念に照らし著しく妥当性を欠くものと認められる場合に限り、裁量権の範囲を逸脱・濫用したものとして違法となる。

解　説

　判例79（大法廷）がＸらの一部に原告適格を認めたことを受けて、本案判断を行った小法廷判決である。判例34に続き、最小限審査において判断過程審査を行っている。

84

本訴訟で取消しを求められたのは都市計画事業の認可（都計59条）である。この認可については、都市計画との適合性がその要件とされている（同61条）。Xらも、本件認可の違法事由として、その前提である東京都知事（参加人）の平成5年都市計画変更決定（平成5年決定）が、本件区間の一部に地下式ではなく高架式を採用した点で違法と主張し、都市計画決定の違法性が本訴訟の本案における主な争点となった。

本判決は、都市計画については、都市計画の基本理念（同2条）のもと、都市の健全な発展と秩序ある整備のため必要なものを一体的・総合的に定め、公害防止計画に適合すべきこと（同13条1項柱書）、円滑な都市活動を確保し、良好な都市環境を保持するよう都市施設を定めること（同項5項）が求められており（法令の規定）、これらの基準に従って都市計画を定めるには、総合的な政策的・技術的見地からの判断が不可欠である（判断の性質）として、都市計画決定に「広範な裁量」（要件裁量）を認める。そして、同決定が違法となるのは、①重要な事実の基礎を欠く場合、または、②事実の評価が明らかに合理性を欠くこと、「判断の過程において考慮すべき事情を考慮しないこと等により」、その内容が社会通念に照らし著しく妥当性を欠く場合に限るとする。表現はやや異なるが、判例34と同旨と解される。

もっとも、本件へのあてはめにおいては、本件区間の構造を定める際に鉄道騒音を十分考慮することが要請されると指摘しつつ、事前の調査において環境面も考慮に入れたうえで高架式が適切とされたこと、高架式の採用について環境影響評価が行われたこと、一定の騒音対策が講じられていること、公害防止計画に適合していること等を挙げ、平成5年決定は環境の保全について適切な配慮をしているなどとして、その違法性を否定した。

■ **評 釈**　日野辰哉・百選Ⅰ152頁

[村上裕章]

Ⅲ　行政の作用

36 処分職権取消しの可否
——秋田本荘町農地買収令書事件

最判昭和33年9月9日民集12巻13号1949頁

関連条文 ▶ 旧自作農創設特別措置法9条・16条、旧行政事件訴訟特例法1条

争　点

行政処分の職権取消しはいかなる場合に認められるか。

事　実

Y（秋田県知事）は、旧自創法に基づき、A所有の土地を農地買収令書により買収した（本件買収処分）。しかし、約3年4か月を経過した時点で、本件買収処分の対象に宅地が含まれていたとして、本件買収処分の全部を職権で取り消した（本件取消処分）。そこで、当該土地のうち農地の売渡を受けるべき地位にあったX（従来より当該農地を耕作し、国に対して当該農地の買収申込みをしていた者で、これに基づいて本件買収処分がなされた）が、本件取消処分の無効確認を求めて出訴した（出訴期間内に提起されたので、取消訴訟として扱われた）。控訴審は、本件買収処分には瑕疵があったことから本件取消処分を適法として、請求を棄却した。

判　旨　　破棄差戻し

本件の事実関係の下では、特段の事情のない限り、買収農地の売渡を受けるべきXの利益を犠牲に供してもなおかつ本件買収令書の全部（農地に関する部分を含む）を取り消さなければならない公益上の必要があるとは解されないから、右特段の事情がない限り、本件取消処分は、違法と解すべきである。

解　説

行政処分の職権取消しとは、処分が当初から違法であったことを理由として、その効果を失わせることをいう。取り消された処分は、当初からなかったものとされる（遡及効）のが原則である。

86

これに対し、行政処分の撤回とは、処分後に生じた事情を理由として、その効果を失わせることをいい、その効果は将来に向かってのみ生じる（将来効。判例37の解説を参照）。ただし、実定法上は、いずれの場合も「取消し」という用語が使われていることには注意が必要である。

　本件取消処分は職権取消しにあたるところ、職権取消しに法律の根拠は不要と解されている。そして、法律による行政の原理からすれば、違法な処分は当然取り消されるべきとも考えられる。しかし、相手方に利益を与える処分（利益的処分）については、職権取消しによって相手方が不利益を受けるから、その保護が問題となる。ある者に不利益となるが、別の者に利益となる処分（二重効果的行政処分）についても同様である。

　そこで、このような場合に職権取消しが許されるのは、①それによって得られる利益（違法な処分を取り消す公益、場合によっては第三者が受ける利益）と、②それによって失われる利益（当該処分の受益者の利益）を比較衡量し、前者が後者を上回る場合であると解される（法律に根拠のない撤回の可否については判例37参照）。②については、受益者の信頼保護の必要性も考慮すべきであり、また、たとえ職権取消しができる場合であっても、その効果を遡及させるべきでない場合もある。

　本件買収処分は、Aには不利益となるが、Xには利益となるため、二重効果的行政処分に当たる。そこで、上記のような比較衡量が必要となるが、本件買収処分の取消理由は買収土地に宅地が含まれていたというものであるから、特段の事情（宅地部分のみを取り消すと支障が生じる場合など）がない限り、宅地部分のみを取り消せばよいと考えられる。この点を審理させるため、本件は原審に差し戻された。

■ **評　釈**　　牛嶋仁・百選Ⅰ〔第4版〕206頁

［児玉　弘］

Ⅲ　行政の作用

	処分撤回の可否
37	——優生保護医指定撤回事件

最判昭和63年6月17日判時1289号39頁

関連条文 ▶ 旧優生保護法14条1項

争　点

行政処分の撤回に法律の明文規定は必要か。

事　実

産婦人科等の開業医であるXは、旧優生保護法14条1項に基づき、人工妊娠中絶手術に必要とされる指定医師の指定を2年ごとにY医師会より受けていた。Xは、人工妊娠中絶を希望する女性に出産させ、子を求める他の女性が出産したように装う虚偽の出生証明書を作成する行為（実子あっせん行為）を継続して行った。そのうちの1事例について告発がなされ、仙台簡裁から医師法違反、公正証書原本不実記載・同行使罪等により罰金20万円に処せられ、この裁判は確定した。これを受けて、Y医師会は、Xの指定医師の指定を取り消し、後日Xがした指定医師の指定申請も却下した。そこで、Xは、上記指定取消処分の取消し等を求めて出訴した。

判　旨　　上告棄却（請求棄却）

Y医師会が指定医師の指定をした後に、Xが法秩序遵守等の面において指定医師としての適格性を欠くことが明らかとなり、Xに対する指定を存続させることが公益に適合しない状態が生じたというべきところ、実子あっせん行為のもつ法的問題点（近親婚のおそれ等）、指定医師の指定の性質等に照らすと、指定医師の指定の撤回によってXの被る不利益を考慮しても、なおそれを撤回すべき公益上の必要性が高いと認められるから、法令上その撤回について直接明文の規定がなくとも、指定医師の指定の権限を

88

付与されているＹ医師会は、その権限においてＸに対する右指定を撤回することができる。

解説

　行政処分の撤回とは、適法に成立した行政処分を、事後に生じた事情を理由として、その効力を失わせることをいい、処分が当初から違法であったことを理由とする職権取消しと区別される（判例36の解説を参照）。撤回の効力は、職権取消しのそれとは異なり、原則として将来効のみである。撤回の理由としては、相手方の義務違反に対する制裁としてなされる場合、要件事実が事後的に失われた場合、公益上の必要のために行われる場合など、様々な類型がある。

　職権取消しについては法律の根拠が必要ないと解されているのに対して、撤回については争いがある。①法律上の根拠は必要ないとする説、②利益的処分の撤回は不利益処分となるから、明文の根拠が必要と解する説、③（制裁的になされる撤回など）一定の場合に限って法律の根拠が必要とする説などがある。

　本判決は、撤回すべき公益上の必要性が高いことから、法令上直接明文の規定がなくとも撤回できるとする点で、上記①説をとるようにもみえる。しかし、本判決は本件の事例を踏まえた判断を行っているにすぎないので、撤回について一般的に法律の根拠は不要としているとは必ずしも断定できないであろう。

　なお、クロロキン薬害事件（最判平成7年6月23日民集49巻6号1600頁）では、厚生大臣（当時）による規制権限不行使の違法性が争われ、その前提として撤回権限の有無が問題となっていたところ、旧薬事法に製造承認の撤回につき明文規定がなかったものの、法の目的や審査権限に照らし、厚生大臣（当時）は撤回権限を有するとされている。

■ **評　釈**　竹之内一幸・百選Ⅰ180頁

[児玉　弘]

Ⅲ　行政の作用

	給水契約拒否の違法性
38	——志免町給水拒否事件

最判平成11年1月21日民集53巻1号13頁

関連条文 ▶ 水道法15条1項

争　点

　水道事業者はいかなる場合に給水契約の締結を拒否できるか。

事　実

　不動産会社Xは、Y（福岡県志免町）でマンション建設を計画し、水道法上の水道事業者であるYに建築予定戸数420戸の分の給水申込みをした。慢性的水不足に悩まされていたYは、将来の水不足を予防するため、同町水道事業給水規則において、一定規模以上の建築物には給水しない旨を規定していたことから、同規定を根拠に給水契約締結を拒否した。これに対し、Xは、この契約締結の拒否が水道法15条1項に定める「正当の理由」に当たらないとして、Yに給水申込みの承諾等を求めて出訴した。

判　旨　　上告棄却（請求棄却）

　水道法15条1項にいう「正当の理由」とは、水道事業者の正常な企業努力にもかかわらず給水契約の締結を拒まざるをえない理由を指す。水道が国民にとって不可欠であることからすると、市町村は、中長期的視点から適正かつ合理的な水の供給計画を立て、これを実施しなければならず、当該計画によって対応できる限り、給水契約の申込みに応ずべき義務がある。しかし、給水量がすでにひっ迫しているにもかかわらず、取水量の増加が困難である一方、著しい給水人口増加が見込まれるため、近い将来水不足が確実に予見される地域では、もっぱら水の需給の均衡を保つ観点から需要の著しい増加を抑制するための施策をとることも許される。そのような施策として、新たな給水申込みのうち、需要

90

量が特に大きく、現住民の生活用水のためでなく、住宅供給事業者が住宅分譲目的でしたものについて、給水契約の締結拒否により急激な需要の増加を抑制することは、「正当の理由」に当たる。

解　説

　行政契約については、私的自治の原理が妥当する私人間の契約とは異なる規律がされる場合がある。本件で問題となった水道法は、水が人の生活にとって不可欠であることから、「正当の理由」がない限り、水道事業者は給水契約の締結を拒んではならないと定めている（15条1項、契約締結義務）。

　本判決以前にも、給水拒否の「正当の理由」が問題とされた事例は少なくない。たとえば、違法建築物に対する給水拒否（最判昭和56年7月16日民集35巻5号930頁）、要綱による行政指導に従わない建築物に対する給水拒否（最決平成元年11月8日判時1328号16頁）などであり、いずれの事案についても水道法の法目的以外の行政目的は「正当の理由」として認められないものとされていた。なお、後者の事例のように、本来は行政の内部的なルールにすぎず、法的拘束力を有しないはずの要綱（行政規則の一種）に基づく行政運営を要綱行政という（判例41参照）。

　これに対し、本件は、将来の水不足という水道法本来の目的による給水拒否に関する事案である。本判決も、「正当の理由」とは、水道事業者の正常な企業努力にもかかわらず給水契約の締結を拒まざるをえない理由を指すとし、水道法の目的以外の目的による給水拒否が許されないことを前提としている。

■ **評　釈**　　桑原勇進・百選Ｉ〔第5版〕194頁

[児玉　弘]

Ⅲ　行政の作用

	公害防止協定の効力
39	——福間町公害防止協定事件
	最判平成21年7月10日判時2058号53頁

関連条文 ▶ （平成9年改正前の）廃棄物の処理及び清掃に関する法律（廃棄物処理法）15条

争　点

公害防止協定の使用期限条項に法的拘束力はあるか。

事　実

　Ｙは、Ａ（福岡県）知事に届け出て、Ｂ（旧福間町）内の土地（本件土地）に産業廃棄物最終処分場（本件処分場）を設置し、使用を開始した。その後、Ａ知事の行政指導により、ＹはＢと公害防止協定を締結した。同協定には本件処分場の使用期限を平成15年12月31日とする条項（旧期限条項）が定められていた。Ｙが本件処分場の変更許可を受けたのに伴い、ＹとＢは改めて公害防止協定（本件協定）を締結したが、旧期限条項はそのまま引き継がれた（本件期限条項）。ところが、当該期限経過後もＹが本件処分場を使用していたため、変更許可所定の期間が過ぎていなかったものの、Ｂは本件土地を本件処分場として使用することの差止めを求めて出訴し、合併によりＸ（福津市）がＢの地位を承継した。控訴審はＸの請求を棄却した。

判　旨　　破棄差戻し

　廃棄物処理法に基づく産業廃棄物の処分場の設置許可が処分業者に事業や処理施設の使用の継続義務を課すものではないことは明らかであり、かえって、処分業者による事業の全部または一部の廃止、処理施設の廃止については、知事に対する届出で足りる旨規定されているのであるから、処分業者が、公害防止協定において、協定の相手方に対し、その事業や処理施設を将来廃止する

92

旨を約束することは、処分業者自身の自由な判断で行えることであり、その結果、許可が効力を有する期間内に事業や処理施設が廃止されることがあったとしても、同法に何ら抵触するものではない。

解　説

公害防止協定とは、地方公共団体等が、公害防止を目的として、事業者と締結する取り決めをいう。公害防止協定については、法的拘束力がない単なる紳士協定にすぎないとする説と、法的拘束力をもった契約（行政契約の一種）であるとする説（契約説）がある。今日では、具体的な内容を定める条項の効力を一概に否定する理由はないことから、後者の説が有力である。

本判決は、地方公共団体と処分業者との間で締結された協定が法的拘束力を有することを前提として、その限界を論じている。そうすると、本判決は、本件協定を法的拘束力をもった契約であると解していると考えられる。この限りで、本判決は、契約説を採用したとみられる。

本件においては、廃棄物処理法に基づいてYがA知事から本件処分場の設置許可を受けており、当該許可所定の期間が過ぎていない場合に、公害防止協定において本件処分場の使用期限を設けることが同法に抵触しないかが争われた。控訴審は許可に期限等の条件を付すことは知事の専権であるとして、本件期限条項を違法とした。

これに対し、本判決は、廃棄物処理法上、知事の許可は処分業者に対し事業等の継続を義務付けていないこと、事業等の廃止については知事に対する届出で足りるとされていることから、事業等の廃止を約束することは、処分業者が自由に判断できることであるとして、本件期限条項は違法ではないと判示した。

■ 評　釈　福士明・百選Ⅰ188頁

［児玉　弘］

Ⅲ　行政の作用

	行政指導の限界(1)
40	——品川マンション事件

最判昭和60年7月16日民集39巻5号989頁

関連条文 ▶ 建築基準法6条、国賠法1条

争　点

行政指導に従わせるための建築確認留保は許されるか。

事　実

　マンション建設をめぐって建築業者Xと付近住民の間に紛争が生じたため、Y（東京都）の建築主事がXに対する建築確認を留保し、Yの職員が、Xに対し、付近住民と話し合いをするよう求める行政指導を行った。Xはこれに協力していたが、Yが新高度地区案を発表し、これが実施されると設計変更を余儀なくされることから、Xは不作為の違法確認を求める審査請求をした。最終的に話し合いがついて建築確認がなされたが、その遅延によって損害を受けたとして、XがYを被告として損害賠償訴訟を提起した。

判　旨　　上告棄却（請求一部認容）

　確認処分の留保は、建築主の任意の協力・服従のもとに行政指導が行われていることに基づく事実上の措置にとどまるものであるから、建築主において自己の申請に対する確認処分を留保されたままでの行政指導には応じられないとの意思を真摯かつ明確に表明している場合には、かかる建築主の明示の意思に反してその受忍を強いることは許されない筋合のものであるといわなければならない。建築主が右のような行政指導に不協力・不服従の意思を表明している場合には、当該建築主が受ける不利益と右行政指導の目的とする公益上の必要性とを比較衡量して、右行政指導に対する建築主の不協力が社会通念上正義の観念に反するものとい

えるような特段の事情が存在しない限り、行政指導が行われているとの理由だけで確認処分を留保することは、違法である。

解　説

本判決は、紛争調整型行政指導の実効性確保手段として建築確認の留保が許されるかという、行政指導の法的限界について最高裁としてはじめて判断を示したものであり、行政手続法上の行政指導に関する規定（特に33条）の基礎になった判例としても知られている。

建築基準法6条1項によると、建築主事は建築確認申請書の受理から一定の期間内に、建築基準関係規定への適合性を審査し、適合の場合は当該申請者に確認済証を交付しなければならない。そこで、申請者に対する行政指導の実効性を確保するため、建築確認申請に対する応答を留保できるかが問題となる。この点については、建築主の意思を重視する主観説、客観的な事情を考慮する客観説、両者を考慮する折衷説が対立していた。

本判決は、建築主が建築確認を留保されたままでの行政指導に応じられないとの意思を真摯かつ明確に表明した場合は、建築主の不協力が社会通念上正義の観念に反するといえるような特段の事情がない限り、建築確認の留保は違法となるとする。建築主の意思を基本としつつ、客観的な事情も考慮するものであり、上記の折衷説をとるものと解される。

続いて本判決は、本件について、Xによる審査請求は上記の真摯かつ明確な意思の表明に当たるとし、また、Xは行政指導に積極的かつ協力的に対応していたところ、新高度地区の実施日が迫ったため審査請求を行ったことが社会通念上正義の観念に反するわけではないとして、審査請求日以降の建築確認の留保を違法と判断した。

■ 評　釈　　西津政信・百選Ⅰ250頁

［久末弥生］

Ⅲ　行政の作用

41 行政指導の限界(2)
──武蔵野マンション事件〈民事〉

最判平成5年2月18日民集47巻2号574頁

関連条文 ▶ 国賠法1条

争点

負担金の支払いを求める行政指導はどこまで許されるか。

事実

　Y（武蔵野市）は開発指導要綱を定め、一定規模以上の開発事業等を行おうとする者に対し、教育施設負担金等を納付するよう指導していた。Xはマンション建設に際して市職員から教育施設負担金の支払いを求められ、不満を抱いたものの、拒否すれば上下水道利用を拒否されること等を危惧して一旦は納付した。しかし後に、本件指導が違法であるとして出訴し、損害賠償を請求したが、控訴審はこれを棄却した。

判旨　　破棄差戻し

　行政指導として教育施設の充実に充てるために事業主に対して寄付金の納付を求めること自体は、強制にわたるなど事業主の任意性を損なうことがない限り、違法ということはできない。しかし、指導要綱の文言及び運用の実態からすると、本件当時、Yは、事業主に対し、法が認めておらずしかもそれが実施された場合にはマンション建築の目的の達成が事実上不可能となる水道の給水契約の締結の拒否等の制裁措置を背景として、指導要綱を遵守させようとしていたというべきである。YがXに対し指導要綱に基づいて教育施設負担金の納付を求めた行為も、Yの担当者が教育施設負担金の減免等の懇請に対し前例がないとして拒絶した態度とあいまって、Xに対し、指導要綱所定の教育施設負担金を納付しなければ、水道の給水契約の締結及び下水道の使用を拒絶されると考

96

えさせるに十分なものであって、マンションを建築しようとする以上右行政指導に従うことを余儀なくさせるものであり、Ｘに教育施設負担金の納付を事実上強制しようとしたものとして違法である。

解　説

　本判決は、開発指導要綱に基づく行政指導の法的限界について最高裁としてはじめて判断を示したものである。

　開発指導要綱は行政指導を行うための内部基準（行政指導指針、行手2条8号ニ）にすぎず、法的拘束力がないため、指導要綱に基づく負担金の支払いも本来は自発的な寄付のはずである。したがって、負担金納付の要求も、あくまで相手方が任意に応ずることを求める行政指導としてされなければならない。しかし、事実上、強制、つまり負担金の強要に及ぶ場合も少なくない。

　本判決は、指導要綱の文言（給水契約締結等の制裁を背景に、一定金額の納付を命ずるような内容であること）及び運用の実態（負担金を納付しなかった事業者はほとんどおらず、納付しなかった者は水道給水契約を締結されなかったこと、Ｘに対しても減免が拒絶されたこと）を考慮して、負担金の納付を事実上強制しようとしたものと認定し、違法であると判断した。

　行政指導への服従について相手方の任意性に着目する点は判例40と共通しているが、任意性の判断にあたって諸般の事情を総合考慮している点や、「特段の事情」による例外を認めていない点が異なっている。

　なお、最決平成元年11月8日判時1328号16頁は、本件と同じ開発指導要綱に基づく行政指導を受けた業者が指導に従う意思を明確に表明したところ、Ｙの水道管理者である市長が同業者の給水申し込みを拒否したため起訴されたという刑事事件において、給水することが公序良俗違反を助長することとなるような事情はなかったとして、給水契約の締結留保を違法としている。

■ 評　釈　　櫻井敬子・百選Ⅰ 198頁　　　　　　[久末弥生]

Ⅳ　行政の手段

42 行政手続と憲法31条
——成田新法事件

最大判平成4年7月1日民集46巻5号437頁

関連条文 ▶ 憲法31条

争　点

工作物使用禁止命令の事前手続を定めない法律は憲法違反か。

事　実

新東京国際空港（現在は成田国際空港）の建設にあたり、過激派の侵入等による混乱が生じたため、議員立法により、新東京国際空港の安全確保に関する緊急措置法（成田新法）が制定された。Y（運輸大臣（当時））は、同法3条1項に基づき、X所有の工作物について、昭和54年以降の毎年、1年の期限を付して、「多数の暴力主義的破壊活動者の集合の用」等に供することを禁止する処分を行った。そこでXは、これら処分の取消しを求めるとともに、国に対して損害賠償を求めて出訴した。

判　旨　　一部破棄自判（訴え却下）、一部上告棄却（請求棄却）

憲法31条の定める法定手続の保障は、直接には刑事手続に関するものであるが、行政手続については、それが刑事手続ではないとの理由のみで、そのすべてが当然に同条による保障の枠外にあると判断することは相当ではない。しかしながら、同条による保障が及ぶと解すべき場合であっても、一般に、行政手続は、刑事手続とその性質においておのずから差異があり、また、行政目的に応じて多種多様であるから、行政処分の相手方に事前の告知、弁解、防御の機会を与えるかどうかは、行政処分により制限を受ける権利利益の内容、性質、制限の程度、行政処分により達成しようとする公益の内容、程度、緊急性等を総合較量して決定されるべきものであって、常に必ずそのような機会を与えること

98

を必要とするものではないと解するのが相当である。

解　説

　本件は、行手法制定以前の事案である。工作物使用禁止命令について、成田新法が事前の行政手続を定めていなかったことから、憲法31条に違反しないかが争われた。

　事前行政手続の憲法上の根拠については、①法定手続に関する憲法31条の保障が及ぶとする説、②幸福追求権に関する憲法13条によって保障されるとする説、③憲法31条および13条によって保障されるとする併用説、④法治国家原理によって保障されるとする説が主張されている。

　本判決は、憲法31条が直接には刑事手続に関するものとしつつ、行政手続について、それが刑事手続ではないとの理由のみで、そのすべてが当然に憲法31条による保障の枠外にあるとはいえないとしており、その範囲は不明確ながら、一定の行政手続に憲法31条の保障が及ぶことを認めている。

　もっとも、本判決は、憲法31条の保障が及ぶ場合でも、必ずしも常に事前の告知、弁解、防御の機会を与えることを必要とするものではないとし、この点を判断するための枠組みが総合考慮であるとしている。本件で問題となった成田新法については、同法3条1項に基づく使用禁止命令によって制限されるのが同項所定の使用に限られること、当該命令は高度かつ緊急の必要性を有することなどを総合考慮して、憲法31条の法意に反しないとした。

　行手法制定後の最決平成26年8月19日判時2237号8頁は、同法を適用除外とする逃亡犯罪人引渡法につき、本判決が示した判断枠組みにほぼそって合憲と判断している。

■ 評　釈　　宇那木正寛・百選Ⅰ234頁

[児玉　弘]

Ⅳ　行政の手段

43 意見陳述手続の瑕疵
——個人タクシー事件

最判昭和46年10月28日民集25巻7号1037頁

関連条文▶（平成元年改正前の）道路運送法6条・122条の2

争点

個人タクシー事業免許の手続はどのように行うべきか。

事実

　Y（東京陸運局長）は、個人タクシー事業免許の申請が多数に
上ったことから、道路運送法6条1項所定の要件該当性を判断す
るため、内部的な審査基準（本件基準）を定めた上で、同法122
条の2に基づく聴聞を実施した。Xの申請については、本件基準
のうち、「本人が他業を自営している場合には転業が困難なもの
でないこと」、および、「運転歴7年以上のもの」に該当しないと
して、申請却下処分（本件処分）がなされた。Xは、これらの基
準を満たしていたにもかかわらず、本件基準が公表されておら
ず、聴聞担当官へも周知されていなかったため、十分な聴聞が行
われず、誤った判断がされたと主張して、本件処分の取消しを求
めて出訴した。

判旨　　上告棄却（請求認容）

　道路運送法には、同法122条の2の聴聞の規定のほか、個人タ
クシー事業免許の審査手続等に関する明文規定は存しない。しか
し、当該免許の許否は職業選択の自由に関わりを有するものであ
り、免許要件を定める同法6条および前記122条の2の規定等を
あわせ考えれば、多数の者から少数特定の者を、具体的個別的事
実関係に基づき選択して免許の許否を決しようとする行政庁は、
事実認定につき独断を疑うことが客観的にもっともと認められる
ような不公正な手続をとってはならない。すなわち、右6条は抽

100

象的な免許基準を定めるにすぎないから、内部的にせよ、その趣旨を具体化した審査基準を設定し、これを公正かつ合理的に適用すべく、右基準の内容が微妙、高度の認定を要するようなものである等の場合には、右基準の適用上必要とされる事項につき、申請人に主張と証拠提出の機会を与えなければならない。

解　説

　本判決は、行手法制定前の事案であるが、道路運送法に明文規定のない審査基準の設定等を行政庁に求めており、最高裁の行政手続に対する積極的な姿勢をうかがわせる重要判例である。

　本判決は、①個人タクシー事業免許が職業選択の自由に関わることから、法の規定等をあわせ考えると、多数者から少数者を具体的事実関係に基づいて選択する場合、事実認定につき不公正な手続をとってはならないとする。具体的には、②法所定の要件が抽象的なので、内部的にせよ具体的な審査基準を設定し、公正かつ合理的に運用すべきであり、③審査基準の内容が微妙、高度の認定を要する場合、申請人に主張・立証の機会を与えなければならないとする。明文規定にない義務を課す根拠は明確ではないが、道路運送法の解釈によるものと解される。

　本判決は、本件につき、審査基準は設定されていたが、Xに主張・立証の機会が与えられていれば、免許がされた可能性がなかったとはいえないとして、本件処分を取り消した。主張立証の機会を十分に与えなかったという手続的瑕疵があったとしても、処分の結論に影響がなければ処分を取り消さない趣旨と解される（判例44参照）。

　その後、行手法が制定され、申請に対する処分については、審査基準を設定し、原則として公にすることが一般的な義務とされた（5条）。その限りで本判決は意義を失っているが、主張・立証の機会に関する判示部分はなお判例としての価値を保っている。

■**評　釈**　恒川隆生・百選Ⅰ236頁　　　　　　　［児玉　弘］

Ⅳ　行政の手段

44 諮問手続の瑕疵
——群馬中央バス事件

最判昭和50年5月29日民集29巻5号662頁

関連条文 ▶ （平成元年改正前の）道路運送法122条の2、旧運輸省設置法6条・16条

争点

バス事業免許の諮問手続はどのように行うべきか。

事実

Xはバス路線の延長を計画し、道路運送法に基づく一般乗合旅客自動車運送事業の免許を申請した。Y（当時の運輸大臣）が運輸審議会に諮問したところ、同審議会は公聴会を開催し、Xや利害関係者等の意見を聴取した上で、Xの申請を却下すべき旨を答申した。Yがこれに従ってXの申請を却下する処分（本件処分）を行ったので、Xが本件処分の取消しを求めて出訴した。

判旨　　上告棄却（請求棄却）

一般に、行政庁が行政処分をするにあたって、諮問機関に諮問し、その決定を尊重して処分をしなければならない旨を法が定めているのは、処分行政庁が、諮問機関の決定（答申）を慎重に検討し、これに十分な考慮を払い、特段の合理的な理由のないかぎりこれに反する処分をしないように要求することにより、当該行政処分の客観的な適正妥当と公正を担保することを法が所期しているためであると考えられるから、かかる場合における諮問機関に対する諮問の経由は、極めて重大な意義を有するものというべく、行政処分が諮問を経ないでなされた場合はもちろん、これを経た場合においても、当該諮問機関の審理、決定（答申）の過程に重大な法規違反があることなどにより、その決定（答申）自体に法が右諮問機関に対する諮問を経ることを要求した趣旨に反す

102

ると認められるような瑕疵があるときは、これを経てなされた処分も違法として取消しを免れない。

解　説

諮問機関とは、行政庁に対し、法的拘束力のない意見を述べる機関をいう。そうすると、諮問手続に瑕疵があっても、それに基づく行政庁の処分は違法とはならないとも考えられる。しかし、本判決は、諮問手続は処分の客観的な適正妥当と公正を担保することを目的とするから、諮問を経ない場合はもとより、諮問機関の審理・決定過程に重大な法規違反があるなど、法が諮問を経ることを要求した趣旨に反するような瑕疵があるときは、それに基づく処分は違法として取消しを免れないとした。

続いて、本判決は、諮問機関における公聴会審理の方法および内容自体も上記のような要請を満たすものでなければならないとし、申請者に十分な主張・立証の機会を与えることが、公聴会審理を要求する法の趣旨であるとする。本件の公聴会においては、Xの事業計画の問題点（既存路線よりも便利性に劣ること）を具体的に明らかにし、補充資料や釈明・反駁を提出させるための特段の措置はとられていないとして、手続的瑕疵があるとした。

もっとも、本件では控訴審で事実関係について詳細な審理がなされており、これを踏まえて本判決は、仮に公聴会審理においてXに十分な主張立証の機会が与えられていても、審議会の認定判断を左右するに足る意見および資料を追加提出しうる可能性があったとは認めがたいとして、審理手続の不備は本件処分を違法として取り消す理由とはならないとした。判例43と同様、主張立証の機会を十分に与えなかったという手続的瑕疵は、処分の結論に影響を及ぼさない限り、取消事由とはならないとの立場と解される。

■ **評　釈**　　大沢光・百選 I 238頁

［児玉　弘］

IV　行政の手段

45 理由提示の意義と内容(1)
——パスポート発給拒否事件

最判昭和60年1月22日民集39巻1号1頁

関連条文 ▶ 旅券法14条

争 点

旅券発給拒否処分の理由として根拠規定を示すだけでよいか。

事 実

Xが一般旅券の発給を申請したところ、Y（外務大臣）は、「旅券法13条1項5号に該当する」との理由を付した書面により、拒否処分（本件処分）をした。そこでXは、異議申立てを経て、本件処分の取消しを求めて出訴した。

判 旨　　破棄自判（請求認容）

一般に、法律が行政処分に理由付記を命じている場合に、どの程度の記載をなすべきかは、処分の性質と理由付記を命じた各法律の規定の趣旨・目的に照らして決定すべきである。旅券法14条が理由付記を命じているのは、一般旅券の発給を拒否すれば、憲法22条2項で国民に保障された基本的人権である外国旅行の自由を制限することになるため、拒否事由の有無についての外務大臣の判断の慎重と公正妥当を担保してその恣意を抑制するとともに、拒否の理由を申請者に知らせることにより、不服申立てに便宜を与える趣旨に出たものである。このような理由付記制度の趣旨にかんがみれば、付記すべき理由としては、いかなる事実関係に基づきいかなる法規を適用して一般旅券の発給が拒否されたかを、申請者においてその記載自体から了知しうるものでなければならず、単に発給拒否の根拠規定を示すだけでは、それによって当該規定の適用の基礎となった事実関係をも当然知りうるような場合は別として、旅券法の要求する理由付記として十分でない。

45 理由提示の意義と内容(1)

解 説

　本件は行手法制定前の事案である。法律が理由付記を求めている場合に、どの程度の記載をすべきかが争われた。本判決は、一般論として、処分の性質と理由付記を命じた各法律の規定の趣旨・目的とに照らして決定すべきとする。

　本判決は、旅券法が理由付記を求める趣旨を、①外務大臣の判断の慎重と公正妥当を担保してその恣意を抑制すること（恣意抑制機能）、②拒否理由を申請者に知らせることにより不服申立てに便宜を与えること（不服申立便宜機能）に求める（課税処分の理由付記につき同旨を述べるものとして最判昭和38年5月31日民集17巻4号617頁等）。

　本判決は、こうした理由付記の趣旨にかんがみれば、付記すべき理由は、いかなる事実関係に基づき、いかなる法規を適用して処分がされたかを、申請者においてその記載自体から了知しうるものでなければならず、単に根拠規定を示すだけでは、それにより当該規定の適用の基礎となった事実関係を当然知りうる場合を別として、理由付記として十分ではないとする。

　旅券法13条1項5号（現7号）は、旅券発給拒否事由として、「外務大臣において、著しく且つ直接に日本国の利益又は公安を害する行為を行う虞があると認めるに足りる相当な理由がある者」と定める。本判決は、この規定は概括的・抽象的であり、同号に該当する旨付記されただけでは、申請者において発給拒否の基因となった事実関係をその記載自体から知ることはできないから、本件処分は違法であるとした。

　なお、行手法制定前は、一般的に「理由付記」と表現されていたが、行手法は、口頭で理由が示される場合も含めて「理由の提示」と呼んでいる。申請に対する拒否処分については、行手法8条で理由提示が義務づけられている。

■ 評 釈　折橋洋介・百選Ⅰ244頁　　　　　　　　［児玉　弘］

Ⅳ　行政の手段

	理由提示の意義と内容(2)
46	——一級建築士免許取消事件

最判平成23年6月7日民集65巻4号2081頁

関連条文 ▶ 行手法14条、(平成18年改正前の)建築士法10条

争 点

建築士免許取消処分時に処分基準の適用関係を示すべきか。

事 実

　一級建築士Xの下で構造設計を行っていた二級建築士Bが構造計算書を偽装していたことが発覚し、Xは、建築基準法令に適合しない設計を行って構造上危険な建築物を現出させたなどとして、建築士法10条1項2号および3号に基づき、国土交通大臣から一級建築士の免許取消処分(本件処分)を受けたので、Y(国)に対して、本件処分の取消しを求めて出訴した。同法10条1項に基づく処分については、旧建設省が意見公募手続を経た上で処分基準(本件処分基準)を設定・公表していたが、本件処分には事実関係および根拠規定のみが付記され、処分基準の適用関係は示されていなかった。

判 旨　破棄自判(請求認容)

　行手法14条1項本文が不利益処分について理由の提示を求めているのは、名宛人に直接義務を課しまたはその権利を制限するという不利益処分の性質にかんがみ、行政庁の判断の慎重と合理性を担保してその恣意を抑制するとともに、処分理由を名宛人に知らせて不服申立てに便宜を与える趣旨に出たものである。同項本文に基づいてどの程度の理由を提示すべきかは、上記のような趣旨に照らし、当該処分の根拠法令の規定内容、当該処分にかかる処分基準の存否および内容ならびに公表の有無、当該処分の性質および内容、当該処分の原因となる事実関係の内容等を総合考

106

46　理由提示の意義と内容(2)

慮して決すべきである。

解　説

　行手法14条1項は不利益処分について理由の提示を求めているが、提示すべき理由の程度については定めていない。本件処分で提示された理由には、根拠となる事実および条文は記載されていたが、処分基準の適用関係が示されていなかったため、十分な理由提示かが争われた。

　本判決は、同項が理由提示を求めている趣旨について、恣意抑制機能と不服申立便宜機能をあげ、理由付記に関する先例と同旨を述べる（判例45の①と②参照）。その上で、理由提示の程度については、(1)根拠法令の規定内容、(2)処分基準の存否および内容ならびに公表の有無、(3)処分の性質および内容、(4)原因となる事実関係の内容等を総合考慮して決すべきとする。

　本件処分については、(ア)建築士法10条1項2号および3号の定める処分要件は抽象的である上、処分の選択も裁量に委ねられていること（上記(1)）、(イ)本件処分基準が意見公募手続の手続を経るなど適正を担保すべき手厚い手続を経て定められ公にされており、その内容はかなり複雑であること（上記(2)）、(ウ)一級建築士の資格を直接にはく奪する重大な不利益処分であること（上記(3)）からすると、事実関係と根拠規定の提示のみでは、Xはいかなる理由に基づいてどのような処分基準の適用によって免許取消処分が選択されたかを知ることができないとして、本件処分は理由提示の要件を欠いた違法な処分であるとした。

　本判決は行手法14条1項に基づく理由提示に関するものであるが、同法8条1項等に基づく理由提示などについても参考になると考えられる。

■ **評　釈**　北島周作・百選Ⅰ242頁

［児玉　弘］

Ⅳ　行政の手段

Ⅳ　行政の手段

47 理由差替えの可否
—— 逗子市情報公開事件

最判平成11年11月19日民集53巻8号1862頁

関連条文 ▶ （平成26年改正前の）逗子市情報公開条例9条

争 点

公文書非公開処分に付記された処分理由を差し替えることは許されるか。

事 実

逗子市民Xは、逗子市情報公開条例（本件条例）に基づき、住民監査請求に関する一件記録の公開を請求した。Y（逗子市監査委員）が、対象文書中の関係人の事情聴取記録（本件文書）について、本件条例5条2号ウ（行政執行情報）に該当するとの理由を付して、非公開決定（本件処分）をしたので、Xは本件処分の取消しを求めて出訴した。訴訟段階においてYは、本件文書は本件条例5条2号ア（意思形成過程情報）にも該当するとの主張を追加した。控訴審は、こうした処分理由の追加は許されないとして、本件条例5条2号ウ該当性についてのみ判断し、これを否定して、Xの請求を認容した。

判 旨　破棄差戻し

本件条例9条4項前段が、非公開決定の通知にあわせてその理由を通知すべきものとしているのは、非公開の理由の有無について実施機関の判断の慎重と公正妥当とを担保してその恣意を抑制するとともに、非公開の理由を公開請求者に知らせることによって、その不服申立てに便宜を与えることを目的としていると解すべきである。そして、そのような目的は非公開の理由を具体的に記載して通知させること自体をもってひとまず実現されるところ、本件条例の規定をみても、右の理由通知の定めが、右の趣旨

を超えて、ひとたび通知書に理由を付記した以上、実施機関が当該理由以外の理由を非公開決定処分の取消訴訟において主張することを許さないものとする趣旨をも含むと解すべき根拠はない。

解　説

　理由付記（提示）については、理由の追完と差替えを明確に区別する必要がある。

　理由の追完とは、理由付記に瑕疵がある（理由付記を欠くか、不十分である）場合に、後から理由を示すことで、その瑕疵が治癒されるか、という問題である。課税処分（更正処分）について、理由付記の恣意抑制機能および不服申立便宜機能（判例45参照）に照らし、理由の追完は許されないとした判例（判例26）があり、学説もこれを支持している。

　これに対し、理由の差替えとは、適法な理由付記がなされている場合に、別の理由を追加したり（追加的差替え）、交換したり（交換的差替え）することができるか、という問題である。この点については、①差替えは許されないとする否定説、②許されるとする肯定説、③（処分の基礎が同一であるなど）一定の場合に限って許されるとする限定的肯定説がある。

　本判決は、上記の理由付記の2つの機能が、理由を適法に記載して通知することによって「ひとまず」実現され、理由通知の定めが差替えを許さないとする趣旨をも含むと解すべき根拠はないとして、②肯定説を採用した。

　本判決は本件条例の解釈を示したにとどまるが、行手法8条および14条を含め、理由付記（提示）を定める規定から、差替えを禁じる趣旨を読み取りうる場合は多くないから、実質的な影響は大きいと思われる。もっとも、行手法制定後は、本判決の射程は及ばないとする見方もある。

■ 評　釈　池田直樹・百選II 390頁

［児玉　弘］

Ⅳ　行政の手段

48	**行政代執行の可否** ――茨木市庁舎事件

大阪高決昭和40年10月5日行例集16巻10号1756頁

関連条文 ▶ 行政代執行法2条・3条

争　点

庁舎の明渡しにつき行政代執行は認められるか。

事　実

茨木市長がX（同市職員組合）に対する市庁舎の使用許可を取り消し、組合事務所内の存置物件搬出に係る行政代執行法上の戒告をしたので、Xは使用許可取消処分と戒告の取消訴訟を提起するとともに、使用許可取消処分の効力停止と、戒告およびそれに続く代執行手続の続行の停止を求める申立てをした。

判　旨　　原決定変更（申立て一部認容）

庁舎の管理権者がその使用許可を取り消した場合、相手方は庁舎を明け渡す義務を負う。しかし、当該義務を直接命じた法律の規定はなく、使用許可取消処分は、単に庁舎の使用関係を終了させるだけで、庁舎の明渡しを命じたものではない。また、明渡義務の強制的実現には実力による占有の解除を必要とするから、同義務は代執行の対象となる代替的作為義務にはあたらない。したがって、上記義務を行政代執行の対象とすることはできない。組合事務所内の存置物件の搬出は、明渡義務の履行に伴う必然的な行為であり、それ自体独立した義務内容をなすものではないから、存置物件の搬出のみを取り上げて代執行の対象とすることも許されない。

解　説

行政活動の実効性を確保する手段には、行政上の義務を実力で履行させる行政上の強制執行、あらかじめ義務を課すことなく直

110

接国民の身体・財産に強制を加える即時強制（即時執行）、行政上の義務違反に対して不利益を課す行政上の制裁がある。このうち行政上の強制執行には、行政上の義務を本人に代わって行政庁が履行する行政代執行、義務者の身体・財産に直接実力を加えて義務を履行させる直接強制、義務履行を強制するために科せられる執行罰、金銭給付義務を強制的に履行させる行政上の強制徴収（滞納処分）があり、裁判所による強制執行（司法的執行）を利用する可能性も論じられている（判例49・50参照）。

　本件で問題となった行政代執行は、①法律（法律の委任に基づく命令、規則及び条例を含む）により直接命じられ、または法律に基づき行政庁により命じられた、②他人が代わってなすことのできる義務（代替的作為義務）を、③義務者が履行しない場合、④他の手段によってその履行を確保することが困難で、⑤その不履行を放置することが著しく公益に反すると認められる場合に行うことができる（代執2条）。

　本決定は、上記要件の①と②を欠くとして、本件において代執行は許されないと判断した。第1に、庁舎の使用許可が取り消されると、Xは事務所を明け渡す義務を負うが、これは法律により直接命じられた義務にも、法律に基づき行政庁により命じられた義務にもあたらない（①の欠如）。第2に、明渡しを強制的に実現するには占有の解除を必要とし、義務者本人でなければ行うことができないから、代執行の対象となる代替的作為義務にもあたらない（直接強制による必要がある。②の欠如）。

　もっとも、本件で求められていたのは事務所内の存置物件の搬出であり、それ自体は代替的作為義務にあたる。しかし、本決定は、当該義務は庁舎の明渡しに伴う必然的な行為で、それ自体独立した義務内容とはいえないから、代執行の対象となりえないと判断した。この点については異論もありうるところである。

■ **評　釈**　古城誠・地方自治判例百選〔第3版〕98頁　　　［石　龍潭］

Ⅳ　行政の手段

49 司法的執行の可否(1)
——茨城県農業共済組合連合会事件

最判昭和41年2月23日民集20巻2号320頁

関連条文 ▶ 旧農業災害補償法87条の2、旧農業共済基金法46条

争　点

行政上の強制執行（行政強制）ができる場合でも司法的執行は許されるか。

事　実

Xは農業共済組合連合会、Aはその構成員である農業共済組合、Yはその組合員であり、XはAに対して農業共済保険料等の債権を、AはYに対して共済掛金等の債権を有していた。YがAに対する共済掛金等の支払いを滞納していたが、法律（農業共済基金法46条、農業災害補償法87条の2）が付与した強制徴収権をAが行使しなかったため、Xは、Aに代位し、Yを被告として、共済掛金等の支払いを求める民事訴訟を提起した。

判　旨　　　上告棄却（訴え却下）

農業共済基金法や農業災害補償法が強制徴収を認めているのは、農業共済事業の公共性にかんがみ、事業遂行上必要な財源を確保するためには、強制徴収の手段によることが最も適切かつ妥当としたからにほかならない。にもかかわらず、民事訴訟法上の強制執行の手段によって債権の実現を図ることは、上記立法の趣旨に反し、公共性の強い農業共済組合の権能行使の適正を欠くものとして許されない。

解　説

戦前は、行政執行法が行政上の義務について完結的な行政強制手段を用意していたが、戦後、人権侵害などの弊害にかんがみ、同法は廃止された。代わりに行政代執行法が一般法として制定さ

112

れ、その他の行政強制は個別法の定めによることとされた。また、行政上の義務の履行を間接的に担保するため、行政罰（行政刑罰及び行政上の秩序罰）がほぼ網羅的に設けられた。

しかし、行政代執行の要件は概して厳格で、費用や労力も要することから、使い勝手がよいとはいえない。また、行政刑罰も、起訴が検察に委ねられること等から、行政上の実効性確保手段としては必ずしも有効ではない。そこで、行政上の義務が履行されない場合、行政が私人と同様の立場で裁判所による強制執行（司法的執行）を利用できないかが論じられるようになった。

本判決は、行政上の強制執行（行政強制）ができる場合に、司法的執行を利用できるか、という問題についてのリーディング・ケースである（行政強制を利用できない場合については判例50参照）。この問題については、①行政強制を利用できる以上、司法的執行は認められないとする否定説（通説、「バイパス理論」と呼ばれる）と、②行政代執行には上記のような問題がある一方、裁判所の判断を介することで人権侵害の可能性が低くなるから、司法的執行を認めるべきとする肯定説があった。本判決は、法が行政強制（本件では強制徴収）を認めているのは、事業の公共性に鑑み、これによることが最も適切かつ妥当だと判断したからであり、司法的執行を利用することは立法趣旨に反するとして、否定説に立つことを明らかにした。

もっとも、本件では、AはYに対して行政強制を利用できるが、XはYに対してこのような手段をもたないので、司法的執行を認める必要性は否定できない。しかし、本判決は、本件訴訟が代位訴訟であることから、もともとA自身が有していない権能をXが代位行使することは許されないとして、例外を認めなかった。

■ **評　釈**　岸本太樹・百選 I 218頁

[石　龍潭]

Ⅳ　行政の手段

	司法的執行の可否(2)
50	——宝塚市パチンコ店事件

最判平成14年7月9日民集56巻6号1134頁

関連条文 ▶ 裁判所法3条、旧宝塚市パチンコ店等、ゲームセンター及びラブ
　　　　　ホテルの建築等の規制に関する条例（本件条例）8条

争　点

　行政強制をなしえない条例上の義務について司法的執行は許さ
れるか。

事　実

　パチンコ店を建築しようとしたYは、本件条例に基づく建築同
意を宝塚市長から拒否されたにもかかわらず、建築を強行したの
で、宝塚市は、本件条例に基づいてYに建築中止を命じた上で、
建築工事の続行禁止を求める民事訴訟を提起した。

判　旨　　　破棄自判（訴え却下）

　国または地方公共団体が提起した訴訟であって、財産権の主体
として自己の財産上の権利利益の保護救済を求める場合は、法律
上の争訟（裁3条1項）にあたるが、もっぱら行政権の主体とし
て国民に対して行政上の義務の履行を求める訴訟は、法規の適用
の適正ないし一般公益の保護を目的とするもので、自己の権利利
益の保護救済を目的とするものではないから、法律上の争訟とし
て当然に裁判所の審判の対象となるものではなく、法律に特別の
規定がある場合に限り提起できる。

解　説

　判例49は行政強制が可能な場合の司法的執行を否定していた
が、本件では行政強制ができない場合の扱いが問題となった。

　本件条例は、パチンコ店の建築等にはあらかじめ市長の同意を
得る必要があること（3条）、建築予定地が市街化調整区域である

114

とき及び商業地域以外の用途地域であるときは同意をしないこと（4条）、違反者に対し市長は建築等の中止等必要な措置を命令できること（8条）を定めていたが、同命令違反に対する罰則を設けていなかった。建築中止命令によって課せられるのは不作為義務であるため、行政代執行も利用できない（判例48参照）。

本判決は、先例（最判昭和56年4月7日民集35巻3号443頁）に従い、裁判所が固有の権限に基づいて審判できる対象は「法律上の争訟」、すなわち、「当事者間の具体的な権利義務ないし法律関係の存否に関する紛争であって、かつ、それが法令の適用により終局的に解決することができるもの」に限られるとする。そして、行政主体が財産権の主体として出訴する場合と、もっぱら行政権の主体として出訴する場合を分け、後者は法律上の争訟に当たらず、法律に特別の規定がある場合にのみ許されるとする。その上で、行政上の義務の履行を求める訴訟を認める法律は存在しないから、本件訴えは不適法とした。

本判決に対しては、①本件では宝塚市とYの法律関係が争われており、法令の適用により解決できるから、法律上の争訟にあたるのではないか、②現行法上、もっぱら行政権の主体として出訴する場合に法律上の争訟に当たらないとする根拠は見あたらないのではないか、③行政権の主体を被告として国民が抗告訴訟を提起できるのに、行政主体の出訴を否定するのは平仄が合わないのではないか、といった批判がある。

なお、公害防止協定に基づく市の産廃処分場使用差止請求を最高裁は認容しており（判例39）、行政主体が行政契約の主体として提起する訴訟は法律上の争訟にあたると解されているようである。

■ **評　釈**　太田照美・百選Ⅰ220頁

［石　龍潭］

Ⅳ　行政の手段

51 交通反則金制度の意義
——交通反則金事件

最判昭和57年7月15日民集36巻6号1169頁

関連条文 ▶ 道路交通法127条、行訴法3条

争　点

交通反則金の納付通告に処分性は認められるか。

事　実

大阪府警察本部長が、Xに対し、駐車違反を理由として交通反則金の納付を通告したので、駐車違反をした事実はないと主張して、Xが当該通告の取消訴訟を提起した。

判　旨　　上告棄却（訴え却下）

反則行為は本来犯罪を構成する行為であり、したがってその成否も刑事手続において審判されるべきものであるが、道路交通法は、大量の違反事件処理の迅速化の目的から行政手続としての交通反則通告制度を設け、反則者がこれによる処理に服する途を選んだときは、刑事手続によらないで事案の終結を図ることとしたものと考えられる。そうすると、同法は、通告を受けた者が自由意思により反則金を納付したときは、もはや反則行為の不成立等を主張して抗告訴訟によってその効果の覆滅を図ることを許さず、かかる主張をしようとするならば、反則金を納付せず、刑事手続の中で争うべきとしていると解するのが相当である。通告に対する抗告訴訟が許されるとすれば、本来刑事手続の審判対象に予定されている事項を行政訴訟手続で審判することとなり、また、刑事手続と行政訴訟手続との関係について複雑困難な問題が生じるのであって、同法がこのような結果を予想し、これを容認しているとは到底考えられない。

51 交通反則金制度の意義

解　説

　道路交通法は、同法違反行為のうち、比較的軽微で定型的なものを反則行為とし（同125条1項）、反則行為をした者に対して警察本部長が反則金の納付を通告し（同127条1項）、通告を受けた者が任意に反則金を納付したときは、公訴の提起を免れる旨を定める（同128条2項）。これが交通反則通告制度であり、犯罪の非刑罰的処理（ダイバージョン）の典型例である。本件では、原告が反則金の納付通告を取消訴訟で争ったため、納付通告に処分性は認められるかが争点となった（処分性については判例63以下を参照）。

　本判決は、①反則行為の不成立は刑事手続で争うべきであり、自由意思で反則金を納付したときは抗告訴訟の提起を許さないとするのが道路交通法の趣旨と解されること、②納付通告の抗告訴訟が許されると、刑事手続と行政訴訟手続の関係に複雑困難な問題が生じることを挙げて、納付通告の処分性を否定した。

　本判決は、納付通告は反則金納付の法律上の義務を課すものではなく、反則行為となるべき事実の有無等については刑事手続で争う途が開かれているから、憲法32条に違反しないとも述べている。しかし、反則行為の成否を争おうとすると、刑事被告人となり、場合によっては有罪判決を受けるリスクを冒さなければならない。これは通常人にとって過大な負担であり、反則金の支払いを事実上強制しているのではないかとの疑問もある。

　なお、検察審査会の起訴議決についても、公訴提起の前提となる手続であって、その適否は刑事訴訟手続において判断されるべきであるとして、処分性が否定されている（最決平成22年11月25日民集64巻8号1951頁）。

■ **評　釈**　　春日修・百選Ⅱ 314頁

［石　龍潭］

V 行政の情報収集管理

52 行政調査と令状主義
——川崎民商事件

最大判昭和47年11月22日刑集26巻9号554頁

関連条文 ▶ 憲法35条

争 点

憲法35条の令状主義は行政調査に適用されるか。

事 実

　X（川崎民主商工会会員）の昭和37年分所得税確定申告について過少申告の疑いをもった川崎税務署は、係官をXの自宅店舗に派遣した。同係官が調査のために帳簿書類等を検査しようとした（当時の所得税法63条）ところ、Xは事前通知がなければ調査に応じられないと主張してこれを拒否したため、Xは検査拒否の罪（旧所得税法70条12号）で起訴された。控訴審はXを有罪とした。

判 旨　　上告棄却

　検査拒否に対する罰則は、当該帳簿等の検査の受忍をその相手方に対して強制する作用を伴なうものであるが、収税官吏の検査は、もっぱら、所得税の公平確実な賦課徴収のために必要な資料を収集することを目的とする手続であって、その性質上、刑事責任の追及を目的とする手続ではない。また、右検査の結果所得税逋脱の事実の発覚にもつながるという可能性が考えられないわけではないが、右検査が、実質上、刑事責任追及のための資料の取得収集に直接結びつく作用を一般的に有するものと認めるべきことにはならない。さらに、強制の態様は、刑罰を加えることによって、間接的心理的に右検査の受忍を強制しようとするものであり、強制の度合いは、直接的物理的な強制と同視すべき程度にまで達しているものとは、いまだ認めがたい。

　憲法35条1項の規定は、本来、主として刑事責任追及の手続

118

における強制について、それが司法権による事前の抑制の下におかれるべきことを保障した趣旨であるが、当該手続が刑事責任追及を目的とするものでないとの理由のみで、当然に右規定による保障の枠外にあると判断することは相当ではない。しかしながら、前に述べた諸点を総合して判断すれば、旧所得税法63条に規定する検査は、あらかじめ裁判官の発する令状によることをその一般的要件としないからといって、これを憲法35条の法意に反するものとすることはできず、違憲であるとする所論は、理由がない。

解　説

行政調査には、(a)実力をもって相手方の抵抗を排除して実施しうる直接強制調査、(b)調査拒否について罰則が定められているだけの間接強制調査、(c)相手方の自発的な協力によって行われる任意調査がある。本件の行政調査は、適正な課税処分を行うことを目的とする税務調査であって、(b)に位置付けられる（現行法上、税務調査については、国税通則法74条の2以下、質問検査拒否に関する罰則は、同法128条2号・3号に規定がある）。この場合、相手方が調査を拒否しても、実力で抵抗を排除して調査を強行することはできない。

本判決は、憲法35条による令状主義の保障が行政手続にも及びうることを認めつつ、①所得税法上の質問・検査が刑事責任の追及を目的としていないこと、②刑事責任追及を目的とした資料収集に直結していないこと、③強制の程度が間接的なものにとどまることを理由に、本件行政調査手続にこれらの保障が及ばなくても憲法違反とはいえないと判断した。

なお、国税通則法131条以下が定める犯則調査は刑事告発を目的とした直接強制調査であり、これを行うには令状が必要とされている（判例54）。

■ 評　釈　辻雄一郎・百選Ⅰ208頁　　　　　　　　［岸本太樹］

V 行政の情報収集管理

53 行政調査と事前手続 ——荒川民商事件

最決昭和48年7月10日刑集27巻7号1205頁

関連条文 ▶ 旧所得税法234条、国税通則法74条の9以下

争 点

税務調査において事前通知や理由告知といった手続は必要か。

事 実

プレス加工業を営むX（荒川民主商工会会員）の昭和40年分の所得税確定申告について過少の疑いをもった荒川税務署は、係員を派遣して旧所得税法234条に基づく質問検査を行おうとしたが、Xはこれを何度も拒否した。このためXは同法242条8号に基づき検査拒否の罪で起訴された。控訴審はXを有罪とした。

決定要旨　　上告棄却（有罪）

所得税法234条1項の規定は、国税庁、国税局または税務署の調査権限を有する職員において、当該調査の目的、調査すべき事項、申請、申告の体裁内容、帳簿等の記入保存状況、相手方の事業の形態等諸般の具体的事情にかんがみ、客観的な必要性があると判断される場合には、前記職権調査の一方法として、同条1項各号規定の者に対し質問し、またはその事業に関する帳簿、書類その他当該調査事項に関連性を有する物件の検査を行なう権限を認めた趣旨であって、この場合の質問検査の範囲、程度、時期、場所等実定法上特段の定めのない実施の細目については、右にいう質問検査の必要があり、かつ、これと相手方の私的利益との衡量において社会通念上相当な限度にとどまるかぎり、権限ある税務職員の合理的な選択に委ねられているものと解すべく、実施の日時場所の事前通知、調査の理由および必要性の個別的、具体的な告知のごときも、質問検査を行なううえの法律上一律の要件と

120

されているものではない。

解　説

　本判決で問題となった質問検査は判例52のそれと同じく間接強制調査である。本件では、質問検査の態様として、質問検査の範囲、程度、時期、場所等を事前に告知する必要性が争点となった。

　本判決は、質問検査の必要性があり、これと相手方との私的利益との衡量において社会通念上相当な限度にとどまるかぎり、質問検査の実施の細目については、税務職員の合理的な選択に委ねられているとして、質問検査の範囲、程度、時期、場所等の告知を欠いた本件検査を適法と判断した。これは質問調査権の行使にあたって裁量が存在することを前提としつつ、他方、「社会通念上相当な限度」を限界とする点で、比例原則の観点からこれに歯止めをかけたものと解しうる。実際、本判決は「実施の日時場所の事前通知、調査の理由および必要性の個別的、具体的な告知のごときも、質問検査を行なううえの法律上一律の要件とされているものではない」と判示しており、「一律の要件」ではないとする指摘は、具体的事情によっては事前通知や調査理由の開示が必要とされる場合があることを示唆するものであろう。

　なお国税通則法は平成23年に改正され、税務署長等が国税に関わる質問検査等を行わせる場合、その旨及び調査の開始日時・場所・調査対象税目、調査対象期間、調査対象物件等を事前に納税義務者に通知することになった（74条の9）。これにより、この問題については立法的解決が図られている。

■ **評　釈**　山本未来・百選Ⅰ210頁

[岸本太樹]

Ⅴ　行政の情報収集管理

Ⅴ　行政の情報収集管理

54

税務調査と犯則調査(1)
——麹町税務署事件

最判昭和63年3月31日判時1276号39頁

関連条文 ▶ 旧国税犯則取締法2条、旧法人税法156条

争　点

犯則調査で得られた資料を税務調査の資料として流用することは許されるか。

事　実

麹町税務署長Ｙは、国税犯則取締法（国税犯則取締法はその後廃止され、現在その内容は国税通則法131条以下に引き継がれている）に基づく犯則調査により収集された資料をもとに、不動産販売業を営むＸの昭和47年10月から同48年9月までの事業年度の法人税について更正及び重加算税賦課決定を行うとともに、Ｘの青色申告承認を取り消した。そこでＸは、これらの処分（本件各処分）の取消しを求めて出訴し、本件各処分が、犯則調査によって発見収集された資料に基づくもので違法であると主張したが、控訴審は請求を棄却した。

判　旨　　上告棄却（請求棄却）

収税官吏が犯則嫌疑者に対し国税犯則取締法に基づく調査を行った場合に、課税庁が右調査により収集された資料を右の者に対する課税処分及び青色申告承認の取消処分を行うために利用することは許されるものと解するのが相当である。

解　説

国税通則法131条以下が定める犯則調査は、国税犯則事件の告発を目的とし、実力をもって相手方の抵抗を排除して実施することができる直接強制調査である。そのため、犯則調査の実施にあたっては、憲法35条及び38条が適用されると解されている。他

122

方、法人税法に基づく税務調査は、適正な課税処分を行うことを目的とし、調査拒否について罰則が定められているだけの間接強制調査である（行政調査の種類については、判例52の解説を参照）。

本件の争点は、犯則調査で得た資料をもとに更正処分や青色申告承認取消処分等を行うことの是非である。

本判決は、特に制限を付けることなく、課税庁が犯則調査で得た資料を課税処分及び青色申告承認取消処分を行うために利用することは許されると判示している（なお、第一審及び控訴審は、犯則調査によって収集された資料のみに基づいて更正処分等を行うことを認めていなかった）。裁判官の令状を得て正当な犯罪捜査で得た資料を行政処分の基礎として利用することは認められるとする見解もある。

しかしながら、税務署が更正処分等の本件各処分を行うにあたって、国税局査察調査部が犯則調査によって得た資料を用いることを無条件に認めると、税務署には、適正な課税処分を行うための調査として、法人税法上は間接強制調査を行う権限しか認められていないにもかかわらず、税務署が適正な課税処分を行うために、法人税法上税務署には認められていないはずの直接強制調査を行ったに等しいことにもなりかねない。そのため、犯則調査を行う合理的な必要がないにもかかわらず、税務調査に利用する目的で犯則調査を行った場合には、一種の手続濫用として違法となる可能性を指摘する学説もある。

■ **評 釈**　　佐藤英明・ジュリスト938号86頁

［岸本太樹］

Ｖ　行政の情報収集管理

	税務調査と犯則調査(2)
55	——今治税務署事件

最決平成16年1月20日刑集58巻1号26頁

関連条文 ▶ 旧法人税法156条

争 点

　税務調査で得られた資料を犯則調査の資料として流用すること
は許されるか。

事 実

　Ｘは、売上げの一部除外、架空経費の計上等により3億円弱の法
人税をほ脱していたが、国税局調査査察部による内定調査を察知
し、今治税務署に修正申告を申し出た。税務署副署長は職員2名を
派遣して税務調査を行わせ、Ｘから必要な帳簿類等の提出を受け
た。同職員から報告を受けた上司Ａは、税務調査によって得た資
料の一部を調査査察部にファックスで送信した。調査査察部は、
内定調査で取得していた資料に税務署から送信を受けた資料の一
部を加えて臨検捜索差押許可状を請求し、それを取得した後に臨
検捜索（旧国税犯則取締法2条）を行い、有罪認定に必要な証拠資
料を押収した上でＸを検察官に告発し、Ｘは起訴された。Ｘは、税
務調査のための質問検査権が犯則調査のための手段として行使さ
れており、違法収集証拠となるとして証拠能力を欠く旨を主張し
た。控訴審はＸを有罪とした。

決定要旨　　上告棄却（有罪）

　〔旧〕法人税法156条によると、同法153条ないし155条に規
定する質問または検査の権限は、犯罪の証拠資料を取得収集し、
保全するためなど、犯則事件の調査あるいは捜査のための手段と
して行使することは許されないと解するのが相当である。しかし
ながら、上記質問または検査の権限の行使にあたって、取得収集

124

される証拠資料が後に犯則事件の証拠として利用されることが想定できたとしても、そのことによって直ちに、上記質問または検査の権限が犯則事件の調査あるいは捜査のための手段として行使されたことにはならないというべきである。

解　説

本件では、判例54とは逆に、税務調査で得られた資料を犯則事犯の証拠として利用することの是非が争点となった。

旧法人税法156条は、同法153条ないし155条が規定する質問検査権は「犯罪捜査のために認められたものと解してはならない」と規定していた（間接強制調査である。行政調査の種類については判例52の解説を参照）。旧法人税法153条以下が定める税務調査としての質問検査（間接強制調査）にあっては、実質的に刑事責任の追及を目的とした手続ではないことを理由に令状主義等の保障は及ばない（判例52の解説を参照）。他方、犯則調査（直接強制調査である）にあっては、令状主義（憲31条）および黙秘権（憲38条）の保障が及ぶ（判例54の解説参照）。それゆえ、もし税務調査が犯則調査の手段として行使されたとすると、上記憲法の保障が踏みにじられることになりかねない。本決定が、同法153条以下の質問検査権につき、「犯則事件の調査あるいは捜査のための手段として行使することは許されないと解するのが相当」としたのも、そのためであろう。

もっとも、本決定は、税務調査によって取得収集された証拠資料が後に犯則事件の証拠として利用されることが「想定できたとしても」、そのことによって直ちに、質問検査権が犯則調査や捜査の手段として行使されたことにはならないとし、本件の場合、旧法人税法に基づく税務調査としての質問検査権がそのような手段として行使されたと認めるに足る証拠はないとして、Ｘの主張を退けている。

■ **評　釈**　増井良啓・百選Ⅰ212頁　　　　　　　　［岸本太樹］

Ⅴ　行政の情報収集管理

56 情報公開と本人情報開示
——兵庫県レセプト開示請求事件

最判平成13年12月18日民集55巻7号1603頁

関連条文 ▶ （旧）兵庫県公文書の公開等に関する条例8条

争　点

情報公開制度によって自分の個人情報の開示を請求できるか。

事　実

X₁とその夫X₂は、（旧）兵庫県公文書の公開等に関する条例（本件条例）に基づき、X₁の分娩に関する診療報酬明細書（レセプト、本件文書）の公開を請求した。Y（兵庫県知事）は、本件文書が本件条例8条1号に定める非公開情報（「個人の思想、宗教、健康状態、病歴……等に関する情報……であって、特定の個人が識別され得るもののうち、通常他人に知られたくないと認められるもの」）に該当するとして、非公開とする決定（本件処分）を行った。そこで、X₁およびX₂が本件処分の取消しを求めて出訴した。

判　旨　　上告棄却（請求認容）

情報公開制度が先に採用され、個人情報保護制度が採用されていない段階では、Xらが公文書の開示を求める方法は情報公開制度に基づく請求に限られる。両制度は異なる目的を有する別個の制度ではあるが、相互に補完しあって公の情報の開示を実現するための制度である。とりわけ、個人情報が情報公開制度において非公開情報とされるのは、個人情報保護制度の保護対象である個人の権利利益と同一の権利利益を保護するためであって、この点で両者はいわば表裏の関係にあり、情報公開制度においては、限定列挙された非公開情報に該当する場合にのみ例外的に公開請求を拒否できる。これらのことからすれば、個人情報保護制度が採用されていない状況の下で、情報公開制度に基づいてされた自己

の個人情報の開示請求については、そのような請求を許さない趣旨の規定がおかれている場合等は格別、当該個人の上記権利利益を害さないことが請求自体において明らかなときは、個人に関する情報であることを理由に開示請求を拒否できない。

解　説

　情報公開制度では誰でも行政に対して情報の開示を求めうる（情報公開3条）のに対し、個人情報保護制度における本人開示は本人のみが請求できる（行政個人情報保護12条）。本件では、情報公開制度に基づいて自らの個人情報（自己情報）の開示を請求できるかが争われた。

　この点については、①知る権利に基づく情報公開制度とプライバシー権に基づく個人情報保護制度は目的が異なるとして、これを認めない否定説、②自己情報についてはプライバシー保護の必要はないとして、これを認める肯定説、③個人情報保護制度が存在しない場合に限り、情報公開制度を利用した自己情報の開示を認める折衷説がある。

　本判決は、情報公開制度と個人情報保護制度の目的が異なることを認めつつ、(a)後者が存在しない段階では自己情報の開示を求める方法がほかにないこと、(b)両制度は相互に補完しあって公の情報の開示を実現していること、(c)情報公開制度において個人情報が非公開とされるのは個人情報保護制度と同一の権利利益を保護するためであること、(d)情報公開制度において非公開は例外であることを理由に、③の折衷説を採用した。

　この判旨からすると、個人情報保護制度が整備されている場合や、自己情報の開示請求を許さない趣旨の規定がおかれている場合には、情報公開制度を利用した自己情報の開示請求は認められないこととなる。

■**評　釈**　　田村達久・百選 I 128頁

[小川一茂]

V 行政の情報収集管理

57 知事交際費の情報公開
——大阪府知事交際費事件

最判平成6年1月27日民集48巻1号53頁

関連条文 ▶ 旧大阪府公文書公開等条例8条・9条

争 点

知事交際費に関する情報は公開すべきか。

事 実

大阪府の住民等であるXらは、大阪府公文書公開等条例（本件条例）に基づき、Y（大阪府知事）の交際費に関する公文書の公開を請求した。Yはその一部（本件公文書）につき、本件条例8条5号（「府の機関又は国等の機関が行う取締り、監督、立入検査、許可、認可、試験、入札、交渉、渉外、争訟等の事務に関する情報であって、公にすることにより、当該もしくは同種の事務の目的が達成できなくなり、又はこれらの事務の公正かつ適切な執行に著しい支障を及ぼすおそれのあるもの」）等に該当するとして非公開決定（本件処分）をしたので、Xらが本件処分の取消しを求めて出訴した。

1審（大阪地判平成元年3月14日）、2審（大阪高判平成2年10月31日）ともに、本件文書の非開示条項該当性を否定し、本件処分は違法であるとしてXらの請求を認容した。そこで、Yが上告した。

判 旨 破棄差戻し（第2次上告審判決で一部破棄自判・一部上告棄却）

知事の交際事務は、相手方との間の信頼関係ないし友好関係の維持増進を目的として行われる。文書の公開によって相手方の氏名等が明らかになれば、懇談については、相手方に不快、不信の感情を抱かせ、今後府の行うこの種の会合への出席を避けるなどの事態が生ずることも考えられ、また、一般に、交際費の支出の要否、内容等は、府の相手方とのかかわり等をしん酌して個別に決定されるから、不満や不快の念を抱く者が出ることが容易に予

128

想される。そのような事態は相手方との間の信頼関係あるいは友好関係を損ない、ひいては交際事務の目的が達成できなくなるおそれがある。さらに、交際費の支出の要否やその内容等は、支出権者である知事自身が、個別、具体的な事例ごとに、裁量によって決定すべきところ、交際の相手方や内容等が逐一公開される場合には、前記のような事態を懸念して、必要な交際費の支出を差し控えたり、支出を画一的にすることを余儀なくされることも考えられ、知事の交際事務の適切な執行に著しい支障を及ぼすおそれがある。したがって、本件文書のうち交際の相手方が識別され得るものは、相手方の氏名等が外部に公表、披露されることがもともと予定されているものなど、前記のおそれが認められないものを除き、本件条例8条5号等により公開しないことができる。

解 説

地方公共団体の情報公開条例制定は、昭和57年の山形県金山町を嚆矢として急速に進んだが、本件条例も初期のものである。

交際費に関する文書の公開については下級審判断が分かれていたが、本判決はこの点に関する初めての最高裁判決である（同年月日に栃木県知事交際費事件上告審判決（判時1487号48頁）も出された）。本判決は、知事の交際事務が相手方との間の信頼関係ないし友好関係の維持増進を目的とするところ、相手方の氏名等が明らかになると、相手方に不信感等を与え、交際事務の目的を達することができなくなるなどとして、交際の相手方が識別されうる文書は原則として公開しないことができると判示した。

なお、本件の第2次上告審判決（最判平成13年3月27日民集55巻2号530頁）は、本件条例が実施機関に一体的な情報を細分化して公開することを義務付けていると解することはできず、裁判所もまた、本件処分の一部のみを取り消すことはできない旨を明示した。

■ **評 釈** 寺田麻佑・百選 I 70頁 ［久末弥生］

V 行政の情報収集管理

58 行政文書不存在の立証責任
——沖縄返還密約事件

最判平成26年7月14日判時2242号51頁

関連条文 ▶ 情報公開法2条・3条・5条

争点

情報公開訴訟において文書の存否の立証責任を誰が負うか。

事実

Xらが、情報公開法に基づき、沖縄返還交渉における財政負担等にかかる日米政府間の秘密裏の合意（いわゆる密約）に関する行政文書（本件各文書）の開示を求めたところ、外務大臣および財務大臣が本件各文書を保有していないとして不開示決定をした（情報公開9条2項）ので、Xらがその取消し等を求めて出訴した。

判旨 　上告棄却（請求棄却）

情報公開法において行政機関が行政文書を保有していることが開示請求権の成立要件とされている（情報公開3条）ことからすれば、行政文書を保有していないことを理由とする不開示決定の取消訴訟では、その取消しを求める者が、不開示決定時に行政機関が行政文書を保有していたことについて主張立証責任を負う。ある時点で行政文書を作成または取得したことが立証された場合、不開示決定時にもこれを保有していたことを推認できるか否かについては、当該行政文書の内容や性質、その作成または取得の経緯や上記決定時までの期間、その保管の体制や状況等に応じて、その可否を個別具体的に検討すべきである。

解説

訴訟当事者の主張のいずれが正しいか不明な場合、立証責任を負う側が敗訴することになる。取消訴訟の立証責任については、①法律の規定の仕方を基準とする法律要件分類説（民事訴訟にお

ける通説)、②処分が権利を制限するか拡張するかによって区別する権利制限・拡張区分説、③当事者間の公平等を総合的に評価する個別具体説が主張されている。通説・判例がいずれかは明らかではないが、実務上は法律要件分類説が有力とされている。

情報公開制度に関する訴訟のうち、不開示情報（情報公開5条）にあたることを理由とする不開示決定の取消訴訟については、不開示が開示原則の例外にあたるとして、被告行政側が立証責任を負うものとされている（最判平成6年2月8日民集48巻2号255頁等）。これに対し、本判決は、文書不存在を理由とする不開示決定の取消訴訟については、文書の保有が開示請求権の成立要件とされていることを根拠に、原告側に立証責任があると判示した。

しかし、文書を保有するのは行政機関であるから、原告がその存在を立証するのは非常に困難である（証拠の偏在）。もっとも、本件では、本件各文書をアメリカ合衆国政府が保有していることは明らかだったので、第1審および控訴審は、(a)過去のある時点における行政文書の保有が立証されたときは、(b)不開示決定時点における保有が事実上推認され、(c)被告行政側で推認を妨げる事情を主張立証する必要があるとした。判例31にならい、立証責任を事実上転換したものと解される。第1審は(c)の反証を認めず請求を認容したが、控訴審は、外務省および財務省における調査をふまえて反証を認め、請求を棄却した。

本判決も(a)から(b)を推認する可能性を認めているが、上記の調査にもかかわらず発見できなかったこと等を理由に、本件各文書が保有されていたことを推認するには足りないと判断した。基本的に下級審と同じ立場とも思われるが、被告側に主張立証の必要があること（上記(c)）を明示しておらず、判例31よりも原告にとって厳しいとの見方もできよう。

■ **評　釈**　　金崎剛志・百選Ⅱ404頁

[村上裕章]

Ⅴ　行政の情報収集管理

59 インカメラ審理の可否
——沖縄ヘリ墜落事件

最決平成21年1月15日民集63巻1号46頁

関連条文 ▶ 憲法82条、民事訴訟法223条・232条、情報公開法5条

争 点

情報公開訴訟においてインカメラ審理は許されるか。

事 実

　Xが沖縄での米軍ヘリ墜落事件に関する行政文書の開示を求めたところ、外務大臣から一部（本件文書）を不開示とする決定を受けたので、当該決定の取消しを求めて出訴した。控訴審でXは、本件文書の提示を国に命じる検証物提示命令の申立て（本件申立て）をし、一部認容されたので、国が許可抗告を申し立てた。

判 旨　　破棄自判（本件申立てを却下）

　訴訟で用いられる証拠が当事者の吟味・弾劾の機会を経たものに限られることは、民事訴訟の基本原則であるところ、情報公開訴訟で裁判所が不開示事由該当性を判断するために証拠調べとしてのインカメラ審理を行った場合、裁判所は不開示とされた文書を直接見分して本案の判断をするにもかかわらず、原告は当該文書の内容を確認することができず、被告も当該文書の具体的内容を援用することができない。また、裁判所がインカメラ審理の結果に基づき判決をした場合、当事者が上訴理由を的確に主張することが困難となり、上級審も判断根拠を直接確認できないまま原判決の審査をしなければならない。このように、情報公開訴訟で証拠調べとしてのインカメラ審理を行うことは、民事訴訟の基本原則に反するから、明文の規定がない限り許されない。

解 説

　インカメラ審理とは、裁判官が証拠資料を当事者に見せずに審

132

理する方法をいう（in cameraは「裁判官室で」という意味）。不開示情報が含まれるとして行政文書の開示が拒否された場合、その当否を判断するには、裁判官が当該文書を直接見分するのが最も確実な審理方法である。しかし、裁判所に提出された文書は当事者が閲覧できるのが民事訴訟の基本原則であり、被告行政側が当該文書を裁判所に提出すると原告もこれを閲覧できるから、訴訟を続ける意味が失われる。そこでインカメラ審理が必要となるが、裁判の公開原則（憲82条）や民事訴訟の基本原則に反するとして、現在は認められていない。裁判官は、当該文書を直接見分することなく、推認によって不開示情報該当性を判断している。

本件においてXは、検証物提示命令（民訴232条1項・223条1項）の申立てにより本件文書の提示を国に命じるよう求める一方、検証への立会権を放棄するなどして、実質的にインカメラ審理を実現しようとした。原決定は、情報公開法はインカメラ審理をまったく許容しない趣旨ではなく、開示・不開示の最終的な判断権者である裁判所が、その職責を全うするために当該文書を直接見分することが不可欠と考えた場合にまで、実質的なインカメラ審理を否定するいわれはないとして、申立てを一部認容した。

本決定は、インカメラ審理を認めた場合の具体的支障を指摘したうえで、このような審理は「民事訴訟の基本原則」に反するから、明文規定がない限り許されないと判示した。これによって解釈論でインカメラ審理を実現する道は当面閉ざされたといえる。

本決定は、裁判の公開原則に触れることなく、インカメラ審理は「明文の規定がない限り」許されないとするので、立法による導入は合憲と解するようである。本決定に付された補足意見はこれを明言する。平成23年に国会に提出された情報公開法改正案はインカメラ審理を明文で規定していたが、廃案となった。

■ **評　釈**　井上禎男・百選 I 80頁

[村上裕章]

V　行政の情報収集管理

60 個人情報の本人開示請求
——大田区指導要録事件

最判平成15年11月11日判時1846号3頁

関連条文 ▶ 旧東京都大田区公文書開示条例10条

争 点

　小学校児童指導要録の本人開示請求はどの範囲で認められるか。

事 実

　Xは、東京都大田区公文書開示条例（本件条例）の自己情報開示規定（10条）に基づき、小学校在籍当時の自己にかかる指導要録の開示を請求した。Y（区教育長）は、当該情報は「個人の指導、診断、判定または評価等に関する情報であって、当該個人に開示しないことが正当と認められるもの」（同条2号）に該当するとして、全部非開示決定（本件処分）を行った。そこでXは、本件処分のうち指導要録の裏面を非開示とした部分の取消しを求めて出訴した。

判 旨　　一部破棄自判（請求認容）、一部上告棄却（請求棄却）

　指導要録裏面の記載内容のうち、本件情報1（「各教科の学習の記録」欄中の「Ⅲ　所見」欄や「行動及び性格の記録」欄等に記載された情報）は、児童の学習意欲、学習態度等に関する全体的評価あるいは人物評価ともいうべきものであり、評価者の観察力、洞察力、理解力等の主観的要素に左右されうるところ、大田区では、当該情報については、担任教師が、開示することを予定せずに、自らの言葉で、児童の良い面、悪い面を問わず、ありのままを記載していた。このような情報を開示した場合、指導要録の記載内容が形骸化、空洞化し、適切な指導、教育を困難にするおそれを生ずることも否定することができないから、本件情報1は本件条

134

例10条2号の非開示情報に該当する。これに対し、本件情報2（「各教科の学習の記録」欄中の「Ⅰ　観点別学習状況」欄および「Ⅱ　評定」欄、「標準検査の記録」欄に記載された情報）は、児童の学習の到達段階を、3段階または5段階という比較的大きな幅のある分類をして記号ないし数字で記録したものや、実施した検査の結果等客観的な事実にすぎないから、同号の非開示情報に該当しない。

解　説

　個人情報保護制度においては、自己情報コントロール権を具体化するため、自己情報の開示請求制度が設けられている。行政上の支障が生じる場合や、第三者の権利利益を侵害する場合を除き、自己情報の本人開示を否定する理由はないとも考えられる。しかし、現行法においては、医療情報や教育情報を念頭において、開示によって本人の利益を害するおそれがある場合等は、開示を拒否できるとする規定がおかれている。本件条例10条2号や行政機関個人情報保護法14条1号がその例である。

　本件においては、指導要録を本人に開示すべきかが争われた。本判決は、本件情報2については、評価者の主観的要素が入る余地が少ないとして、開示すべきとした。これに対し、本件情報1については、評価者の主観的要素に左右され、大田区では開示を予定せず担任教師がありのままを記載していたことから、開示することにより指導要録が形骸化、空洞化し、適切な指導、教育を困難にするおそれがあるとして、開示しなくてよいとした。

　後者の点については、真に客観的で公正なマイナス評価が児童および保護者に自覚的に受け入れられることで、児童・保護者と教師との間の信頼関係が構築され、子どもの教育・発達にとって役立つから、本人に開示すべきであるとの批判もある。

■**評　釈**　野村武司・地方自治判例百選〔第4版〕34頁

［児玉　弘］

V　行政の情報収集管理

61 レセプトの本人訂正請求
——京都府レセプト訂正請求事件

最判平成18年3月10日判時1932号71頁

関連条文 ▶ 京都市個人情報保護条例（旧）21条（現24条）

争点

第三者作成のレセプトの個人情報訂正請求は認められるか。

事実

京都市の住民Xは、同市個人情報保護条例（本件条例）に基づき、自身が受けた歯科診療に関する国民健康保険診療報酬明細書（本件レセプト）の開示を請求した。開示された本件レセプトには、Xが保険医療機関で実際に受けた診療内容と異なる記載があったため、Xは、本件条例に基づき、市長（Y）に対し、記載事項の訂正を請求した。これに対しYが、レセプトの審査・支払に関する事務は、京都府国民健康保険団体連合会に委託されており、同市にはレセプトの訂正権限がなく、また、Yには、訂正請求に関する調査権限がないとして、訂正を行わないとする決定（本件不訂正処分）をした。このため、Xは本件不訂正処分の取消しを求めて出訴した。

判旨　　破棄自判（請求棄却）

Yは、保険医療機関への診療報酬支払の証拠書類として本件レセプトを保管していること等を踏まえると、保険医療機関が自ら行った診療として本件レセプトに記載した内容が実際のものと異なることを理由として、本件レセプトに記録されたXの診療に関する情報を誤りのある個人情報であるとして訂正することは、保険医療機関が請求した療養の給付に関する費用の内容等を明らかにするという本件レセプトの文書としての性格に適さない。Yが有する個人情報の訂正を行うための対外的な調査権限に限界があ

136

ることにもかんがみれば、本件条例は、Xの実際に受けた診療内容について必要な調査を遂げた上で本件レセプトにおけるXの診療に関する情報を訂正することを要請しているとはいい難い。本件不訂正処分が違法であるということはできない。

解　説

　京都市個人情報保護条例によれば、自己の個人情報の内容に事実についての誤りがあると認める者は、その訂正を請求することができ、これを受けたYは、必要な調査のうえで訂正決定等（訂正をする、またはしない旨の決定）をしなければならない（旧21条以下。なお事件後の現26条では、「個人情報の利用目的の達成に必要な範囲内で」のYの訂正義務を規定する）。こうした制度は、各地方公共団体の個人情報保護条例のほか、行政機関個人情報保護法にもみられる（27条以下）。

　本件で問題になったのは、①「第三者作成」の、②「レセプト」の訂正請求である。レセプトは、患者を診療する個々の保険医療機関によって作成され、診療報酬の請求のために提出されるものである。本件の場合、府国民健康保険団体連合会による審査を経た上で、保険者である市が最終的に取得をすることになる。本判決は、本件不訂正処分について、①との関連で、訂正に必要な調査権限に限界があることを述べるとともに、②レセプトの内容訂正が、市における保管目的（保険医療機関による診療報酬請求の証拠書類として用いる等）と整合しないことを根拠とした上で、適法と判断した。②については、あくまで、レセプトのような、そのまま保管すべき文書に関する判断にとどまるものであり、①「第三者作成」文書のすべてについて訂正できないとする判断とはいえないだろう。

■ **評　釈**　　皆川治廣・百選Ⅰ82頁

[北見宏介]

Ⅵ　行政争訟

62 国営空港の供用差止めと民事訴訟
——大阪空港事件（民事差止め）

最大判昭和56年12月16日民集35巻10号1369頁

関連条文 ▶ 行訴法3条

争点

国営空港の供用差止めを求める民事訴訟は適法か。

事実

大阪国際空港（本件空港）では昭和39年からジェット機が就航し、また昭和45年には新たな滑走路の供用が始まったことで滑走路の利用頻度が増加した。そこで、本件空港周辺に居住するXらが、航空機の離着陸に伴う騒音・振動・排気ガスの排出等による被害を理由に、Y（国）に対し、毎日午後9時から翌午前7時までの間の本件空港の供用の差止め等を求める民事訴訟を提起した（国賠法2条に基づく損害賠償を求める訴訟については判例114を参照）。

判旨　破棄自判（訴え却下）

国や公共団体の有する営造物管理権の本体をなすものは、公権力の行使をその本質的内容としない非権力的な権能であり、その意味では私法的規制になじむ。しかし、本件のような国営空港の管理に関する事項のうち、少なくとも航空機の離発着の規制そのものを含む空港本来の機能の達成実現に直接に関わる事項自体については、空港管理権に基づく管理と航空行政権に基づく規制とが、運輸大臣により不可分一体的に行使実現されている。それゆえ、国営空港の供用差止めの請求は不可避的に航空行政権の行使の取消変更ないしその発動を求める請求を包含することとなる。そのため、行政訴訟の方法により何らかの請求をすることができるかはともかくとして、本件訴えのうち民事訴訟による差止めを

138

求める請求にかかる部分は不適法である。

解　説

　本判決は、空港管理権が非権力的な権能であることを認めつつ、国営空港については、運輸大臣の空港管理権と航空行政権（公権力の行使）が不可分一体的に行使されるとの理由により、民事訴訟による差止請求が不適法であるとした。

　しかし、これに対しては学説からの批判が強い。たとえば、①航空行政権が公権力性を有するならば、空港管理法制および航空法制の中に根拠規定が必要だが、それらがない、②航空行政権と空港管理権が不可分一体的に行使されるとしても、航空行政権の行使につき第三者たる周辺住民らが、民事訴訟により差止めを求められない根拠が明らかではない、といったものである。

　本判決の後、自衛隊機の離着陸等の差止めを求めた厚木基地第1次事件（最判平成5年2月25日民集47巻2号643頁）において、最高裁は、本判決のいう不可分一体論をとらず、自衛隊機の運航には、その性質上必然的に騒音等の発生を伴うのであるから、同運航に関する防衛庁長官（当時）の権限の行使は、そうした騒音等について周辺住民の受忍を義務付けるものであり、したがって、周辺住民との関係では公権力の行使にあたるとして、民事差止訴訟を不適法とした。

　その後、平成16年に行訴法が改正され、国営空港供用行為の包括的な差止めを求める訴えとして、無名抗告訴訟のほか、新たに法定抗告訴訟とされた差止訴訟（行訴3条7項）や非申請型義務づけ訴訟（同条6項1号）が考えられるようになった。そして、厚木基地第4次事件（最判平成28年12月8日民集70巻8号1833頁）は、自衛隊機による騒音被害の救済について、差止訴訟で適法に争うことができることを明らかにしている。

■ **評　釈**　　深澤龍一郎・百選 II 310頁

[小川一茂]

Ⅵ　行政争訟

63 処分性(1)
——大田区ごみ焼却場設置事件

最判昭和39年10月29日民集18巻8号1809頁

関連条文▶ （旧）行政事件訴訟特例法1条

争　点

ごみ焼却場の設置行為等に処分性は認められるか。

事　実

　Ｙ（東京都）は、都議会の議決を経た上で、Ｙ所有の土地（本件土地）にごみ焼却場（本件ごみ焼却場）を設置する計画を決定し、建築会社と請負契約を締結して建築工事に着手しようとしたところ、本件土地の周辺住民であるＸらが、本件ごみ焼却場を設置する一連の行為が無効であることの確認を求めて出訴した。控訴審は訴えを却下した。

判　旨　　上告棄却（訴え却下）

　行政事件訴訟特例法1条にいう行政庁の処分とは、行政庁の法令に基づく行為のすべてを意味するものではなく、公権力の主体たる国または公共団体が行う行為のうち、その行為によって、直接国民の権利義務を形成しまたはその範囲を確定することが法律上認められているものをいう。本件ごみ焼却場は、Ｙがさきに私人から買収した都所有の土地の上に、私人との間に対等の立場に立って締結した私法上の契約により設置されたものであるというのであり、原判決がＹにおいて本件ごみ焼却場の設置を計画し、その計画案をＹ議会に提出した行為はＹ自身の内部的手続行為に止まると解するのが相当であるとした判断は、是認できる。それゆえ、かりに右設置行為によってＸらが所論のごとき不利益を被ることがあるとしても、右設置行為は、Ｙが公権力の行使により直接Ｘらの権利義務を形成し、またはその範囲を確定することを

140

63　処分性(1)

法律上認められている場合に該当するものということを得ず、これをもって行政事件訴訟特例法にいう「行政庁の処分」にあたらないから、その無効確認を求めるXらの本訴請求は不適法である。

解　説

本判決は、旧行政事件訴訟特例法にいう「行政庁の処分」に関するものであるが、今日では、行訴法3条にいう抗告訴訟の対象となる「公権力の行使」とは何かをめぐるリーディングケースに位置付けられる。

ある行政活動が「公権力の行使」に該当し、取消訴訟をはじめとする抗告訴訟の対象となる場合、その行政活動には「処分性がある」という言い方がなされる。本判決が挙げる処分性要件は、(a)公権力性と(b)直接的権利変動効果性の二つであり、これは行政行為の定義に等しいと理解されている。

他方、本判決は、本件ごみ焼却場の設置に係る一連の行為を、①本件土地の買収、②本件ごみ焼却場設置計画の策定、③計画案の都議会への提出と都議会による議決、④建築請負契約の締結、⑤設置行為に分け、個別に処分性の有無を判断している。この点、本判決は、私法上の契約である①と④は(a)の要件を、またYの内部で行われた②と③は、それ自体によってXらの権利義務を直接規律するものではないとして(b)の要件を、そして事実行為にすぎない⑤も同じく(b)の要件を欠くとして、処分性をすべて否定している。

本判決を前提とした場合、Xらには、本件ごみ焼却場の設置・稼働により健康被害等が生じる具体的な危険性があることを主張して、本件事業の差止めを求める民事訴訟を提起する途が考えられよう。

■ 評　釈　　加藤幸嗣・百選 II 308頁

［岸本太樹］

Ⅵ　行政争訟

|64|処分性(2)
——労災就学援護費不支給事件|

最判平成15年9月4日判時1841号89頁

関連条文 ▶ 行訴法3条2項

争点

労災就学援護費の不支給決定に処分性は認められるか。

事実

　労働者災害補償保険法に基づく遺族年金受給者であるＸは、その子Ａが外国のＳ大学に進学した際、Ｙ（中央労働基準監督署長）に対し労災就学援護費の支給を申請した。これに対しＹは、Ｓ大学が援護費の支給対象となる学校教育法1条所定の大学にあたらないことを理由に、援護費を支給しない旨の決定（本件決定）を行った。Ｘが本件決定の取消しを求めて出訴したところ、控訴審は訴えを却下した。

判旨　　破棄差戻し

　労働者災害補償保険法23条1項2号は、政府は、労働福祉事業として、遺族の就学の援護等、被災労働者及びその遺族の援護を図るために必要な事業を行うことができると規定し、同条2項は、労働福祉事業の実施に関して必要な基準は労働省令で定めると規定している。これを受けて、労働省令である労働者災害補償保険法施行規則1条3項は、労災就学援護費の支給に関する事務は、事業場の所在地を管轄する労働基準監督署長が行うと規定している。そして、労働省労働基準局長通達は、その別添「労災就学等援護費支給要綱」において、労災就学援護費の支給対象者、支給額、支給期間、欠格事由、支給手続等を定めており、労災就学援護費の支給を受けようとする者は、支給申請書を労働基準監督署長に提出し、同署長は、同申請書を受け取ったときは、支給、

142

不支給等を決定し、その旨を申請者に通知しなければならないこととされている。このような労災就学援護費に関する制度の仕組みにかんがみれば、労災就学援護費の支給または不支給の決定は、法を根拠とする優越的地位に基づいて一方的に行う公権力の行使であり、被災労働者またはその遺族の上記権利に直接影響を及ぼす法的効果を有するものであるから、抗告訴訟の対象となる行政処分にあたるものと解するのが相当である。

解　説

　本件事案において、援護費の給付は法律が予定しており、委任命令（労働省令）は、給付を行う権限がYにあることを定めている。しかし、給付要件や給付額、さらには給付を行うための具体的手続を定めているのは、通達・要綱といった行政規則（あるいは行政基準）にすぎない（判例18の解説を参照）。

　本判決は、行政の内部規範にすぎず、本来対外的な効果を否定されるはずの通達・要綱を手がかりに法制度の仕組みを解釈して、Yが行った本件決定の処分性を肯定した。これに対し学説からは、本判決が本件決定の処分性を判断するにあたり、下位の内部規定から上位の法規範を解釈しているとの批判が提起されている。

　援護費の支給を契約関係ととらえ、不支給決定を契約締結の拒絶と構成したうえで、承諾の意思表示を求める訴えまたは地位確認を求める訴えを民事訴訟ないし公法上の当事者訴訟として提起する途があること、また実際Xがこの訴えも提起し、それが適法とされていたことにかんがみると、本判決のように、内部規範にすぎず、本来対外的効果を否定されるはずの通達・要綱を手がかりとして本件決定の処分性を無理に認めるのではなく、本件決定の処分性を否定し、上記公法上の当事者訴訟または民事訴訟で事案を処理する途もあったように思われる。

■ **評　釈**　　太田匡彦・行政判例百選 II 326頁

［岸本太樹］

Ⅵ　行政争訟

65

処分性(3)
——盛岡市公共施設管理者同意拒否事件

最判平成7年3月23日民集49巻3号1006頁

関連条文 ▶ 行訴法3条2項

争　点

公共施設管理者の開発行為同意拒否に処分性は認められるか。

事　実

　M市の市街化調整区域において開発行為（本件開発行為）を企画したXは、都市計画法32条に基づき、道路等の公共施設の管理者であるM市長Yに対し、本件開発行為への同意を求めるとともに、本件開発行為に伴って新設される道路等についての協議を求めた。しかしYは、本件開発行為が県の方針や計画に適合しない等を理由として、同意できない旨の回答（本件同意拒否）を行った。そこでXが、本件同意拒否の取消しを求めて出訴したところ、本件同意拒否の処分性につき、1審は否定して却下したが、控訴審は肯定した。

判　旨　　**破棄自判（訴え却下）**

　行政機関等が右の同意を拒否する行為は、公共施設の適正な管理上当該開発行為を行うことは相当でない旨の公法上の判断を表示する行為ということができる。この同意が得られなければ、公共施設に影響を与える開発行為を適法に行うことはできないが、これは、都市計画法32条の定める一定の要件を満たす場合に限ってこのような開発行為を行うことを認めた結果にほかならないのであって、右の同意を拒否する行為それ自体は、開発行為を禁止または制限する効果をもつものとはいえない。したがって、開発行為を行おうとする者が、右の同意を得ることができず、開発行為を行うことができなくなったとしても、その権利ないし法

144

的地位が侵害されたものとはいえないから、右の同意を拒否する行為が、国民の権利ないし法律上の地位に直接影響を及ぼすものであると解することはできない。そうしてみると、公共施設の管理者である行政機関等が法32条所定の同意を拒否する行為は、抗告訴訟の対象となる処分にはあたらない。

解 説

都市計画法29条に規定される開発行為を行おうとする者は、あらかじめ開発行為に関係する公共施設管理者の同意（32条）を得たうえで、知事に開発許可の申請を行わなければならず、この申請に際し、上記の同意をえたことを証する書類を添付しなければならない（30条）。したがってYの同意を得ることができなかったXは、開発許可を申請しても許可を得ることはできない。

しかし本判決は、同意を拒否したYの行為それ自体が直接Xの開発行為を禁止または制限するものではないことに加え、同意に関する手続や同意の要件等を規律した規定が都市計画法上存在しないこと、さらに不服申立て及び争訟に関する規定である50条、51条が同意を拒否する行為について何ら規定を置いていないことを論拠に、本件同意拒否の処分性を否定した。つまり本判決は、本件同意拒否が、「その行為によって直接国民の権利義務を形成しまたはその範囲を確定することが法律上認められているもの」（判例63を参照）に該当しないと判断したのである。

しかし、同意拒否と開発不許可が直接結びついており、本件同意拒否がXの開発行為を禁止または制限する実質的な効果をもっていることにかんがみると、その処分性を認める余地は十分にあったように思われる。

■ **評 釈** 北村喜宣・百選Ⅱ324頁

[岸本太樹]

Ⅵ　行政争訟

66 処分性(4)
——登録免許税還付通知拒否事件

最判平成17年4月14日民集59巻3号491頁

関連条文 ▶ 行訴法3条2項

争点

登録免許税還付通知の拒否に処分性は認められるか。

事実

　Xは、自己所有の建物が震災で損壊したため、これを取り壊して建物（本件建物）を新築し、保存登記を申請して登録免許税を納付した。しかしその後、本件建物が登録免許税の免税措置の対象となることを理由に、登録免許税法31条2項に基づき、登記官Yに対し、納付した登録免許税の還付通知を税務署長に行うよう請求した。これに対しYは、免税措置の要件である被災証明書が添付されていなかったことを理由として、Xに対し、還付通知をしない旨の通知（拒否通知）を行った。そこでXが、Yを被告とする拒否通知の取消訴訟と国を被告とする還付金請求訴訟を提起したところ、控訴審は、後者の請求を棄却し（確定）、前者の訴えを却下した。

判旨　　上告棄却（請求棄却）

　登録免許税法31条2項は、登記等を受けた者に対し、簡易迅速に還付を受けることができる手続を利用することができる地位を保障しているものと解するのが相当である。そして、同項に基づく還付通知をすべき旨の請求に対してされた拒否通知は、登記機関が還付通知を行わず、還付手続を執らないことを明らかにするものであって、これにより、登記等を受けた者は、簡易迅速に還付を受けることができる手続を利用することができなくなる。そうすると、上記の拒否通知は、登記等を受けた者に対して上記

146

の手続上の地位を否定する法的効果を有するものとして、抗告訴訟の対象となる行政処分にあたると解するのが相当である。

解　説

　登録免許税法31条は、過誤納（税金の納め過ぎ）等による租税の納付事実がある場合、登録機関（本件における登記官Y）は職権で税務署長に過誤納金の還付に関する通知を行わなければならないこと（1項）、また、登記等を受けた者（本件X）は1年以内に登記機関に申出を行い、右の通知を行うよう請求をすることができること（2項）を規定している。他方、登記に際して過大に登録免許税を納付した者（本件におけるX）は、過誤納付分の還付請求権を持ち、5年間（国税通則法72条）は、還付をうけることができ、還付されない場合は還付金請求訴訟を提起しうる。

　本判決は、これを前提に、登録免許税法31条2項は、還付金請求訴訟とは別に、「簡易迅速に還付を受けることのできる手続を利用しうる地位を保障している」と解したうえで、登記官Yの本件拒否通知は、当該手続上の地位を否定する法的効果を有すると判断して、その処分性を肯定した。本判決は、「直接国民の権利義務を形成しまたはその範囲を確定することが法律上認められているもの」という処分性の定式（判例63）のもと、法的地位（本件の場合、手続上の地位）に対する法的効果を根拠に、本件拒否通知の処分性を肯定した点に特色がある。

　もっとも、本件においては、被災証明書の添付がなく免税要件を満たしていないとして還付金請求訴訟を棄却した原審判決が確定していた。そこで本判決は、Xが登録免許税の還付を受けることのできる地位にないことが既判力をもって確定しており、本件取消訴訟の訴えの利益は消滅しているとして、拒否通知の取消訴訟を却下した原審の判断を結論において是認している。

■ 評　釈　　北見宏介・百選Ⅱ334頁

[岸本太樹]

Ⅵ　行政争訟

67

処分性(5)
——病院開設中止勧告事件

最判平成17年7月15日民集59巻6号1661頁

関連条文 ▶ 行訴法3条2項

争　点

病院開設中止勧告に処分性は認められるか。

事　実

　富山県高岡市での病院開設を計画するXは、医療法7条1項に基づき知事Yに病院開設の許可を申請した。これに対しYは、高岡医療圏における病院の病床数が県地域医療計画上、必要病床数に達しているとして、病院開設中止勧告（本件勧告）（30条の7）をした。しかし、構造設備や人員要件に適合する場合は許可をしなければならない（7条1項）ため、YはXに対し病院開設許可処分を行った。ただし、同許可処分と同時に、「中止勧告にもかかわらず病院を開設した場合には、厚生省通知において、保健医療機関の指定の拒否をすることとされている」旨の文書を送付した（本件通告）。そこでXが本件勧告の取消しを求めて出訴したところ、控訴審は訴えを却下した。

判　旨　　**破棄差戻し**

　病院開設中止の勧告は、医療法上は当該勧告を受けた者が任意にこれに従うことを期待してされる行政指導として定められているけれども、当該勧告を受けた者に対し、これに従わない場合には、相当程度の確実さをもって、病院を開設しても保険医療機関の指定を受けることができなくなるという結果をもたらすものということができる。そして、国民皆保険制度が採用されている我が国においては、健康保険、国民健康保険等を利用しないで病院で受診する者はほとんどなく、保険医療機関の指定を受けずに診

療行為を行う病院がほとんど存在しないことは公知の事実であるから、保険医療機関の指定を受けることができない場合には、実際上病院の開設自体を断念せざるをえないことになる。このような病院開設中止の勧告の保険医療機関の指定に及ぼす効果及び病院経営における保険医療機関の指定のもつ意義を併せ考えると、この勧告は、行政事件訴訟法3条2項にいう「行政庁の処分その他公権力の行使に当たる行為」にあたると解するのが相当である。後に保険医療機関の指定拒否処分の効力を抗告訴訟によって争うことができるとしても、そのことは上記の結論を左右するものではない。

解 説

　本件事案は、①県地域医療計画の策定、②病院開設許可申請、③中止勧告、④病院開設許可、⑤病院建設、⑥保険医療機関指定申請、⑦同指定の拒否のプロセスをたどる。当時の厚生省通知によると、③に従わずに病院を開設した場合には、ほぼ確実に⑦となっていた。⑦の処分性は問題なく認められるため、これを取消訴訟で争うことはできるが、この場合Xは、⑥の時点で病院の建設と人員の配置を終える必要があるため、多大な投資リスクを負う。そこで、⑦とほぼ確実に連動する関係にある③の段階での訴訟提起が争点となる。③を行政指導とした以上、その処分性を否定したうえで、その違法確認の訴え（行訴4条の公法上の当事者訴訟）を認める方法もあるが、本判決は、③に従わずに病院を開設した場合、当時の厚生省通知との関係で「相当の確実さをもって」⑦となること（1998年の健康保険法改正により、現在では、勧告への不服従に対する保健医療機関指定拒否が明文化された）、この場合、国民皆保険制度をとる日本において、Xは実際上病院の開設を断念せざるをえなくなることから、本件中止勧告の処分性を肯定し、その取消訴訟の提起を認めたのである。

■ 評　釈　　角松生史・百選Ⅱ332頁　　　　［岸本太樹］

Ⅵ　行政争訟

	処分性(6)
68	——東山村消防長同意取消事件

最判昭和34年1月29日民集13巻1号32頁

関連条文 ▶ 行政事件訴訟特例法1条、消防法7条

争　点

　建築許可に対する消防長の同意取消しに処分性は認められるか。

事　実

　Xが、福岡県知事に対し、建築許可を申請したところ、Y（東山村消防長）は、同許可について一度は同意（本件消防同意）したものの、その後、地元住民の反対を受けて、この同意を取り消した（本件同意取消し）。そこでXが、本件同意取消しの取消しと無効確認を求めて出訴した。

判　旨　　　上告棄却（訴え却下）

　抗告訴訟の対象となるべき行政庁の行為は、対国民との直接の関係において、その権利義務に関係あるものたることを必要とし、行政機関相互間における行為は、その行為が、国民に対する直接の関係において、その権利義務を形成し、またはその範囲を確定する効果を伴うものでない限りは、抗告訴訟の対象とならない。

　本件消防長の同意は、知事に対する行政機関相互間の行為であって、これにより対国民との直接の関係においてその権利義務を形成しまたはその範囲を確定する行為とは認められないから、行政事件訴訟特例法の適用については、これを訴訟の対象となる行政処分ということはできない。

解　説

　消防法7条によれば、建築物の新築の許可等について、消防長

150

または消防署長が同意を求められた場合において、当該建築物の計画が法律またはこれに基づく命令もしくは条例の規定で建築物の防火に関するものに違反しないものであるときは、同意を求められた日から3日あるいは7日以内に同意を与えて建築主事に通知しなければならない。本件では、同条（昭和24年当時のもの）に基づく消防長の消防同意あるいはその取消しが、抗告訴訟の対象となる行政処分にあたるかが問題となった。

行政機関相互間で行われる行為は、原則として、国民の権利義務に関わらない行政の内部行為に過ぎず、抗告訴訟の対象となる行政処分ではない（消極説）とする最高裁判例は少なくない。その大部分は農地関係の事件に関するもの（農地買収計画、農地売渡計画に関する都道府県農地委員会の承認が争われていた）である。本判決は、消防同意とその取消しについて、国民との直接の関係においてその権利義務を形成しまたはその範囲を確定する行為とは認められないとして、行政処分にはあたらないと判断した。特殊法人に対する監督行政庁の認可についても、同様の判例がある（判例12）。

消防同意が行政処分にあたらないとしても、建築許可の出願者は建築不許可処分について抗告訴訟を提起し、消防同意（またはその取消し）の適法性を争うことができるので、司法救済の面で特に問題はない。

■ **評　釈**　内海麻利・百選Ⅰ42頁

［久末弥生］

VI　行政争訟

69 処分性(7)
——盛岡用途地域指定事件

最判昭和57年4月22日民集36巻4号705頁

関連条文 ▶ 行訴法3条2項

争　点

用途地域の指定は処分にあたるか。

事　実

　昭和48年5月、Y（岩手県知事）は、盛岡広域都市計画用途地域指定（都計8条1項）を決定し、その中で、Xが経営する病院の所在する地域一帯を工業地域に指定した（本件指定）。そこでXが、本件指定の取消し等を求めて出訴した。

判　旨　　上告棄却（訴え却下）

　都市計画区域内において工業地域指定が決定されると、その地域内には、建築物建築につき従前と異なる基準が適用され、同基準に適合しない建築物は、建築確認を受けることができず、ひいてはその建築等をすることができない。同決定が、「当該地域内の土地所有者等に新たな制約を課し、その限度で一定の法状態の変動を生ぜしめるものであることは否定できないが、かかる効果は」、新たな制約を課す法令が制定された場合におけると同様、「当該地域内の不特定多数の者に対する一般的抽象的なそれにすぎず、このような効果を生ずるということだけから直ちに」同地域内の個人に対する具体的な権利侵害を伴う処分があったものとすることはできない。建築制限を超える建物の建築を妨げられた者は、建築の実現を阻止する行政庁の具体的処分をとらえ、当該地域指定が違法であることを主張して当該処分の取消しを求めることにより権利救済の目的を達する途が残されている。

152

解　説

　用途地域の指定がされると、その地域内での建築行為が規制される。工業地域（主として工業の利便を増進するための地域。都計9条12項）の場合、病院や学校等が原則として建築できない（建基48条12項・別表第二（を）項）。既存のものも、将来の増改築が規制される（同86条の7第1項、同施令137条の7）。このように様々な規制を及ぼすことから、用途地域指定が処分（行訴3条2項）にあたるか否かが問題となる。

　本判決は、指定の対象が不特定多数の者であることから、その法的効果は一般的抽象的であるとし、処分にはあたらないとした。このように解しても、建築不確認処分等の取消訴訟で指定の違法を争える以上、問題はないという。中間段階の計画決定にすぎないというわけだが、本判決の後、平成20年の判例70が、同じく中間段階の決定である土地区画整理事業計画決定につき、先例を変更して処分性を認めた。そこで、用途地域指定についても、改めて処分にあたるか否かが問われることになる。

　一般的な理解によれば、判例70の射程に入るのは、計画に基づく事業や処分の実施を法律が予定しているタイプの計画（非完結型計画）に限られる。それらの実施を法律が予定していないタイプのもの（完結型計画）は含まれない。用途地域指定は、その法的効果が建築行為等の制限に限られるから、完結型計画の典型だろう。判例70によっても、当然に処分とされるわけではない（以上については、判例70の解説参照）。

　他方、判例70の涌井裁判官意見は、同判決の多数意見とは異なり、建築行為制限により個人の権利・利益が直接に侵害・制約されるというだけで、処分性を認める理由になるとしていた。学説には、判例70を前提にしても、事案の成熟性があれば、完結型計画の処分性を認めるべきとする見解がある。

■ **評　釈**　　草薙進一・百選 II 318頁　　　　　　［下井康史］

Ⅵ　行政争訟

70	処分性(8) ──浜松市土地区画整理事業計画事件

最大判平成20年9月10日民集62巻8号2029頁

関連条文 ▶ 行訴法3条2項

争点

土地区画整理事業計画の決定は処分にあたるか。

事実

　平成15年11月、Y（浜松市）が土地区画整理事業の事業計画を決定（土地区画整理52条1項）したため、同事業の施行地区内に土地を所有するXらが、同決定の取消しを求めて出訴したところ、控訴審は、その処分性を否定し、訴えを却下した。

判旨　　破棄差戻し（差戻し後第1審が請求棄却）

(1)土地区画整理事業の事業計画が定められると、換地処分の公告がある日まで、その施行地区内で建築物等の新築や改築等を行おうとする者は、都道府県知事の許可を受けなければならない（土地区画整理76条1項）。これに違反した者は、都道府県知事による原状回復等命令の対象となり（同76条4項）、同命令に違反した者には刑罰が科せられる（同140条）。

(2)(ｱ)「事業計画が決定されると、当該土地区画整理事業の施行によって施行地区内の宅地所有者等の権利にいかなる影響が及ぶかについて、一定の限度で具体的に予測することが可能になる」。

(ｲ)「事業計画については、いったんその決定がされると、特段の事情のない限り、その事業計画に定められたところに従って具体的な事業がそのまま進められ、その後の手続として、施行地区内の宅地について換地処分が当然に行われることになる」。(ｳ)(1)の建築行為等の制限は、「このような事業計画の決定に基づく具体

154

的な事業の施行の障害となるおそれのある事態が生ずることを防ぐために法的強制力を伴って設けられているのであり、しかも、施行地区内の宅地所有者等は、換地処分の公告がある日まで、その制限を継続的に課され続ける」。

そうすると、(エ)施行地区内の宅地所有者等は、事業計画の決定により、(1)「のような規制を伴う土地区画整理事業の手続に従って換地処分を受けるべき地位に立たされるものということができ、その意味で、その法的地位に直接的な影響が生ずるものというべきであり、事業計画の決定に伴う法的効果が一般的、抽象的なものにすぎないということはできない」。

(3)仮換地指定や換地処分を受けた宅地所有者等は、これらの取消訴訟を提起できるが、それら処分がされた段階では、「実際上、既に工事等も進ちょくし、換地計画も具体的に定められるなどしており、その時点で事業計画の違法を理由として当該換地処分等を取り消した場合には、事業全体に著しい混乱をもたらすことになりかねない。それゆえ、換地処分等の取消訴訟において、宅地所有者等が事業計画の違法を主張し、その主張が認められたとしても、当該換地処分等を取り消すことは公共の福祉に適合しないとして、事情判決（行訴31条1項）がされる可能性が相当程度あるのであり、換地処分等がされた段階でこれを対象として取消訴訟を提起することができるとしても、宅地所有者等の被る権利侵害に対する救済が十分に果たされるとはいい難い。そうすると、事業計画の適否が争われる場合、実効的な権利救済を図るためには、事業計画の決定がされた段階で、これを対象とした取消訴訟の提起を認めることに合理性がある」。

解 説

土地区画整理事業とは、都市計画区域（都計5条）内の土地について、公共施設の整備改善や、宅地の利用増進を図るため、土地の区画形質の変更や、公共施設の新設・変更をするという事業

である（土地区画整理法2条1項）。市町村が施行する場合、①当該計画にかかる設計概要の都道府県知事による認可（同52条1項）、②事業計画の決定、③仮換地指定（同98条）、④建築物の移転・除却、工事、⑤換地計画の決定・認可（同86条）、⑥換地処分（同103条）、⑦清算金の徴収・交付というプロセスで進行する。換地とは、宅地の所在を変更することであるから、③や⑥が処分（行訴3条2項）にあたることは疑いない。他方、本件で争われた②は、事業の基礎的事項を一般的に定めるだけのものである。換地の具体的内容を明らかにするものではなく、中間段階の計画決定にすぎない。しかし、③や⑥という不利益を及ぼす事業の起点となるため、その処分性が問題にされてきた。

　最大判昭和41年2月23日民集20巻2号271頁は、②の処分性を否定した。その理由は、(a)利害関係者の権利に及ぼす変動を具体的に確定するものではなく、いわば土地区画整理事業の青写真にすぎないこと（一般的・抽象性）、(b)②によって施行地区内に宅地等を所有する者には様々な制限が及ぶが（判旨(1)参照）、これは、事業計画の円滑な遂行に対する障害を除去するため、法律が特に付与した付随的効果にとどまること（付随的効果論）、(c)具体的な権利侵害に対する救済は、③や⑥の取消訴訟で十分に達成できる以上、②の段階では、訴訟事件としての成熟性が欠けることである。青写真判決と呼ばれるこの判決を、学説は厳しく批判した。

　その後の最高裁判決には、中間段階の計画決定について、処分にあたるとするものもある。最判昭和60年12月17日民集39巻8号1821頁は、土地区画整理組合の設立認可（土地区画整理法14条）につき、処分性を肯定した。最判平成4年11月26日民集46巻8号2658頁は、第2種市街地再開発事業計画の決定（都市再開発法54条）につき、土地収用法上の事業認定と同一の法律効果を生じさせるもので（同6条4項、都計70条1項）、同決定により関係土地所有者等が、特段の事情のない限り、自己の所有地等を

「収用されるべき地位」に立たされること等から、処分にあたるとする。しかし、最判平成4年10月6日判時1439号116頁は、市町村施行の土地区画整理事業における②につき、青写真判決に従って処分性を否定した（判例69も参照）。このような状況において、本判決が先例を変更し、②の処分性を肯定したのである。

本判決の判旨(2)は、(ア)②がされると、宅地所有者等は、自分の権利に及ぶ影響を具体的に予測でき、(イ)その後は当然に⑥まで至るのが基本であって、(ウ)その間、強制力のある建築制限等が継続するから、(エ)施行地区内の宅地所有者等は、②によって「換地処分を受けるべき地位」に立たされるとし、このような②の法的効果は、一般的抽象的なものではないとした（青写真判決(a)の否定）。「換地処分を受けるべき地位」に立つとの表現は、上記平成4年11月判決にならったものだろう。

判旨(3)は、③や⑥の取消訴訟では遅すぎるとの判断である（青写真判決(c)の否定）。そこで明示された実効的権利救済という観点は、平成16年行訴法改正の基本方針であった。

ところで、判旨(2)(ウ)は、建築行為等制限の継続について、付随的効果論（青写真判決(b)）の否定を明言せず、(ア)(イ)と併せて、(エ)の「換地処分を受けるべき地位」という評価の論拠とした。すると、本判決によれば、(ウ)建築行為等制限の継続に加えて、(ア)(イ)の事情も認められなければ処分性は肯定されない。そのため、本件で問題となった土地区画整理事業計画のように、計画に基づく事業や処分の実施を法律が予定しているタイプの計画（非完結型計画）であればともかく、それらの実施を法律が予定していないタイプのもの（完結型計画）であれば、本判決によっても、当然に処分性を肯定されるわけではないことになる（本判決の藤田裁判官補足意見。以上については、判例69の解説も参照）。

■ **評　釈**　　山下竜一・百選Ⅱ316頁

［下井康史］

Ⅵ　行政争訟

	処分性(9)

71
処分性(9)
——御所町2項道路指定事件

最判平成14年1月17日民集56巻1号1頁

関連条文 ▶ 行訴法3条4項、建築基準法42条2項

争　点

2項道路の一括指定に処分性は認められるか。

事　実

　建築基準法43条1項は、建築物の敷地が道路に接していなければならないとし（接道義務）、同42条1項は、この道路の幅員は原則として4メートル以上とする。もっとも同条2項では例外として、同条施行時すでに「建築物が建ち並んでいる幅員4メートル未満の道で、特定行政庁の指定したものは、……同項の道路とみなし、その中心線からの水平距離2メートル……の線をその道路の境界線とみなす」と定める（2項道路〔みなし道路〕制度）。2項道路に指定されると、道路の境界線とみなされる線と実際の道路とに挟まれた部分は道路とみなされ、建替えの際、その部分に建築物を建築することが禁止される。

　県知事（Y）は、昭和37年の告示（本件告示）で、「幅員4ｍ未満1.8ｍ以上」の道を一律に2項道路に指定した（一括指定）。Xは、県の建築主事から、自己所有地を含む通路部分が2項道路にあたると指摘されたため、当該通路部分につき2項道路指定処分が存在しないことの確認を求めて出訴したところ（行訴3条4項）、控訴審は、一括指定の処分性を否定し、訴えを却下した。

判　旨　　破棄差戻し

　2項道路の指定は、個別指定の方法と一括指定の方法があるところ、一括指定がされた時点では個別的な指定の効果が生じていないと理解すると、個別指定がなされない限り2項道路の指定が

ない結果に帰することとなってしまう。したがって、一括指定により、指定の条件に合致するものすべてについて2項道路としての指定がされた効果が生じるものと解され、2項道路の指定の効果が及ぶ道路の敷地所有者にも、その本来的な効果として個別具体的な私権制限を発生させることとなるため、一括指定の方法による2項道路の指定も、抗告訴訟の対象となる。

解　説

　本件告示のように（告示については判例18参照）、行政庁の決定のうち、特定の相手方がいないものは「一般処分」といわれる。このような一般処分は、抗告訴訟の対象となる処分（行訴3条2項）といえるだろうか。相手方がいない以上、行政による規範定立行為（行政立法）と同じく、法的効果の個別具体性を欠き、処分性は否定されるという考えもありうる。しかし、判例74は、保安林の指定（解除）につき、それが処分であることを前提に判断している。一般処分の処分性は、根拠法令の内容に即して、個別具体的に判断すべきものであろう。

　2項道路指定のうち、特定の道路を対象とする個別指定は処分といいやすい。当該道路に接する土地の所有者に対し、具体的な私権制限を及ぼすからである。他方、本件で問題となった一括指定について、本件控訴審判決は、特定の土地に対して個別具体的な私権制限をもたらすものではないとして、処分性を否定した。これに対し本判決は、控訴審のように考えると、一括指定の定める条件に合致する道でも、個別指定がされない限り2項道路とされないことになるが、そのような見解は相当ではないとした。その上で、一括指定によっても、その条件に合致する道はすべて2項道路となり、それ自体で具体的な私権制限が発生するから、個人の権利義務に直接の影響があるとして処分であるとした。

■ 評　釈　　洞澤秀雄・百選 II 320頁

[北見宏介]

Ⅵ　行政争訟

|72| 処分性(10)
——横浜市保育所廃止条例事件

最判平成21年11月26日民集63巻9号2124頁

関連条文 ▶ 行訴法3条・32条、旧児童福祉法24条

争　点

保育所を廃止する条例の制定行為に処分性は認められるか。

事　実

　横浜市が民営化のため特定の市営保育所（本件各保育所）を廃止する条例（本件条例）を制定したので、本件各保育所で保育を受けていた児童やその保護者であるXらが、本件条例の制定行為（本件行為）の取消しを求めて出訴した。原審は本件行為の処分性を否定し、訴えを却下した。

判　旨　　上告棄却（訴え却下）

　児童福祉法は保護者による保育所の選択を制度上保障しており、特定の保育所で現に保育を受けている児童およびその保護者は、保育実施期間満了まで当該保育所で保育を受けることを期待しうる法的地位を有する。本件条例は本件各保育所の廃止のみを内容とし、他に行政庁の処分をまつことなく、その施行により各保育所廃止の効果を発生させ、当該保育所に現に入所中の児童等という限られた特定の者に対し、直接、上記法的地位を奪う結果を生じさせるから、その制定行為は行政庁の処分と実質的に同視できる。また、児童等が市町村を被告として当事者訴訟ないし民事訴訟を提起しても、その判決は訴訟当事者である当該児童等と当該市町村との間でしか効力をもたず、市町村は当該保育所を存続させるかどうかについての実際の対応に困難を来すから、取消判決等に第三者効が認められる取消訴訟によって争わせることに合理性がある。

72 処分性(10)

解　説

　条例の制定行為に処分性を認めた初めての最高裁判例である。もっとも、Xらにかかる保育実施期間が満了し、訴えの利益を欠くから、原判決は結論において正当であるとした。

　条例については、立法行為であるから処分性は認められないとする説（否定説）と、場合によっては認められるとする説（限定的肯定説）が対立していたが、本判決は後説をとった。

　本判決は、平成20年改正前の児童福祉法24条が、入所希望保育所を保護者が記載して申し込む旨定めていたことから、同法は保護者による保育所の選択を制度上保障しているとして、児童および保護者に保育実施期間満了まで当該保育所で保育を受けることを期待しうる法的地位を認める。そして、本件条例は本件各保育所廃止のみを内容とし、他に行政庁の処分をまつことなく当該効果を発生させ、限られた特定の者に上記法的地位を奪う結果を直接生じさせるから、行政庁の処分と実質的に同視できるとした。

　本判決は、補足的に、当事者訴訟や民事訴訟の判決効は当事者にしか及ばず、市町村としては実際上の対応に困難を来すから、取消判決や執行停止決定に第三者効（行訴32条）が認められる取消訴訟で争わせることに合理性があるとする。この判示については、取消判決の効力に関する絶対的効力説を前提としているとの見方もある（判例89参照）。

　最高裁は小学校を廃止する条例に処分性を否定しているが（最判平成14年4月25日判例地方自治229号52頁）、保護者は特定の小学校で教育を受けさせる権利利益を有しないとされている点が、保育所とは異なる。水道料金を値上げする条例にも処分性を否定しているが（判例7）、当該条例は限られた特定の者に対してのみ適用されるものではない点で、やはり本件条例とは異なる。

■ 評　釈　　興津征雄・百選 II 420頁

［村上裕章］

Ⅵ　行政争訟

	原告適格(1)
73	——主婦連ジュース事件

最判昭和53年3月14日民集32巻2号211頁

関連条文 ▶ 旧行訴法9条、旧不当景品類及び不当表示防止法（景表法）10条

争　点

　一般消費者は公正競争規約の認定に対して不服申立てを提起する資格を有するか。

事　実

　無果汁のジュースでも「合成着色料使用」と付記すれば「果汁飲料」と表示できる旨の公正競争規約を公正取引委員会が認定したのに対し、Ⅹら（主婦連合会及び同会会長）が不服申立てをしたところ、公正取引委員会が申立ての資格なしとして却下審決をしたので、Ⅹらが当該審決の取消訴訟を提起した。

判　旨　　上告棄却（請求棄却）

　不服申立てをなしうるのは、当該処分について不服申立てをする法律上の利益がある者、すなわち、当該処分により自己の権利もしくは法律上保護された利益を侵害された者である。法律上保護された利益とは、行政法規が私人等権利主体の個人的利益を保護することを目的として行政権の行使に制約を課していることにより保障されている利益であって、行政法規が公益の実現を目的として行政権の行使に制約を課している結果たまたま一定の者が受けることとなる反射的利益とは区別されるべきものである。景表法の目的は公益の実現にあり、個々の消費者の利益を個別に保護するものではないから、単に一般消費者であるというだけでは、公正競争規約の認定につき不服申立てをする法律上の利益を有するとはいえない。

解　説

　本件では、景表法10条1項により公正取引委員会がした公正
競争規約の認定に対し、同条6項によりＸらが不服申立てを行っ
たところ、不服申立ての資格の有無が争われた。したがって、不
服申立ての資格に関する判例であるが、同資格については、取消
訴訟の原告適格と同様に判断するのが通説であるため、本判決は
原告適格に関するリーディング・ケースとみなされている。

　取消訴訟を提起する資格を原告適格といい、訴訟要件の一つで
ある。行訴法によれば、処分の取消しを求めるにつき「法律上の
利益」（9条1項。旧法では9条）を有する者に認められる。その意
味をめぐっては、処分の根拠法規が保護している利益を指すとす
る「法律上保護された利益説」と、裁判による保護に値する利益
を指すとする「保護に値する利益説」が対立している。

　本判決は、法律上の利益とは、行政法規が私人等権利主体の個
人的利益を保護することを目的として行政権の行使に制約を課し
ていることにより保障されている利益を指すとしており、最高裁
として法律上保護された利益説をとることをはじめて明らかにし
た。現在まで判例の基本的立場は変わっていないが、次項以下で
見るように、原告適格を拡大する傾向にある。

　本判決は、景表法がその目的として「一般消費者の利益を保護
すること」（1条）を挙げているが、一般法である独禁法（私的独
占の禁止及び公正取引の確保に関する法律）が公益の実現を目的と
すること等から、景表法の目的も公益の実現にあり、一般消費者
の利益も公益保護の一環として保護されるにすぎないと解し、Ｘ
らに不服申立ての資格を否定した。

■**評　釈**　　徳田博人・百選Ⅱ276頁

［石　龍潭］

Ⅵ　行政争訟

74 原告適格(2)
——長沼ナイキ基地事件

最判昭和57年9月9日民集36巻9号1679頁

関連条文 ▶ 旧行訴法9条、森林法27条・32条

争点

保安林指定解除の取消しを求める原告適格を周辺住民は有するか。

事実

自衛隊のミサイル基地を建設するため、農林水産大臣が水源かん養林の保安林指定を解除する処分（本件処分）をしたので、保安林伐採により洪水等の被害を受けると主張する周辺住民Xらが、自衛隊は違憲であり、そのための本件処分も違法であると主張して、その取消しを求めて出訴した。

判旨　上告棄却（訴え却下）

法が不特定多数者の具体的利益を一般的公益の中に吸収解消させるにとどめず、これと並んで、これらの利益が帰属する個々人の個別的利益としても保護する趣旨を含むと解されるときは、これらの利益を害されたとする者には原告適格が認められる。森林法による保安林の指定処分は一般的公益の保護を目的とするが、保安林の指定に「直接の利害関係を有する者」は指定の申請ができるとされていること、保安林指定を解除する際もこれらの者が意見書を提出し、公開の聴聞会に参加できるとされていることなどからすると、これらの者には原告適格が認められる。しかし、代替施設（砂防施設）の設置により洪水の危険はなくなったから、訴えの利益は失われた。

解説

本件はもともと憲法訴訟であり、第1審は自衛隊を違憲と判断

164

したが、最高裁では原告適格及び狭義の訴えの利益についてのみ判断された。本判決は、判例73を前提としつつ、原告適格の拡大に一歩踏み出したものとみることができる。

本判決は、まず、判例73の一般論と同旨を述べた上で、法が公益の保護を目的とする場合であっても、これと並んで、不特定多数者の具体的利益を個々人の個別的利益としても保護する趣旨を含む場合は、これらの不利益を被ったとする者に原告適格が認められるとする。判例73が公益と法律上保護された利益を二者択一的に捉えているとも解されたのに対し、本判決は、法が公益を保護するというだけでは原告適格が否定されないことを明らかにしており、まずこの点に原告適格拡大の契機を認めることができる。

次に、本件への当てはめにおいて、本判決は、森林法上、①保安林の指定に「直接の利害関係を有する者」は指定の申請ができること（27条1項）、②指定を解除する際も、これらの者が意見書を提出し、公開の聴聞手続に参加できること（32条）などを挙げて、同法はこれらの者の利益を個々人の個別的利益としても保護していると解し、原告適格を肯定した。手続的権利の存在を原告適格を判断するための手がかりとしており、この点にも原告適格拡大の契機を認めることができる。

もっとも、本判決は、本件における原告適格の基礎が、本件処分により洪水等の防止上の利益を侵害されていることにあるとした上で、砂防施設等の代替施設の設置により、洪水の危険が社会通念上なくなったと認められるとして、本件処分の取消しを求める訴えの利益は失われたと判断した（狭義の訴えの利益については判例81以下を参照）。

■ **評 釈**　折登美紀・百選Ⅱ366頁

[石　龍潭]

Ⅵ　行政争訟

75 原告適格(3)
——新潟空港事件

最判平成元年2月17日民集43巻2号56頁

関連条文 ▶ 旧行訴法9条、航空法100条・101条

争　点

定期航空運送事業免許の取消しを求める原告適格を空港周辺住民は有するか。

事　実

運輸大臣が航空会社に対して新潟空港にかかる定期航空運送事業免許（本件処分）をしたので、同空港の周辺住民Ｘが本件処分の取消しを求めて出訴した。

判　旨　　上告棄却（訴え却下）

処分を定めた行政法規が不特定多数者の具体的利益を個々人の個別的利益としても保護する趣旨を含むかは、当該行政法規およびそれと目的を共通する関連法規の関係規定によって形成される法体系の中で、当該処分の根拠規定が個々人の個別的利益をも保護するものと位置づけられているかどうかによって決すべきである。航空法の関連法規である航空機騒音障害防止法（公共用飛行場周辺における航空機騒音による障害の防止等に関する法律）の趣旨等を踏まえると、定期航空運送事業免許にかかる路線を航行する航空機の騒音によって社会通念上著しい障害を受けることとなる者は、当該免許の取消しを求める原告適格を有する。

解　説

本判決は、判例73及び74を引用した上で、処分の根拠法規の保護目的を判断するに際しては、根拠法規及びそれと目的を共通する関連法規の関係規定によって形成される法体系の中で検討すべきであるとする。根拠法規に明確な規定がない場合でも、関連

166

法規を手がかりとして原告適格を認める可能性を認めたものであり、原告適格の拡大をさらに進めた判例とみることができる。2004（平成16）年の行訴法改正により、本判決の趣旨は解釈規定（9条2項）に取り入れられた。

　本件では、定期航空運送事業免許の要件のうち、「航空保安上適切なものであること」（航空101条1項3号）という要件の解釈が問題となった。本件の下級審は、これは安全性にかかる要件であって、騒音は考慮されないと解し、Xの原告適格を否定して、訴えを却下していた。

　本判決は、航空法の関連法規である航空機騒音障害防止法が、航空機騒音による障害の防止・軽減のため必要がある場合に、運輸大臣に航空機の航行方法の指定をする権限を付与していることを指摘する。そして、同じ運輸大臣が行う定期航空運送事業免許の審査もその趣旨を踏まえることが求められるから、上記要件も騒音障害の有無及び程度を考慮に入れて判断すべきであるとする。その上で、航空機の騒音による障害の性質等を踏まえて定期航空運送事業に対する規制に関する法体系をみると、航空法は、航空機の騒音によって社会通念上著しい障害を受けないという利益を個々人の個別的利益としても保護する趣旨を含むとして、この点で原判決に誤りがあると判断した。

　もっとも、本件処分の違法事由としてXが供給過剰（航空101条1項2号）等しか主張していなかったところ、本判決は、これらの主張が、自己の法律上の利益に関係のない違法（行訴10条1項）をいうものであり、主張自体失当として請求棄却を免れないとした（不利益変更となることから上告棄却にとどめた）。

■ **評　釈**　　松戸浩・百選II 396頁

[石　龍潭]

Ⅵ　行政争訟

	原告適格(4)
76	──近鉄特急料金変更認可事件

最判平成元年4月13日判時1313号121頁

関連条文 ▶ 旧行訴法9条、旧地方鉄道法21条

争　点

　鉄道利用者は鉄道料金変更認可の取消しを求める原告適格を有するか。

事　実

　大阪陸運局長が近畿日本鉄道株式会社（近鉄）に対して特急料金値上げの認可処分（本件処分）をしたので、当該路線の周辺に居住し通勤定期券を購入するなどしてその特急を利用しているXらが、本件処分の取消し等を求めて出訴した。

判　旨　　上告棄却（訴え却下）

　地方鉄道法21条は、地方鉄道における運賃、料金の定め、変更につき監督官庁の認可を受けさせることとしているが、同条の趣旨は、もっぱら公共の利益を確保することにあり、当該地方鉄道の利用者の個別的な権利利益を保護することにあるのではないから、たとえXらが近鉄の路線の周辺に居住する者であって、通勤定期券を購入するなどした上、日常的に同社が運行している特急列車を利用しているとしても、Xらは本件処分の取消しを求める原告適格を有しない。

解　説

　本件では、第1審がXら全員に原告適格を認め、本件処分は違法と判断したが、その取消しにより公の利益に著しい障害を生ずるとして、事情判決（行訴31条）を行った（判例91参照）。これに対し、控訴審及び本判決は、Xらの原告適格を否定し、訴えを却下した。地方鉄道法には目的規定がない上、料金認可の要件

168

（21条1項参照）や手続が定められておらず、利用者を保護する趣旨を読み取る手がかりに乏しかったためだろうか。いずれにせよ、判例74や75による原告適格の拡大にも限界があることを示したものといえる。

　その後、地方鉄道法は1986（昭和61）年に廃止され、代わって鉄道事業法が制定された。地方鉄道法との違いは、①目的規定が設けられ、「鉄道等の利用者の利益を保護する」（1条）旨が明示されたこと、②認可の対象は料金の上限であり、料金自体は届出制とされていること（16条1項・3項）、③運輸審議会への諮問や利害関係人の意見聴取の手続が設けられていること（64条の2・65条）等である。2004（平成16）年に行訴法が改正され、原告適格の範囲を実質的に拡大するために解釈規定（9条2項）が新設されたこともあり（判例79参照）、鉄道事業法の下で鉄道利用者に原告適格が認められるかが注目されている。

　この点で興味深いのが北総鉄道事件である。これは、同鉄道北総線の沿線住民が、同線にかかる旅客運賃変更認可処分の無効確認等を求めて出訴したという事件である。第1審（東京地判平成25年3月26日判時2209号79頁）は、鉄道事業法が利用者の利益の保護を目的としていること、利用者に一定の手続関与の機会が付与されていること、違法な認可がなされると利用者に重大な損害が生じかねないこと等を挙げて、日々の通勤や通学等の手段として反復継続して日常的に北総線を利用している原告ら全員に原告適格を認めた（ただし請求棄却）。控訴審（東京高判平成26年2月19日訟月60巻6号1367頁）もほぼ同様の判断を行い、最高裁（最決平成27年4月21日判例集未登載）は第1審原告の上告を認めず、控訴審判決が確定した。

■ **評　釈**　　横田光平・百選II 348頁

[石　龍潭]

Ⅵ　行政争訟

77

原告適格(5)
——もんじゅ事件（原告適格）

最判平成4年9月22日民集46巻6号571頁

関連条文 ▶ 旧行訴法9条・36条、旧核原料物質、核燃料物質及び原子炉の規制に関する法律（規制法）23条・24条

争　点

原子炉設置許可の無効確認を求める原告適格を周辺住民は有するか。

事　実

内閣総理大臣（Y）が、動力炉・核燃料開発事業団に対し、高速増殖炉「もんじゅ」にかかる設置認可処分を行ったため、周辺住民Xらが同処分の無効確認等を求めて出訴した。

判　旨　　原判決破棄、第1審判決取消し、地裁に差戻し

処分を定めた行政法規が不特定多数者の具体的利益を個々人の個別的利益としても保護する趣旨を含むか否かは、当該行政法規の趣旨および目的、当該行政法規が保護しようとしている利益の内容および性質等を考慮して判断すべきである。規制法24条1項4号等の設けられた趣旨、同号等が考慮している被害の性質等にかんがみると、同号等は、原子炉施設周辺に居住し、原子炉の事故等がもたらす災害により直接的かつ重大な被害を受けることが想定される範囲の住民の生命、身体の安全等を個々人の個別的利益としても保護する趣旨を含むと解される。当該住民の居住する地域が上記範囲に含まれるか否かは、当該原子炉の種類、構造、規模等の具体的な諸条件を考慮に入れ、当該住民の居住する地域と原子炉の位置との距離関係を中心として、社会通念に照らし、合理的に判断すべきである。

170

解　説

　本件では、控訴審がXらの一部に原告適格を認めており、（原告適格を否定された）Xら上告分が本判決、Y上告分が判例90である。本判決は無効確認訴訟と取消訴訟における「法律上の利益」（旧行訴9条・36条）を同義と解しており、取消訴訟の原告適格に関する先例ともなる。

　本判決は、判例73・74・75の一般論を引用したのち、根拠法規の趣旨を判断する際に、当該法規の趣旨目的のほか、当該法規によって保護された利益の内容および性質等を考慮すべきとする。後者は保護に値する利益説（判例73参照）の考え方を実質的に取り入れたものであり、原告適格の拡大をさらに進める画期的な判断である。もっとも、本判決は、根拠法規の趣旨を解釈する際に、保護された利益の内容および性質等を考慮しているにすぎないから、あくまでも法律上保護された利益説の枠内にとどまっている。本判決の内容は、2004（平成16）年の行訴法改正で新設された解釈規定（9条2項）に盛り込まれた（判例79参照）。

　本判決は、旧規制法が「災害の防止上支障がないものであること」（24条1項4号）等を要件としている趣旨は、原子炉施設による深刻な災害を防止することにあるとし、また、重大な原子炉事故が起こったときは、原子炉施設に近い住民ほど被害を受ける蓋然性が高く、その被害はより直接的かつ重大なものとなることを指摘して、上記災害により直接的かつ重大な被害を受けることが想定される範囲の住民に原告適格を認めている。具体的な線引きについては、社会通念に照らして合理的に判断すべきであるとし、結局、Xら（本件原子炉から最大58㎞の範囲内に居住する）全員に原告適格を肯定した。

■ **評　釈**　　大西有二・百選Ⅱ336頁

［石　龍潭］

Ⅵ　行政争訟

78 原告適格(6)
——国分寺市パチンコ店営業許可事件

最判平成10年12月17日民集52巻9号1821頁

関連条文 ▶ 旧行訴法9条、風俗営業等の規制及び業務の適正化等に関する法律（風営法）3条・4条、同法施行令6条

争　点

風俗営業許可の取消しを求める原告適格を周辺住民は有するか。

事　実

東京都公安委員会がＡに対してパチンコ店Ｂにかかる風俗営業の許可を行ったため、Ｂの周辺に居住するＸらが当該許可処分の取消しを求めて出訴した。

判　旨　　上告棄却（訴え却下）

風営法施行令6条1号イは、住居集合地域を風俗営業の制限地域とすべきことを基準として定めており、一定の広がりのある地域の良好な風俗環境を一般的に保護しようとしていることが明らかであって、同号ロのように特定の個別的利益の保護を図ることをうかがわせる文言は見あたらない。このことに、風営法の目的規定（1条）や許可基準を定める規定（4条2項2号）自体にも個々人の個別的利益の保護をうかがわせる文言がないこと、良好な風俗環境の中で生活する利益はもっぱら公益の面から保護することとしてもその性質にそぐわないとはいえないことをあわせ考えれば、施行令6条1号イの規定は、もっぱら公益保護の観点から基準を定めていると解するのが相当であり、上記地域に居住するＸらは原告適格を有するとはいえない。

解　説

風営法は、風俗営業を営もうとする者は都道府県公安委員会の

許可を受けなければならないとし（3条1項）、「営業所が、良好な風俗環境を保全するため特にその設置を制限する必要があるものとして政令で定める基準に従い都道府県の条例で定める地域内にあるとき」（4条2項2号）は、許可をしてはならないと定める。これを受けて風営法施行令は、営業所の設置を制限する地域（制限地域）として、①住居が多数集合し、住居以外の用途に供される土地が少ない地域（住居集合地域、6条1号イ）と、②学校その他の施設で特にその周辺における良好な風俗環境を保全する必要がある地域として都道府県の条例で定めるものの周辺の地域（施設周辺地域、6条1号ロ）を定めている。

　最高裁は、診療所の設置者が風俗営業許可の取消しを求めた事案において、上記②の基準は、当該施設の善良で静穏な環境の下で円滑に業務を運営する利益を保護しているとして、当該施設の設置者に原告適格を認めていた（最判平成6年9月27日判時1518号10頁）。

　これに対し、本件では上記①の基準が問題となった。本判決は、風営法の目的規定（1条）や許可基準を定めた規定（4条2項2号）から個々人の個別的利益を保護する趣旨を読み取ることは困難であるとした上で、上記①の基準は一定の広がりのある地域の良好な風俗環境を一般的に保護しようとしていることが明らかであり、住居集合地域内に居住する住民の個別的利益を保護する趣旨を含まないとして、Xらの原告適格を否定した。

　2004（平成16）年の行訴法改正後、この判例が変更されるかが注目されており、一定範囲の周辺住民に原告適格を認める下級審裁判例も現れている（大阪地判平成18年10月26日判タ1226号82頁、大阪地判平成20年2月14日判タ1265号67頁、大阪高判平成25年8月30日判例地方自治379号68頁など）。

■ **評　釈**　　田中謙・百選Ⅱ344頁

［石　龍潭］

Ⅵ　行政争訟

	原告適格(7)
79	──小田急事件（原告適格）

最大判平成17年12月7日民集59巻10号2645頁

関連条文 ▶ 行訴法9条、旧都市計画法59条

争　点

　都市計画事業認可の取消しを求める原告適格を周辺住民は有するか。

事　実

　建設大臣（当時）が、東京都に対し、小田急小田原線の一部（本件区間）の連続立体交差化にかかる都市計画事業を認可したので、周辺住民Ｘらが当該認可等の取消しを求めて出訴した。

判　旨　　一部論旨理由あり、一部上告棄却

　(a)　行訴法9条1項にいう当該処分の取消しを求めるにつき「法律上の利益を有する者」とは、当該処分により自己の権利もしくは法律上保護された利益を侵害され、または必然的に侵害されるおそれのある者をいい、当該処分を定めた行政法規が、不特定多数者の具体的利益をもっぱら一般的公益の中に吸収解消させるにとどめず、個々人の個別的利益としても保護する趣旨を含むと解される場合には、このような利益も法律上保護された利益に当たり、当該処分によりこれを侵害されまたは必然的に侵害されるおそれのある者は、当該処分の取消訴訟における原告適格を有する。処分の第三者について法律上保護された利益の有無を判断するにあたっては、同条2項の定める事項を考慮すべきである。

　(b)　都市計画法の規定並びに公害対策基本法及び東京都環境影響評価条例（本件条例）の趣旨及び目的等を参酌すれば、都市計画事業の認可に関する都市計画法の規定（59条）は、事業に伴う騒音振動等によって事業地の周辺地域に居住する住民に健康また

174

は生活環境の被害が発生することを防止し、もって健康で文化的な都市生活を確保し、良好な生活環境を保全することをその目的とするものと解される。

(c) 違法な都市計画事業に起因する被害を直接受けるのは周辺の一定範囲の地域に居住する住民に限られ、その被害の程度は事業地に接近するにつれて増大すること、これらの被害は住民の健康や生活環境にかかる著しいものにも至りかねないことに照らせば、違法な事業に起因する騒音振動等によってこのような健康または生活環境にかかる著しい被害を受けないという具体的利益は、一般公益の中に吸収解消させることが困難である。

(d) 以上のような都市計画事業の認可に関する都市計画法の規定の趣旨及び目的、これらの規定が都市計画事業の認可制度を通して保護しようとしている利益の内容及び性質等を考慮すれば、同法は、騒音振動等によって健康または生活環境にかかる著しい被害を直接的に受けるおそれのある個々の住民に対して、そのような被害を受けないという利益を個々人の個別的利益としても保護する趣旨を含むと解するのが相当である。

(e) Xらのうち、本件鉄道事業にかかる関係地域（本件条例に定められた環境影響評価の対象となる地域）内の住所地に居住している者については、これらの住所地と本件鉄道事業の事業地との距離関係などに加えて、関係地域が対象事業を実施しようとする地域及びその周辺で当該対象事業の実施が環境に著しい影響を及ぼすおそれがある地域として東京都知事が定めるものであることを考慮すれば、本件鉄道事業が実施されることにより騒音等による健康または生活環境に係る著しい被害を直接的に受けるおそれのある者にあたると認められるから、本件鉄道事業認可の取消しを求める原告適格を有する。

解説

本件においては、控訴審判決が鉄道事業認可についてXら全員

VI 行政争訟

の原告適格を否定していたが、Xらの上告を受けた最高裁第1小法廷は原告適格にかかる部分を大法廷に回付し、大法廷が本判決を行った。本判決を受け、第1小法廷が本案判断を行っている（判例35）。

原告適格に関する判例は、法律上保護された利益説（判例73）を堅持しつつ、手続規定を手がかりとし（判例74）、関連法令も考慮し（判例75）、根拠法規の趣旨及び目的、保護される利益の内容及び性質等を考慮する（判例77）などして、実質的にその範囲を拡大してきた。

平成16年の行訴法改正に際し、原告適格の拡大をめざす点では異論がなかったものの、その方法については対立があり、結局、処分の第三者の原告適格を判断する際の解釈規定（9条2項。旧9条は現行の9条1項にそのまま引き継がれた）を新設することになった。

それによると、処分等の第三者について法律上の利益の有無を判断するにあたっては、当該処分等の根拠規定の文言のみによることなく、①当該法令の趣旨及び目的、並びに、②当該処分等において考慮されるべき利益の内容及び性質を考慮する。そして、①を考慮するにあたっては、③当該法令と目的を共通にする関係法令があるときはその趣旨及び目的をも参酌し、②を考慮するに当たっては、④当該処分等がその根拠となる法令に違反してされた場合に害されることとなる利益の内容及び性質並びにこれが害される態様及び程度をも勘案する。

もっとも、上記考慮事項等のうち、③は判例75において、①及び②は判例77において、それぞれ明示されており、④も判例77において既に考慮されていた内容である。そうすると、上記解釈規定は判例を条文化したにすぎず、原告適格の拡大は望めないのではないか、との見方もありえた。

改正直後に現れた本判決は、一般論の部分（判旨(a)）で、判例

77とほぼ同旨を述べた上で、上記の解釈規定による旨つけ加えた。これは、従前の判断枠組みを基本的に維持する趣旨と解される。

　他方、本件への当てはめにおいては、関係法令である公害対策基本法及び本件条例の趣旨及び目的（上記③）を参酌した上で、都市計画法の趣旨及び目的（上記①）を明らかにし（判旨(b)）、また、事業認可が違法になされた場合に害される利益の内容及び性質等（上記④）を勘案した上で、事業認可において考慮されるべき利益の内容及び性質（上記②）を考慮しており（判旨(c)）、上記解釈規定に忠実な判断を行っている。

　結論として、本判決は、都市計画事業の認可について周辺住民に原告定格を否定した判例（最判平成11年11月25日判時1698号66頁）を変更し、騒音等による健康または生活環境にかかる著しい被害を直接的に受けるおそれのある周辺住民に原告適格を認めている（判旨(d)）。特に、本件条例を関係法令と位置づけていること、騒音等による生活環境に係る被害が原告適格を基礎づけうると認めたこと、原告適格が認められる者の範囲の決定（線引き）において本件条例が定める関係地域を基準としたこと（判旨(e)）などが注目される。

　このように、本判決は、従前の判例の判断枠組みを維持しつつ、関係法令の趣旨目的や保護される利益の内容・性質等に関する柔軟な解釈により、原告適格を実質的に拡大しようとする最高裁の立場を明らかにしたものと位置づけられよう。

■ **評　釈**　　湊二郎・百選Ⅱ342頁

[石　龍潭]

VI 行政争訟

80
原告適格(8)
——サテライト大阪事件

最判平成21年10月15日民集63巻8号1711頁

関連条文 ▶ 行訴法9条、旧自転車競技法4条、同法施行規則15条

争点

　競輪場外車券販売施設設置許可の取消しを求める原告適格を周辺住民は有するか。

事実

　経済産業大臣がAに競輪の場外車券発売施設（場外施設）の設置許可を行ったため、Xら（周辺住民及び周辺で医療施設等を開設する者）が取消しを求めて出訴した。

判旨　　一部破棄自判（訴え却下）、一部上告棄却（差戻し）

　場外施設の設置・運営により周辺住民等が被る可能性のある被害は、広い意味での生活環境の悪化である。このような生活環境に関する利益は、基本的には公益に属する利益というべきであって、法令に手がかりとなることが明らかな規定がない限り、上記のような被害を受けないという周辺住民等の利益を、法が個々人の個別的利益としても保護する趣旨を含むと解するのは困難である。

　設置許可の基準のうち位置基準は、場外施設によって著しい業務上の支障が具体的に生ずるおそれのある医療施設等の開設者の利益を、個々の開設者の個別的利益として保護する趣旨を含んでいる。他方、周辺環境調和基準は、用途の異なる建物の混在を防ぎ都市環境の秩序ある整備を図るという一般的公益を保護する見地から規制を行っており、その文言自体甚だ漠然とした定めであって、周辺居住者等の具体的利益を個々人の個別的利益として保護する趣旨を読み取ることは困難であるから、周辺住民には原告適格が認められない。

178

解　説

　旧自転車競技法4条2項によれば、経済産業大臣は、場外施設の設置許可の申請があったときは、申請に係る施設の位置、構造及び設備が経済産業省令で定める基準に適合する場合に限り、その許可をすることができる。これを受け、同法施行規則15条は、許可基準として、①文教施設及び医療施設から相当の距離を有し、文教上または保健衛生上著しい支障を来すおそれがないこと(位置基準)、②施設の規模、構造及び設備並びにこれらの配置は周辺環境と調和したものであること（周辺環境調和基準）を定める。

　本判決は、まず、場外施設によって周辺住民等が受ける可能性のある被害は広い意味での生活環境の悪化であり、基本的には公益に属する利益というべきであって、法令に手がかりとなることが明らかな規定がなければ、原告適格を根拠付けないとする。そして、位置基準については、場外施設によって著しい業務上の支障が具体的に生ずるおそれのある医療施設等の開設者の利益を個々人の個別的利益として保護しているが、周辺環境調和基準については、一般公益を保護する見地からの規制であり、周辺住民等の利益を保護しているとはいえないとした。

　本件においては、自転車競技法が許可要件を省令に丸投げしている上、省令の定める基準も抽象的なものにとどまっている。また、判例79では騒音・振動等による生活環境上の被害が問題となっていたのに対し、本件では交通・風紀・教育等にかかる生活環境の悪化が問題となっており、同じく生活環境上の利益といってもその内容には相違があることも否定できない。しかし、根拠法規を検討することなく、生活環境に関する利益は基本的には公益に属する利益であるとした点については、判例のとる法律上保護された利益説と整合的ではないとの指摘もある。

■ **評　釈**　　勢一智子・百選Ⅱ 346頁

[石　龍潭]

Ⅵ　行政争訟

	訴えの利益(1) ——名古屋郵政局職員免職事件
81	

最大判昭和40年4月28日民集19巻3号721頁

関連条文 ▶ 旧行訴法9条、旧行訴法附則3条

争　点

　国家公務員が免職処分を受けた後に地方議会議員に立候補した場合、免職処分の取消しを求める訴えの利益はあるか。

事　実

　分限免職処分（本件免職処分）を受けた郵政省（当時）職員Ⅹは、その取消しを求めて出訴したが、その後、市議会議員に立候補して当選した。公職選挙法90条によると、公務員が公職の候補者として届出をしたときは、当日に公務員の職を辞したものとみなされる。そこで控訴審は、本件免職処分を取り消しても、Ⅹは、国家公務員たる郵政省職員の地位を回復できないとして、請求を棄却した。

判　旨　　破棄差戻し

　公務員免職の行政処分は、それが取り消されない限り、免職処分の効力を保有し、当該公務員は、違法な免職処分さえなければ公務員として有するはずであった給料請求権その他の権利、利益につき裁判所に救済を求めることができなくなるのであるから、本件免職処分の効力を排除する判決を求めることは、右の権利、利益を回復するための必要な手段であると認められる。そして、行訴法9条が、たとえ注意的にもしろ、括弧内において「処分又は裁決の効果が期間の経過その他の理由によりなくなった後においてもなお処分又は裁決の取消しによって回復すべき法律上の利益を有する者を含む。」のような規定を設けたことに思いを致せば、同法の下においては、広く訴えの利益を認めるべきであって、

Xが郵政省職員たる地位を回復するに由なくなった現在において
も、特段の事情の認められない本件において、Xの権利、利益が
害されたままになっているという不利益状態の存在する余地があ
る以上、Xは本件訴訟を追行する利益を有する。

解 説

行政処分がされた後の状況変化（期間の経過等）により、当該
処分を違法として取り消しても、現実には従前の法的地位が回復
しないということがある。この場合に、処分取消訴訟が、訴えの
利益なしとして不適法かどうかが問われる。

たとえば、旧行政事件訴訟特例法が適用された区議会議員除名
処分事件の最高裁判決（最大判昭和35年3月9日民集14巻3号355
頁〔以下、昭和35年判決という〕）は、地方議会議員の除名処分に
ついて、任期満了後は議員たる身分を回復することはできないと
の理由で、取消しを求める訴えの利益を否定していた（8対7の
僅差による）。

行訴法の制定に際し、このような事案においては、処分を取り
消しても従前の法的地位そのものは復活しないとしても、当該処
分さえなければ有していたはずの給与請求権その他の権利・利益
の回復は可能であるから、訴えの利益を肯定すべきであるとし
て、9条かっこ書（平成16年改正前のもの。現行法では9条1項かっ
こ書）が設けられた経緯がある。

本判決には、昭和35年判決は、「右新法の規定（＝行政事件訴
訟法9条）によって、立法的に変更されたものと考える。」という
奥野健一裁判官の補足意見が付されているが、本判決が昭和35
年判決を変更したのか、あるいは行訴法9条かっこ書を反映した
にすぎないのか、評価は分かれている。

■ **評釈** 　　　豊水道祐・百選Ⅱ〔初版〕378頁

[久末弥生]

Ⅵ　行政争訟

82 | 訴えの利益(2)
——運転免許停止事件

最判昭和55年11月25日民集34巻6号781頁

関連条文 ▶ 旧行訴法9条、道路交通法103条、道路交通法施行令38条

争 点

運転免許停止処分の取消訴訟の訴えの利益は、無違反・無処分で1年を経過した場合に失われるか。

事 実

Xは、踏切直前の一旦停止義務違反によって累積点数が6点になったとして、昭和48年12月17日にA県警察本部長Y₁から30日間の自動車運転免許停止処分（本件原処分）を受けた。同日の講習受講により免許停止期間が29日間短縮され、1日となった。Xは本件原処分を不服として福井県公安委員会Y₂に審査請求をしたが、棄却裁決（本件裁決）を受けた。そこでXは本件裁決と本件原処分の取消を求めて出訴したが、この間Xは本件原処分の日から1年間無違反、無処分で経過した。第1審及び控訴審とも訴えの利益を肯定し、控訴審が本件裁決の取消請求を認容したため、Yが上告した。

判 旨　　破棄自判（訴え却下）

本件原処分の効果は同処分の日1日の期間の経過によりなくなったものであり、また、本件原処分の日から1年を経過した日の翌日以降、Xが本件原処分を理由に道路交通法上不利益を受けるおそれがなくなったことはもとより、他に本件原処分を理由にXを不利益に取り扱いうることを認めた法令の規定はないから、行訴法9条の規定の適用上、Xは、本件原処分及び本件裁決の取消しによって回復すべき法律上の利益を有しないというべきである。

182

本件原処分の記載のある免許証を所持することにより警察官に本件原処分の存した事実を覚知され、名誉、感情、信用等を損なう可能性が常時継続して存在するとしても、それは本件原処分がもたらす事実上の効果にすぎず、これをもって回復すべき法律上の利益を有することの根拠とするのは相当でない。

解　説

本判決は、運転免許停止処分の取消しを求める訴えの利益について、最高裁がはじめて判示したものである。

不利益処分の本来的効果が期間の経過により消滅した後も、処分の付随的効果が残ることがある。こうした場合における取消訴訟の訴えの利益の有無について、本判決は、本件原処分が将来の処分の加重原因となりうるかを基準に判断した。すなわち、自動車運転免許停止処分後、無違反、無処分で1年を経過した場合、将来の処分の加重原因となりうる前歴が抹消され、他に法令上不利益に扱われるおそれもないことから、処分の取消しを求める訴えの利益は消滅するとした。

これに対し、免許証に処分の記載があることによる人格的利益の毀損可能性は、事実上の効果にすぎないとして、旧行訴法9条（現行訴9条1項）にいう法律上の利益にあたらないものとした。

以上を考慮して、本判決は、将来の処分の加重原因ではなくなった本件原処分について、取消しを求める訴えの利益は認められないとした。

■ **評　釈**　野呂充・百選Ⅱ364頁

［久末弥生］

Ⅵ　行政争訟

83

訴えの利益(3)
――北海道パチンコ店営業停止命令事件

最判平成27年3月3日民集69巻2号143頁

関連条文 ▶ 行訴法9条、行手法12条

争　点

　処分の効果は消滅したが、処分基準において前歴として考慮される場合、当該処分の取消しを求める訴えの利益はあるか。

事　実

　Xは、風俗営業等の規制及び業務の適正化等に関する法律（風営法）に定めるパチンコ屋を営んでいたが、その代表者と従業員が同法の定めに違反したことを理由に、北海道函館方面公安委員会から、同法26条1項に基づく40日間の営業停止命令（本件処分）を受けた。

　ところで、函館方面公安委員会は、営業停止命令等の処分基準（行手12条1項）として、「風俗営業等の規制及び業務の適正化等に関する法律に基づく営業停止命令等の量定等の基準に関する規程」（本件規程）を定めて公にしていた。本件規程は、営業停止命令における停止期間の標準を定めた上で、過去3年以内に営業停止命令を受けた業者の場合、停止期間が上記標準の2倍となる旨を定めていた。

　Xが本件処分の取消しを求めて出訴したところ、第1審係属中に、同処分の営業停止期間が満了したため、控訴審は、訴えの利益が消滅したことを理由に訴えを却下した。

判　旨　　破棄差戻し

　行手法12条1項の規定により定められ公にされている処分基準において、先行の処分を受けたことを理由として後行の処分に係る量定を加重する旨の不利益な取扱いの定めがある場合には、

184

上記先行の処分に当たる処分を受けた者は、将来において上記後行の処分に当たる処分の対象となりうるときは、上記先行の処分に当たる処分の効果が期間の経過によりなくなった後においても、当該処分基準の定めにより上記の不利益な取扱いを受けるべき期間内はなお当該処分の取消しによって回復すべき法律上の利益を有するものと解するのが相当である。

解　説

　営業停止命令のように、期間が定められた不利益処分の場合、その取消訴訟は、当該期間経過後は訴えの利益（行訴9条1項）が消滅し、不適法となるのが原則である。しかし、期間経過後も、当該処分の付随的効果が残っており、処分取消しにより「回復すべき法律上の利益」（同項かっこ書）があると認められれば、訴えの利益は否定されない。この点、判例82は、処分歴を加重事由とする法令上の期間が経過していたため、訴えの利益が否定された。これによると、法令上、処分歴が将来の処分の加重事由となっている場合は、その限りで訴えの利益が残ることになろう。

　本件では、処分歴が将来の処分の加重事由となることを定めていたのが、行政規則（判例21参照）である処分基準（行手12条）にすぎなかったことから、この場合も訴えの利益が認められるかが問題となった。

　本判決は、「裁量権の行使における公正かつ平等な取扱いの要請や基準の内容に係る相手方の信頼の保護等の観点」から、後行処分における「裁量権は当該処分基準に従って行使されるべきことがき束され」るとした（自己拘束論）。その上で、処分基準が先行処分を後行処分の加重事由としている場合は、先行処分の効果が期間の経過によりなくなった後においても、当該処分の取消しを求める訴えの利益を有すると判断した。最高裁としてはじめて処分基準に拘束力を認めたものとして注目される。

■ 評　釈　　石塚武志・百選Ⅱ362頁　　　　　　[久末弥生]

Ⅵ　行政争訟

84 訴えの利益(4)
——優良運転免許証不交付事件

最判平成21年2月27日民集63巻2号299頁

関連条文 ▶ 行訴法9条、道路交通法92条の2

争 点

　運転免許証の更新に当たり、優良運転者である旨の記載のない免許証を交付された者は、更新処分の取消しを求める訴えの利益を有するか。

事 実

　Xは、所定の期間内に車両通行帯違反があったとして、県公安委員会から、優良運転者である旨の記載がない、一般運転者としての運転免許証（有効期間5年）を交付されて更新処分（本件更新処分）を受けた。これに不服のXが、本件更新処分のうち、Xを一般運転者とする部分の取消し等を求めて出訴したところ、第1審は、当該部分は行政処分にあたらないとして、訴えを却下した。これに対し、控訴審は、優良運転者と一般運転者は法的地位を異にしているから、一般運転者としての運転免許証を交付された場合は一部拒否処分がされたこととなり、処分性を肯定することができるとして、訴えを適法とした。

判 旨　　上告棄却（第1審差戻し）

　道路交通法は、客観的に優良運転者の要件を満たす者に対しては優良運転者である旨の記載のある免許証を交付して更新処分を行うということを、単なる事実上の措置にとどめず、その者の法律上の地位として保障するとの立法政策を、交通事故の防止を図るという制度の目的を全うするため、特に採用したものと解するのが相当である。

　客観的に優良運転者の要件を満たす者であれば優良運転者であ

186

る旨の記載のある免許証を交付して行う更新処分を受ける法律上
の地位を有することが肯定される以上、一般運転者として扱われ
上記記載のない免許証を交付されて免許証の更新処分を受けた者
は、上記の法律上の地位を否定されたことを理由として、これを
回復するため、同更新処分の取消しを求める訴えの利益を有す
る。

解　説

　道路交通法は、運転免許証の交付または更新について「優良運
転者」「一般運転者」「違反運転者等」を区分している（92条の2
第1項）。優良運転者は免許証にその旨が記載され（93条1項5号）、
更新申請書の提出を住所地以外の公安委員会を経由して行うこと
ができ（101条の2の2第1項）、更新時講習の内容と手数料が異な
る（108条の2第1項11号）等、一般運転者に比べて優遇されてい
る。かつては、免許証の有効期間についても優良運転者のみ5年
とされていたが、平成13年の同法改正後は、一般運転者のそれ
も5年となった。

　本判決は、道路交通法が、優良運転者である旨の記載のある免
許証を交付して更新処分を受ける地位を、法律上の地位として保
障するとの立法政策を採用したことを理由として、優良運転者で
ある旨が記載された免許証の交付を求める訴えの利益を、現行法
制度において最高裁としてはじめて認めたものである。

　なお、更新手続の違いについては、更新処分の名あて人にもた
らす法律上の地位に対する不利益な影響ではないとして、訴えの
利益を基礎づけないとしている。

■ 評　釈　　野田崇・平成21年度重判解60頁

[久末弥生]

Ⅵ　行政争訟

	訴えの利益(5)
85	——仙台市建築確認事件

最判昭和59年10月26日民集38巻10号1169頁

関連条文 ▶ 行訴法9条、建築基準法6条

争　点

　建築確認を受けた建築物の工事が完了した場合、建築確認の取消しを求める訴えの利益はあるか。

事　実

　訴外Aが、建築基準法6条1項に基づき、仙台市の建築主事から建築確認（本件建築確認）を受けたため、隣地の所有者であるXが、審査請求を経て、本件建築確認の取消しを求めて出訴した。Xが出訴する前にAの建築工事が完了していたことから、訴えの利益が認められるかが問題となった。

判　旨　　　上告棄却（訴え却下）

　建築確認は、建築物の建築等の工事が着手される前に、当該建築物の計画が建築関係規定に適合していることを公権的に判断する行為であって、それを受けなければ右工事をすることができない。工事完了後における建築主事等の検査は、建築物等が建築関係規定に適合しているかどうかを基準とし、特定行政庁（市町村長）の違反是正命令は、当該建築物等が建築基準法令等の規定に適合しているかどうかを基準とし、いずれも建築確認に係る計画どおりのものかどうかを基準とするものではない。たとえ建築確認が判決で取り消されたとしても、検査済証の交付を拒否し又は違反是正命令を発すべき法的拘束力は生じない。したがつて、建築確認は、それを受けなければ建築工事をすることができないという法的効果を付与されているにすぎないから、当該工事が完了した場合は、その取消しを求める訴えの利益は失われる。

解　説

　建築基準法6条1項によると、建築物を建築しようとする者は、確認の申請書を提出して建築主事の確認を受け、確認済証の交付を受けなければならない。また同条8項によると、確認済証の交付を受けた後でなければ、建築工事をすることができない。つまり、建築確認を受けてはじめて建築工事が許容されるが、建築工事が完了すると許容対象が消滅するので、建築確認の法的効果も消滅する。また、工事完了後に行われる検査（建基7条）や是正命令（同9条1項）では、完成した建築物等が法令に適合しているかが基準となり、建築確認にかかる建築計画との適合性が基準となるわけではない。すると、建築確認の取消訴訟は、建築工事が完了すると、取消しの対象である建築確認の効果が失われるため、訴えの利益が失われる。本判決はこうした見解に立つものであり、この点は判例上確立している。

　本判決後、松戸市開発許可事件（最判平成5年9月10日民集47巻7号4955頁）で最高裁は、都市計画法29条による開発許可についても、市街化区域内における開発行為に関する工事が完了し検査済証が交付された後は、開発許可の取消しを求める訴えの利益は失われると判示した。

　ところが最近、最高裁は鎌倉市市街化調整区域開発許可事件（最判平成27年12月14日民集69巻8号2404頁）において、都市計画法29条1項による開発許可について、市街化調整区域内においては、開発行為に関する工事が完了し検査済証が交付された後も、開発許可の取消しを求める訴えの利益は失われないと判示した。市街化調整区域内においては、市街化区域内とは異なり、開発許可は予定建築物の建築を可能とする法的効果を有しており、開発許可の取消しによってこの法的効果を排除することができるとの理由による。

■　評　釈　　寺洋平・百選Ⅱ360頁　　　　　　　［久末弥生］

Ⅵ　行政争訟

	出訴期間
86	——京都府個人情報保護条例事件

最判平成28年3月10日判タ1426号26頁

関連条文 ▶ 行訴法14条

争　点

取消訴訟の出訴期間はどの時点から起算されるのか。

事　実

　平成23年、Xは、弁護士Aを代理人として、Y（京都府）個人情報保護条例12条に基づき、B（京都府警察本部長）に対し、自己の個人情報の開示を請求した。Bは、同請求の対象文書のうち、Xの個人情報が記録されていないものについて、不開示とする決定をしつつ、これとは別に、諸事情から、一部を塗りつぶしたもの（本件任意提供文書）を、目的外提供（同条例5条）としてAに交付したが、平成24年10月12日になって、上記決定を改め、本件任意提供文書の一部を開示する決定（本件処分）をした。その際、Bの部下が、Aに対し、本件処分によって交付される文書（本件開示文書）は本件任意提供文書と同一内容であると伝えた。本件処分の通知書（本件通知書）は同月15日に、本件開示文書そのものは同月22日に、それぞれAのもとに到達した。翌年4月19日、Xが、A等を代理人とし、本件処分の取消し等を求めて出訴したところ、被告Yは、取消訴訟の出訴期間（行訴14条1項）を経過した不適法な訴えであると主張した。

判　旨　　上告棄却（訴え却下）

　「処分があったことを知った日」（行訴14条1項）とは、処分のあったことを相手方が現実に知った日をいい、「当該処分の内容の詳細や不利益性等の認識までを要するものではない」。本件通知書は、一部開示である旨を明示し、不開示部分を特定してその

理由を示していた。Xは、本件通知書がその代理人Aのもとに到達した平成24年10月15日をもって本件処分のあったことを現実に知ったものということができ、同25年4月19日に提起された本件取消訴訟は、本件処分のあったことを知った日から6か月の出訴期間を経過した後に提起されたものというべきである」。

本件通知書の記載内容に加え、そこには出訴期間の教示（行訴46条1項）があること、本件通知書がAのもとに到達した1週間後に、本件開示文書がAのもとに到達していること、Aは一貫してXを代理して行動していることからすれば、本件取消しの訴えが出訴期間を経過した後に提起されたことにつき「正当な理由」（同14条1項ただし書）があるとはいえない。

解 説

取消訴訟は、処分があったことを「知った日」から6か月を経過すると、そのことに「正当な理由」がない限り、不適法なものとして却下される（行訴14条1項）。

「知った日」について、判例は、処分のあったことを「現実に知った日」とする（最判昭和27年11月20日民集6巻10号103頁等）。本件では、本件通知書到達の1週間後に本件開示文書が到達したため、いずれの時点が「現実に知った日」なのかが争われた。控訴審は、開示文書到達の日としたが、本判決は、処分の相手方が処分内容の詳細や不利益性等を認識できなくても「現実に知った」といえるとして、本件通知書到達の日とする。

本件では、「知った日」から、1週間後に本件開示文書が到達しているため、出訴期間が過ぎたことにつき1週間までは「正当な理由」があるといえるか否かも争われた。本判決は、本件の個別事情をいくつか指摘し、この点を否定する。

■ **評 釈** 岸本太樹・平成28年重判解46頁

［下井康史］

Ⅵ　行政争訟

	違法判断の基準時
87	——高知県農地買収事件

最判昭和27年1月25日民集6巻1号22頁

関連条文 ▶ 旧自作農創設特別措置法附則2項（昭和22年12月26日法律241号による改正前）

争　点

　取消訴訟において裁判所はどの時点を基準として処分の違法を判断すべきか。

事　実

　昭和22年7月、Y（A村農地委員会）が、X所有の農地を不在地主の農地として農地買収計画を定めた。Xは前年に外地からA村に引き揚げていたが、Yは、「相当と認めるときは、……昭和20年11月23日現在における事実に基づいて……農地買収計画を定めることができる」（遡及買収）とする自作農創設特別措置法（旧法）附則2項に基づいて同計画を定めた。XがYに対して訴願（不服申立て）をしたところ、棄却されたので、棄却裁決の取消しを求めて出訴した。控訴審が、本件は旧法附則2項の「相当と認めるとき」に該当しないとして請求を認容したため、Yは、上告審において、旧法附則2項が昭和22年12月26日法律241号（改正法）により削除され、遡及買収は同法6条の2ないし5に規定されたこと、旧法附則2項に基づく遡及買収は改正法の規定に従ってなされたとみなされること（改正法附則2条）を指摘し、控訴審が旧法を適用したことは違法であると主張した。

判　旨　　上告棄却（請求認容）

　行政処分の取消または変更を求める訴えにおいて裁判所の判断すべきことは、係争の行政処分が違法に行われたかどうかの点である。行政処分の行われた後法律が改正されたからといって、行

192

政庁は改正法律によって行政処分をしたのではないから、裁判所が改正後の法律によって行政処分の当否を判断することはできない。

解　説

　行政処分がなされた後に、法改正が行われたり事実関係が変わったりする場合がある。こうした場合について、裁判所は処分の違法性を処分時を基準として判断すべきとする説（処分時説）と、判決時（事実審口頭弁論終結時）を基準として判断すべきであるとする説（判決時説）が対立している。本判決は処分時説に立つことを明らかにしたリーディングケースである。本判決はその理由として、取消訴訟において裁判所が判断すべきことは、係争処分が違法に行われたかどうかの点であると述べており、取消訴訟を行政庁の判断の事後審査にすぎないとみる考え方に立っているようである。これに対し、判決時説であれば、取消訴訟の機能を、処分によってもたらされた違法状態の排除とみることになる。

　なお、行訴法改正によって明文化された義務付け訴訟のうち、非申請型義務付け訴訟（行訴3条6項1号）については、判決時を基準とすることに学説上異論がない。他方、申請型義務付け訴訟（同項2号）については、取消訴訟等の併合提起が求められているため、併合された取消訴訟等については、やはり、処分時説と判決時説が学説上は対立している。

　また、適用法令や処分要件認定の基準の問題と、裁判所が判断材料として用いることができる法的・事実的事情の範囲の問題の違いにも注意が必要だろう。

■ 評　釈　横田明美・百選Ⅱ399頁

［久末弥生］

Ⅵ　行政争訟

	原処分主義
88	——米子鉄道郵便局事件

最判昭和62年4月21日民集41巻3号309頁

関連条文 ▶ 国家公務員法82条・92条・92条の2、行訴法10条・11条

争　点

　国家公務員に対する懲戒処分について人事院が修正裁決をした場合、被処分者は処分と裁決のいずれの取消訴訟を提起すべきか。

事　実

　米子鉄道郵便局に勤務する国家公務員Xは、Y（中国郵政局長）から停職6ヶ月の懲戒処分（本件懲戒処分）を受けた。これに不服のXが審査請求をしたところ、人事院は、6ヶ月間俸給月額10分の1の減給とする処分に修正する旨の裁決（本件修正裁決）を下した。Xが、処分事由自体が存在しないと考え、本件懲戒処分（減給処分に修正後のもの）の取消しを求めて出訴したところ、第1審は、本件懲戒処分は本件修正裁決によって消滅したから、訴えの利益を欠くとして、訴えを却下し、控訴審も控訴を棄却した。

判　旨　　破棄差戻し

　修正裁決は、原処分を行った懲戒権者の懲戒権の発動に関する意思決定を承認し、これに基づく原処分の存在を前提としたうえで、原処分の法律効果の内容を一定の限度のものに変更する効果を生ぜしめるにすぎないものであり、これにより、原処分は、当初から修正裁決による修正どおりの法律効果を伴う懲戒処分として存在していたものとみなされることになるものと解すべきであるから、Xは本件懲戒処分の取消しを求める訴えの利益を失わない。

解 説

行政事件訴訟法10条2項は、「処分の取消しの訴えとその処分についての審査請求を棄却した裁決の取消しの訴えとを提起することができる場合には、裁決の取消しの訴えにおいては、処分の違法を理由として取消しを求めることができない。」と規定する。原処分と裁決の取消しを求める場合、原処分の取消訴訟では原処分の違法を、裁決の取消訴訟では裁決のみに存在する違法（裁決固有の瑕疵）しか主張できないという趣旨である（原処分主義）。

本件で争われたのは、公務員に対する不利益処分（原処分）について修正裁決がされた場合に、原処分主義によって原処分を争うべきか、原処分が修正裁決によって消滅し、したがって、原処分の取消訴訟はその対象を失って訴えの利益を欠くものと解して、修正裁決を争うべきか、という問題である。学説は分かれており、下級審裁判例は、裁決取消訴訟を提起すべきとして原処分主義の適用を否定するものが多かった。

本判決は、判旨の通り述べて、原処分主義の適用を肯定した。国家公務員法上、懲戒処分を行うかどうかと、いかなる処分を選択するかが区別されているところ、修正裁決は、前者に関する原処分の意思決定を承認し、後者の点を変更するにすぎないから、原処分は修正された形で存続している、という理由による。

■ **評 釈**　人見剛・百選Ⅱ288頁

[久末弥生]

Ⅵ　行政争訟

	取消判決の第三者効
89	——健康保険医療費値上げ事件

東京地決昭和40年4月22日行例集16巻4号708頁

関連条文 ▶ 行訴法32条、旧健康保険法43条の9・43条の14

争点

医療費の職権告示の取消判決は第三者にも効力を及ぼすか。

事実

厚生大臣（当時）が、健康保険法に定められた中央社会保険医療協議会からの答申を得ることなく、医療費の算定基準を引き上げる告示（本件告示）を職権で行ったので、健康保険組合等が本件告示の取消しを求めて出訴するとともに、執行停止を申し立てた。

判旨　　申立て一部認容

立法行為の性質を有する行政庁の行為が取消訴訟の対象となるとしても、その行為が個人の具体的な権利義務ないし法律上の利益に直接法律的変動を与える場合に、その限りにおいて取消訴訟の対象となるにすぎないから、取消訴訟において取り消されるのは、その立法行為たる性質を有する行政庁の行為のうち、当該行為の取消しを求めている原告に対する関係における部分のみであって、行為一般が取り消されるのではない。

解説

民事訴訟においては、判決の既判力は訴訟当事者にしか及ばないのが原則である。そうすると、たとえば、建築主が建築確認を得たのに対し、隣人がその取消訴訟を提起した場合、建築主は当該訴訟の当事者ではないので、建築確認の取消判決の効力は建築主に及ばないから、建築を阻止することができないことになる。そこで、行訴法は、取消判決が第三者に対しても効力を及ぼすと

規定し（32条1項）、上記のような問題に対処している。

　このように、取消判決がそれによって不利益を受ける第三者に対しても効力を及ぼすことは争いがない。これに対し、本件告示のような一般的な性質をもった行為が取り消された場合に、取消判決によって利益を受ける第三者（本件における原告以外の健康保険組合等）に対しても効力が及ぶかについては、及ばないとする相対的効力説と、及ぶとする絶対的効力説が対立している。

　本決定は、本件告示について、それにより保険者が将来支払うことの確実な療養の給付に関する費用が増額され、直接保険者に法律上の不利益を与えるとして、処分性を認めた上で、執行停止のその他の要件も満たしていると判断し、執行停止を命じた。処分性を認めるに際し、取消訴訟が個人の権利利益の保護のために設けられた制度であることを理由として、判旨の通り相対的効力説に立つことを明らかにした。本件の抗告審（東京高決昭和40年5月31日行例集16巻6号1099頁）は、緊急性の要件（行訴25条2項）を欠くとして本決定を取り消したが、判決の効力については本決定と同様に判断している。

　これに対し、近鉄特急料金変更認可事件（判例72）の第1審判決（大阪地判昭和57年2月19日行例集33巻1=2号118頁）は、料金変更認可処分が取り消されることにより、利用者が多数に上る鉄道の運行に多大の混乱を生じるとして事情判決（行訴31条、判例91参照）を行っており、絶対的効力説に立つとも解される。浜松市土地区画整理事業計画事件（判例70）に付された近藤崇晴裁判官の補足意見は、絶対的効力説が「至当である」と述べている。横浜市保育所廃止条例事件（判例72）も、取消判決に第三者効が認められることを理由として条例の制定行為に処分性を肯定しており、取消判決に絶対的効力を認めたものと解する余地がある。

■ **評　釈**　　成田頼明・医事判例百選174頁

［村上裕章］

Ⅵ　行政争訟

90 判決の拘束力
——東京12チャンネル事件

最判昭和43年12月24日民集22巻13号3254頁

関連条文 ▶ 行訴法9条、電波法94条・99条

争点

　免許の申請者が競願関係にある場合、免許拒否処分を受けた者は同処分の取消訴訟を提起できるか。

事実

　Xと訴外Aを含む5者が、Y（郵政大臣・当時）に対し、テレビジョン放送局開局のための免許を申請した。同免許は1者に対してしか付与されないところ（競願関係）、Yは、Aに対し予備免許（後に本免許）を付与し、Xらの免許申請を拒否する処分を下した。これに不服のXが、自己に対する免許拒否処分の取消しを求める異議申立てをしたところ、Yがこれを棄却する決定を下したため、Xが棄却決定の取消しを求めて出訴した（電波法では裁決主義がとられている）。

判旨　　上告棄却（請求認容）

　Xと訴外Aとは、係争の同一周波をめぐって競願関係にあり、Xに対する拒否処分とAに対する免許付与とは、表裏の関係にある。免許処分の取消しを訴求する場合はもとより、拒否処分のみの取消しを訴求する場合にも、Yによる再審査の結果によっては、Aに対する免許を取り消し、Xに対し免許を付与するということもありうる。

　Aに付与された予備免許は2回にわたり更新されているが、いずれも再免許であって、形式上単なる期間の更新にすぎないものとは異なるが、「再免許」と称するものも、本件の予備免許および本免許を前提とするものであって、従前とはまったく別個無関

係に、新たな免許が発効し、まったく新たな免許期間が開始するものと解するのは相当でない。期間満了後ただちに再免許が与えられ、継続して事業が維持されている場合に、これを免許失効の場合と同視して、訴えの利益を否定することは相当でない。

解　説

　競願関係にあるXとAのうちAに免許が付与された一方で、免許を拒否されたXとしては、3種の取消訴訟を提起することが考えられる。①X自身に対する免許拒否処分の取消訴訟、②Aに対する免許処分の取消訴訟、③両方を併合した訴訟、である。

　Xが①を選択した本件において、Yは、Xに対する拒否処分が取り消されたとしても、Aに対する免許が当然失効するわけではないから、拒否処分の取消しを求める訴えの利益は認められないと主張していた。

　これに対し、本判決は、Aに対する免許処分とXに対する拒否処分が「表裏の関係」にあることから、拒否処分を取り消す判決が下されると、Yは、同判決によって、XとAのいずれの申請についても再度審査するよう拘束され、その結果、Xに免許を付与する可能性もあるから、訴えの利益が認められると判断した。

　Yは、Aに対する免許期間が経過し、再免許がなされていることから、訴えの利益は消滅したとも主張していた。本判決は、再免許は免許の更新とその実質において異なるところはないとして、期間満了後直ちに再免許がなされた場合には、訴えの利益は消滅しないと判断した。

■ **評　釈**　　安達和志・百選Ⅱ358頁

[久末弥生]

Ⅵ　行政争訟

91

事情判決
——八鹿町土地改良事業施行認可事件

最判平成4年1月24日民集46巻1号54頁

関連条文 ▶ 行訴法9条・31条、土地改良法96条の2

争点

　土地改良事業の工事及び換地処分が完了した場合、当該事業の施行認可の取消しを求める訴えの利益はあるか。

事実

　Y（兵庫県知事）が、訴外A町に対し、土地改良法に基づく町営土地改良事業施行認可処分（本件認可処分）をしたところ、当該事業地内に土地を所有するXが、本件認可処分の取消しを求めて出訴した。第1審および控訴審は本件認可処分の処分性を否定したが、上告審（最判昭和61年2月13日民集40巻1号1頁）は処分性を肯定し、第1審に差し戻した。この間に、A町は土地改良工事を開始・完了させ、Yから換地計画認可を得た上で換地処分を実施し、登記も完了していた。そこで差戻後第1審は、改良工事が完了している以上、原状回復は社会通念上不可能であり、訴えの利益が消滅しているとして、訴えを却下し、差戻後控訴審もこれを支持した。

判旨　　破棄差戻し

　本件認可処分は、本件事業の施工者であるA町に対し、土地改良事業施行権を付与するものであり、本件認可処分後に行われる換地処分等の一連の手続及び処分は、本件認可処分が有効に存在することを前提とするものであるから、本件認可処分が取り消されるとすれば、これにより右換地処分等の法的効力が影響を受けることは明らかである。そして、本件認可処分が取り消された場合に、本件事業施行地域を本件事業施行以前の原状に回復するこ

200

とが、本件訴訟係属中に本件事業計画に係る工事及び換地処分がすべて完了したため、社会的、経済的損失の観点からみて、社会通念上、不可能であるとしても、右のような事情は行訴法31条の適用に関して考慮されるべき事柄であって、本件認可処分の取消しを求めるXの法律上の利益を消滅させるものではない。

解　説

　処分の取消訴訟が提起され、当該処分が違法であると判断された場合、裁判所は当該処分を取り消すのが原則である。しかし、収用裁決に基づいてダムが建設された後に、当該収用裁決が違法と判明した場合のように、処分を取り消すことが公益を著しく害する場合もありうる。そこで行訴法は、処分が違法であっても、これを取り消すことにより公の利益に著しい障害を生ずる場合は、原告の受ける損害の程度等、一切の事情を考慮した上、請求を棄却することができると定める（31条）。これが「事情判決」の制度である。

　本件において、控訴審は、土地改良事業認可処分の取消訴訟について、本件事業の工事及び換地処分が完了した以上、原状回復が社会通念上不可能であるとして、訴えの利益を否定していた。もはや同認可処分を取り消してもそのことに意味はないという判断である。

　これに対し、本判決は、①土地改良事業の施行認可処分は施行者に事業施行権を付与するものであり、これが取り消されると換地処分等の法的効力が失われること、②原状回復が社会通念上不可能であるとしても、それは事情判決の適用において考慮されるべきであることを指摘して、工事等の完了後であっても訴えの利益が失われるわけではないと判断した。

■ **評　釈**　　黒坂則子・百選Ⅱ368頁

[久末弥生]

Ⅵ　行政争訟

92	**無効確認訴訟の補充性** ——もんじゅ事件（補充性）

最判平成4年9月22日民集46巻6号1090頁

関連条文▶ 行訴法36条、旧核原料物質、核燃料物質及び原子炉の規制に関する法律23条・24条

争　点

原子炉設置許可の無効確認訴訟は補充性の要件を満たすか。

事　実

Y（内閣総理大臣）が、動力炉・核燃料開発事業団（現在の独立行政法人日本原子力研究開発機構）に対し、高速増殖炉「もんじゅ」にかかる設置許可処分（本件処分）を行ったので、周辺住民Xらが本件処分の無効確認訴訟（本件無効確認訴訟）を提起した。

判　旨　　上告棄却（差戻し）

無効確認訴訟の要件である、当該処分の無効を前提とする現在の法律関係に関する訴えによって目的を達することができない場合とは、当該処分に起因する紛争解決のための争訟形態として、当該処分の無効を前提とする当事者訴訟または民事訴訟と比較し、当該処分の無効確認訴訟の方がより直截的で適切な争訟形態である場合を意味する。人格権等に基づく原子炉建設等の差止訴訟は、当該処分の無効を前提とする現在の法律関係に関する訴えに該当せず、本件無効確認訴訟と比較して紛争解決のための争訟形態としてより直截的で適切ともいえないから、本件無効確認訴訟は補充性の要件を欠くものではない。

解　説

本件では控訴審がXらの一部に原告適格を認め、両当事者が上告したが、Xら上告分が判例77、Y上告分が本判決である。Xらは人格権等に基づく原子炉建設等の民事差止訴訟（本件民事差止

訴訟）も提起しており、第1審は、本件民事差止訴訟の方が有効かつ適切な解決手段であるから、本件無効確認訴訟については、「当該処分……の効力の有無を前提とする現在の法律関係に関する訴えによつて目的を達することができない」（行訴36条）場合にあたらないとして、訴えを却下していた。

上記の「目的を達することができない」という要件については、現在の法律関係に関する訴えとして構成できない場合を指すとする還元不能説、現在の法律関係に関する訴えによっては目的を達成できない場合を指すとする目的達成不能説などが主張されていた。本判決は、土地改良事業の換地処分に係る先例（最判昭和62年4月17日民集41巻3号286頁）等を引用し、上記要件は、処分の無効を前提とする当事者訴訟または民事訴訟と比較して、無効確認訴訟の方がより直截的で適切な争訟形態であることを意味すると解し、紛争の実態に即して柔軟な運用を図る立場をとった。

本判決は、本件無効確認訴訟について、2つの理由を挙げて補充性要件を満たすとし、その適法性を認めて、本件を第1審に差し戻した。第1に、本件民事差止訴訟は、本件処分の無効を前提とする現在の法律関係に関する訴えにあたらないとする。本件民事差止訴訟は人格権等の侵害を根拠に差止めを求めるもので、本件処分の無効を前提とするわけではないから、当然の判断である。第2に、本件民事差止訴訟は、本件無効確認訴訟と比較して、より直截的で適切とはいえないとする。本件無効確認訴訟は本件処分に無効の瑕疵があるとしてその確認を求めるのに対し、本件民事差止訴訟は、原子炉の設置・運転により人格権等が侵害されるとしてその差止めを求めるものである。両者はもともと目的を異にした別個の訴訟であり、どちらかがより直截的で適切とは一概にはいえないから、この点も適切な判断である。

■ **評　釈**　　清水昌紀・百選 II 374頁

[村上裕章]

Ⅵ　行政争訟

93 非申請型義務付け訴訟
——産廃処分場措置命令事件

福岡高判平成23年2月7日判時2122号45頁

関連条文 ▶ 行訴法3条・37条の2、廃棄物の処理及び清掃に関する法律（廃掃法）19条の5

争 点

産廃処分場に対する措置命令の義務付けは認められるか。

事 実

A社の産廃処分場（本件処分場）における違法な産廃処理により生活環境の保全上支障が生じているとして、周辺住民Xらが、当該支障の除去等の措置を講ずる命令（本件措置命令）をA社に下すよう福岡県知事に義務付けること等を求めて出訴した。

判 旨　　原判決取消し、請求一部認容

本件処分場の地下には浸透水基準を大幅に超過した鉛を含有する水が浸透していることに加え、Xらが井戸水を飲料水および生活水として利用していることからすれば、本件処分場において産業廃棄物の違法な処分が行われたことにより、鉛で汚染された地下水が周辺住民の生命、健康に損害を生ずるおそれがあると認められ、生命・健康に生じる損害は、その性質上回復が著しく困難であるから、本件措置命令がされないことにより重大な損害を生ずるおそれがあるというべきである。

解 説

義務付け訴訟には、法令に基づく申請を前提とする申請型（行訴3条6項2号）と、それ以外の非申請型（同項1号）がある。本判決は後者にかかる請求を認容した初めての高裁判例である。最高裁は福岡県の上告等を受理しなかったので、本判決は確定した（最決平成24年7月3日判例集未登載）。

204

Xらの請求（予備的請求）は、福岡県知事は、Aに対し、本件処分場について、廃掃法19条の5第1項に基づき、「生活環境の保全上の支障の除去等の措置を講ずべきことを命ぜよ」という内容であった。第1審は、根拠法令、処分対象者および処分場が特定されており、訴えの要件について裁判所の判断が可能であるから、本件措置命令の具体的内容が特定されていないとしても、「一定の処分」（行訴3条6項2号）の要件を満たすとした。また、本件処分場における廃棄物の処分により健康または生活環境にかかる著しい被害を直接的に受けるおそれのある者に原告適格（同37条の2第3項・4項）が認められるとして、Xらの一部についてこれを肯定した。しかし、詳細な事実認定を行ったうえで、本件処分場で違法な処分がなされ、生活環境の保全上支障が生じているものの、重大な損害を生ずるおそれ（重損要件。同条1項・2項）までは認められないとして、訴えを却下した。

本判決は、控訴審での検証により本件処分場の地下に浸透水基準を大幅に超過した鉛の存在が認定されたことから、重損要件が満たされているとした（判旨）。また、XらがA社を被告として民事訴訟を提起できるとしても、補充性（同条1項）を否定する理由にはならないとして、本件訴えは適法であるとした。その上で、鉛で汚染された地下水が本件処分場の周辺住民の生命、健康に損害を及ぼすおそれがあること等から、本件措置命令をしないことは著しく合理性を欠き、裁量権の逸脱濫用にあたる（同条5項）として、請求を認容した。

本判決および第1審判決は、重損要件を判断するために詳細な事実認定を行っており、本案判断を先取りしているようにもみえる。他方、この要件について、原告の主張を前提として抽象的に判断する裁判例もあり、今後の動向が注目される。

■ **評　釈**　飯島淳子・平成23年度重判解48頁

［村上裕章］

Ⅵ　行政争訟

	公法上の確認訴訟
94	——在外国民選挙権事件

最大判平成17年9月14日民集59巻7号2087頁

関連条文 ▶ 行訴法4条、国賠法1条1項、旧公職選挙法附則8項

争　点

選挙権を行使する権利の確認訴訟を適法に提起できるか。

事　実

国外に居住し国内に住所のない日本国民（在外国民）に選挙権行使を認めないのは憲法等に反すると主張し、国を被告として、(a)現に在外国民であるX₁らが衆議院小選挙区選挙等で選挙権を行使する権利を有することの確認等を、(b)X₁らおよび既に帰国していたX₂らが損害賠償を求めて出訴した。

判　旨　　破棄自判（確認請求認容、損害賠償請求一部認容）

(a)選挙権はこれを行使することができなければ意味がなく、侵害を受けた後に争うことによっては権利行使の実質を回復することができない性質のものであるから、その権利の重要性にかんがみると、具体的な選挙につき選挙権を行使する権利の有無につき争いがある場合、これを有することの確認を求める訴えは、それが有効適切な手段と認められる限り、確認の利益を肯定すべきである。

(b)立法の内容または立法不作為が国民に憲法上保障されている権利を違法に侵害することが明白な場合や、国民に憲法上保障されている権利行使の機会を確保するために立法措置が必要不可欠で、それが明白であるにもかかわらず、国会が正当な理由なく長期にわたってこれを怠る場合などには、国会議員の立法行為または立法不作為は、国家賠償法1条1項の規定の適用上、違法の評価を受ける。

94　公法上の確認訴訟

解　説

　平成16年の行訴法改正により、公法上の当事者訴訟としての確認訴訟が明示され（4条）、その活用が求められた。本判決は、その直後に、この種の訴訟の適法性を肯定した大法廷判決である（国家賠償請求にかかる判旨(b)については判例108参照）。

　本判決は、在外国民に選挙権の行使を認めないことは憲法15条等に反すると判示した上で、判旨(a)の通り述べ、本件確認の訴えは、次回の衆議院小選挙区選挙等において、在外選挙人名簿に登録されていることに基づいて投票することができる地位の確認訴訟（公法上の当事者訴訟）として適法であるとした。そして、上記憲法判断に基づき、当該確認請求を認容した。

　平成16年の行訴法改正以前に、教職員が勤務評定における自己観察表示義務の不存在確認を求めた事件があった。最高裁は、この訴えを、懲戒処分等の不利益処分を防止するための訴訟ととらえた上で、不利益処分を受けてからこれに対する訴訟で義務の存否を争ったのでは回復しがたい重大な損害を被るおそれがあるなど、「事前の救済を認めないことを著しく不相当とする特段の事情」がある場合に限り許されると判示して、訴えを却下していた（最判昭和47年11月30日民集26巻9号1746頁、長野勤評事件）。

　この判決は訴訟形式を明示しておらず（無名抗告訴訟にかかる判例とみる余地もある）、また、不利益処分の防止が問題となっていた点で、そうではない本件とは事案を異にするともいえる。他方で、本判決は「有効適切な手段」であれば確認の利益が肯定されるとしており、確認の利益について長野勤評事件より緩やかな立場をとったとも解しうる。もっとも、本判決は選挙権の重要性や、事後的に権利行使の実質を回復できない性質を指摘しており、長野勤評事件にいう「特段の事情」があるとみる余地もあろう。

■ 評　釈　　越智敏裕・百選Ⅱ 428頁

[村上裕章]

Ⅵ　行政争訟

	差止訴訟と公法上の確認訴訟の関係
95	**――東京都教職員国旗国歌事件**

最判平成24年2月9日民集66巻2号183頁

関連条文 ▶ 行訴法3条・4条・37条の4、地方公務員法29条

争　点

懲戒処分の差止めおよび職務命令に従う義務の不存在確認を求める訴えを適法に提起できるか。

事　実

東京都教育長が、都立学校長に対し、卒業式等の式典で国旗に向かって起立して国歌を斉唱すること等（起立斉唱行為）を教職員に命ずるよう求める通達（本件通達）を発し、これに基づいて都立学校長が教職員に起立斉唱行為を命じる職務命令（本件職務命令）を行い、本件職務命令に従わなかった多数の教職員を東京都教育委員会が懲戒処分に付した。そこで、都立学校の教職員であるＸらが、本件通達および本件職務命令が違憲または違法であると主張して、本件職務命令に従わなかったことを理由とする懲戒処分の差止め（本件差止訴訟）と、本件職務命令に従う義務の不存在確認等（本件確認訴訟）を求めて出訴した。

判　旨　　上告棄却（一部訴え却下、一部請求棄却）

(a)差止訴訟の要件である「重大な損害を生ずるおそれ」が認められるには、処分によって生ずるおそれのある損害が、処分がされた後に取消訴訟等を提起して執行停止の決定を受けること等により容易に救済を受けることができるものではなく、処分がされる前に差止めを命ずる方法によるのでなければ救済を受けることが困難なものであることを要する。毎年度2回以上の式典を契機として懲戒処分が反復継続的かつ累積加重的にされていくと事後的な損害の回復が著しく困難になることを考慮すると、本件職務

命令の違反を理由として一連の累次の懲戒処分がされることによる損害は、処分後に取消訴訟等を提起して執行停止の決定を受けること等により容易に救済できるものとはいえず、処分がされる前に差止めを命ずる方法によるのでなければ救済を受けることが困難なものであるということができ、その回復の困難の程度等にかんがみ、本件差止訴訟については重大な損害を生ずるおそれがあると認められる。

(b)将来の不利益処分たる懲戒処分の予防を目的とする本件確認訴訟は、無名抗告訴訟として位置付けられるところ、差止訴訟と同様に補充性の要件を満たすことが必要である。本件においては、懲戒処分の差止訴訟を適法に提起することができ、その本案で本件職務命令に基づく公的義務の存否が判断される以上、上記の本件確認訴訟は補充性の要件を欠き、不適法である。

(c)行政処分以外の処遇上の不利益の予防を目的とする本件確認訴訟は、公法上の当事者訴訟として位置付けられる。毎年度2回以上の式典を契機として処遇上の不利益が反復継続的かつ累積加重的に発生し拡大していくと事後的な損害の回復が著しく困難になることを考慮すると、上記の本件確認訴訟はその目的に即した有効適切な争訟方法であって、確認の利益を肯定できる。

解　説

平成16年の行訴法改正によって法定抗告訴訟とされた差止訴訟と、同改正によって明示された確認訴訟に関し、それらの訴訟要件や相互関係について判示した重要判例である。

(a)　懲戒処分差止訴訟

本件では、教職員が本件職務命令に違反した場合、おおむね、1回目は戒告、2回目および3回目は減給、4回目以降は停職とし、免職はしない運用（本件運用）がされていることから、本判決は、まず、免職以外の懲戒処分について、一定の処分がされる蓋然性（行訴3条7項）を肯定した。

Ⅵ　行政争訟

　次に、重大な損害が生じるおそれ（同37条の4第1項・2項）について、処分によって生ずるおそれのある損害が、処分後に取消訴訟等を提起して執行停止の決定（同25条2項）を受けること等により容易に救済できるものではなく、処分前に差し止めるのでなければ救済が困難であることを要するとの解釈を示す（判旨(a)）。そして、本件運用により懲戒処分が反復継続的かつ累積加重的にされていくと事後的な回復が著しく困難になるとして、重大な損害を生ずるおそれが認められるとした。上記の解釈は行訴法改正の立案関係者の見解を踏襲したものであるが、本件では懲戒処分の取消訴訟および執行停止申立てによる救済も一応可能であるから、この要件の適用につきやや柔軟な立場をとったものとみることもできる。

　さらに、本件通達や本件職務命令には処分性がないこと等から補充性の要件（同項ただし書）を欠くとはいえないとし、Xらは在職中の教職員であるから原告適格（同条3項）も認められるとして、本件差止訴訟を適法とした。

　本案（同37条の4第5項）については、先例（最判平成23年5月30日民集65巻4号1740頁等）に従い、本件職務命令は違憲とはいえないとし、また、本件職務命令違反を理由とする懲戒処分が裁量権の逸脱濫用にあたるかは現時点で判断できないとして、請求に理由がないとした（原判決が訴えを却下していたので、不利益変更禁止原則により上告棄却にとどめた）。

(b)　無名抗告訴訟としての義務不存在確認訴訟

　本件確認訴訟について、本判決は、不利益処分（懲戒処分）の予防を目的とするものと、行政処分以外の処遇上の不利益（昇給等にかかる不利益）の予防を目的とするものに分け、前者を無名抗告訴訟（行訴法3条に明示されていない抗告訴訟）と位置付ける。そして、行政法が法定抗告訴訟の諸類型を定め、差止訴訟に補充性の要件を設けていること等にかんがみると、無名抗告訴訟とし

ての確認訴訟も補充性の要件を満たす必要があるとする。本件では懲戒処分の差止訴訟を適法に提起することができ、その本案で本件職務命令に基づく公的義務の存否が判断されるから、補充性の要件を欠き、不適法であると結論した（判旨(b)）。

(c) 公法上の当事者訴訟としての義務不存在確認訴訟

本判決は、本件確認訴訟のうち、行政処分以外の処遇上の不利益（昇給等にかかる不利益）の予防を目的とするものを、公法上の当事者訴訟としての確認訴訟（同4条）と位置付ける。そして、本件運用により処遇上の不利益が反復継続的かつ累積加重的に発生し拡大していくと事後的な回復が著しく困難になることを考慮すると、上記確認訴訟はその目的に適した有効適切な争訟方法であるとして、確認の利益を肯定した（判旨(c)）。これは事例判断にとどまるが、「有効適切」という表現は判例92と共通する。もっとも、権利の重要性や回復不可能性への言及はないことから、ハードルがやや下がったとみる余地もあろう。

本案については、先例（(a)参照）により、本件職務命令が違憲無効でこれに基づく公的義務が不存在とはいえないとして、請求に理由なしとした（(a)と同様、上告棄却にとどめた）。

上記の通り、本判決は、本件職務命令を争う訴訟形式について、行政処分の予防を目的とする場合は法定抗告訴訟としての差止訴訟によるべきであり、行政処分以外の不利益の予防を目的とする場合は公法上の当事者訴訟としての確認訴訟によるべきであるとした。公権力の行使に関する不服の訴訟を抗告訴訟と定義する行訴法（3条1項）に忠実な解釈ではあるが、紛争を不自然に分断する結果になるとの指摘もある。

■ **評　釈**　　石崎誠也・百選Ⅱ426頁

[村上裕章]

Ⅵ　行政争訟

	執行停止
96	——弁護士懲戒処分執行停止事件

最決平成19年12月18日判時1994号21頁

関連条文 ▶ 行訴法25条、弁護士法56条

争　点

弁護士に対する懲戒処分の執行停止は認められるか。

事　実

弁護士Ⅹは、所属弁護士会から業務停止3月の懲戒処分（本件処分）を受け（弁護士56条）、日本弁護士連合会に審査請求をしたが（同59条）、棄却裁決を受けた。そこでⅩは、東京高裁に当該裁決の取消しを求めて出訴するとともに（同61条）、本件処分の執行（効力）停止を申し立てた（行訴25条・29条）。

判　旨　　　抗告棄却（申立て認容）

Ⅹは所属弁護士会から業務停止3月の懲戒処分を受けたが、当該業務停止期間中に期日が指定されているものだけで31件の訴訟案件を受任していたなど本件事実関係の下においては、行訴法25条3項所定の事由を考慮し勘案すると、上記懲戒処分によってⅩに生ずる社会的信用の低下、業務上の信頼関係の毀損等の損害は、同条2項に規定する「重大な損害」にあたる。

解　説

平成16年の行訴法改正により執行停止の要件が緩和されたが、本決定は、これを受けて執行停止を認めた最高裁決定である。

処分の取消訴訟を提起しても、原則として当該処分の執行は停止されない（執行不停止原則、行訴25条1項）。原告の申立てにより、裁判所は執行停止を命じうるが、そのためには、①取消訴訟が適法に提起され、②重大な損害を避けるため緊急の必要がなければならない（積極要件、同条2項・3項）。ただし、③公共の福祉

212

96　執行停止

に重大な影響を及ぼすおそれがあるとき、④本案について理由がないとみえるときは、執行停止をすることができない（消極要件、同条4項）。

　改正前の行訴法は、②の要件として、「回復の困難な損害を避けるため緊急の必要があるとき」と定めていた（同条2項）。これに対しては、要件が厳格すぎるとの批判があり、執行停止が認められた例も必ずしも多くなかった。

　そこで、執行停止の要件を緩和する目的で、「回復困難な損害」が「重大な損害」に改められ、さらに、「裁判所は、前項に規定する重大な損害を生ずるか否かを判断するに当たっては、損害の回復の程度を考慮するものとし、損害の性質及び程度並びに処分の内容及び性質をも勘案するものとする」という解釈規定もおかれた（同条3項）。たとえば、処分の執行によって財産的損害を受ける場合、旧法下では、「回復の困難な損害」とはいえないとして、執行停止が認められにくかったのに対し、改正法下では、場合によっては「重大な損害」にあたるとして、執行停止が認められることになった。

　本決定は、この改正をふまえ、本件事実関係の下において、懲戒処分によって弁護士が受ける社会的信用の低下、業務上の信頼関係の毀損等の損害が重大な損害にあたると判断し、執行停止の申立てを認容した。原決定は、日本弁護士連合会の「被懲戒弁護士の業務停止期間中における業務規制等について弁護士会及び日本弁護士連合会のとるべき措置に関する基準」において、懲戒処分を受けた弁護士は、原則として、委任契約や顧問契約を解除しなければならないと定められていることを指摘しており、本決定もこの点を考慮したものと考えられる。

■ 評　釈　　長谷川佳彦・百選Ⅱ410頁

［村上裕章］

Ⅶ　国家補償

97 職務関連性
——川崎駅警察官強盗殺人事件

最判昭和31年11月30日民集10巻11号1502頁

関連条文 ▶ 国賠法1条

争点

　制服制帽着用の巡査が、非番の日に、強盗をはたらいて被害者を射殺した行為は、国賠法1条の「職務を行うについて」の要件を満たすか。

事実

　生活費に窮した東京都警視庁巡査Aは、非番の時間帯に、制服制帽を着用し、実包を装填した拳銃を携帯して、神奈川県川崎駅に行った。同駅事務所でBの所持品検査をした上で、Bにスリの容疑をかけ、その所持する現金を預かると称し、すきをみて持ち逃げしようとしたところ、Bが「どろぼう」と叫んだため、所持していた拳銃でBを射撃した。Bが死亡したため、その遺族であるXらが、国賠法1条に基づき、Y（東京都）に損害賠償を求める訴えを提起した。控訴審は、Aの行為が「職務を行うについて」（国賠1条）の要件を満たすとした上で、Xらの請求を認容した。

判旨　　上告棄却（請求認容）

　国賠法1条は、公務員が主観的に権限行使の意思をもってする場合に限らず、自己の利をはかる意図をもってする場合でも、客観的に職務執行の外形をそなえる行為をして、これによって、他人に損害を加えた場合には、国または公共団体に損害賠償の責を負わしめて、ひろく国民の権益を擁護することをもって、その立法の趣旨とするものと解すべきである。

解説

　憲法17条は、「何人も、公務員の不法行為により、損害を受け

たときは、法律の定めるところにより、国又は公共団体に、その賠償を求めることができる。」と定める。これを受けて国家賠償法が制定されている。同法1条1項は、公権力の行使に基づく賠償責任について定め、同法2条1項は、営造物の設置管理の瑕疵に基づく賠償責任について定める。

本件は、同法1条1項の事案である。同項によって「国又は公共団体」が賠償責任を負うのは、「公権力の行使に当る公務員が、その職務を行うについて」加害行為をなした場合である。この「職務を行うについて」という要件は、使用者責任に関する民法715条1項の「事業の執行について」と同義と解されており、最高裁は後者の要件を広く解してきた。すなわち、実際は職務として行われていなくても、職務の外形をそなえている場合に職務関連性を認めるのである（外形標準説）。

本判決も、加害者である警察官の主観的意図に関係なく、外形標準説の下、東京都が国家賠償責任を負う旨を明言した。

「職務を行うについて」に該当しない場合は、当該加害公務員個人に対し、民法709条に基づいて損害賠償請求をすることができるにすぎないことを踏まえると、国賠法1条1項に基づく損害賠償請求を可能にする外形標準説は、「ひろく国民の権益を擁護する」見解といえる。

■ **評　釈**　山田健吾・百選Ⅱ470頁

[久末弥生]

Ⅶ　国家補償

98 加害公務員特定の必要性
——岡山税務署健康診断事件

最判昭和57年4月1日民集36巻4号519頁

関連条文 ▶ 国賠法1条1項

争　点

加害公務員を特定できない場合に国家賠償責任は認められるか。

事　実

岡山県の税務署に勤務していたXは、国家公務員法に基づいて税務署長が実施した定期健康診断を指定保健所で受けた。Xの胸部レントゲン間接撮影フィルムには、結核の初期症状を示す陰影が写っていた。しかし、Xはその結果について税務署長から格別の指示も通知も受けなかった。翌年の定期健康診断で結核り患の事実が判明した時には病状が悪化しており、長期療養を余儀なくされた。そこでXは、医師（特定できないが、国税庁の診療所の医師または税務署長から委嘱された岡山県の保健所の医師）がフィルム読影を誤り、もしくは読影の結果報告を怠ったか、医師の報告を税務署長に伝達する過程で過誤があったか、報告を受けた税務署長がこれに基づく措置を怠ったか、以上のいずれかにより長期療養を要する結果になったとして、Y（国）に対して損害賠償を求めて出訴した。控訴審は、本件健康診断および事後措置を「公権力の行使」にあたるとし、Xの請求を一部認容した。

判　旨　破棄差戻し

国または公共団体の公務員による一連の職務上の行為の過程において他人に被害を生ぜしめた場合、それが具体的にどの公務員のどのような違法行為によるものであるかを特定することができなくても、右の一連の行為のうちのいずれかに行為者の故意または過失による違法行為がなければ右の被害が生じなかったであろ

216

うと認められ、かつ、それがどの行為であるにせよ、これによる被害につき行為者の属する国または公共団体が法律上賠償責任を負うべき関係が存在するときは、加害行為不特定を理由として国賠法または民法上の損害賠償責任を免れることができない。

解　説

国賠法1条1項は、国または公共団体の公務員が他人に損害を加えることを、国家賠償責任の成立要件とする。本件では、国家賠償責任が成立するためには、加害公務員を特定する必要があるかが問題となった。

この問題の背景には、国賠法1条に基づく賠償責任の性質をめぐる議論がある。本来公務員個人が負うべき責任を、国等が代わって負うと説明する代位責任説（通説）によれば、加害公務員の特定が不可欠となりうる。これに対し、国等が自ら生じさせた危険について自ら責任を負うと説明する自己責任説によれば、加害公務員の特定は不要となる。もっとも、代位責任説に立ちつつ、加害公務員の特定は必要ないとする見解もあり、国家賠償責任の性質論は必ずしも決め手にはならない。

本判決は、責任の性質論に言及することなく、加害公務員の特定は必要ないことを明示した。ただし、本判決は、一連の行為のすべてが同一行政主体の公務員によるものであることを前提とした上で、本件については、検診等を行った医師が国の公務員にあたるか十分に審理されていないとして、原審に差し戻した。

なお、本判決は、レントゲン写真による検診等につき、医師の一般的診断行為と異なるところはないから、特段の事由がない限り、公権力の行使に当たらないとする（最判昭和36年2月16日民集15巻2号244頁参照）。もっとも、本判決も述べるとおり、その場合でも民法715条に基づいて国が責任を負う可能性があるため、損害賠償責任の成否に影響はない。

■ **評　釈**　　高橋正人・百選Ⅱ472頁　　　　　　　〔朝田とも子〕

Ⅶ 国家補償

99	## 違法性(1) ——富山パトカー追跡事件

最判昭和61年2月27日民集40巻1号124頁

関連条文 ▶ 国賠法1条、警察法2条、65条、警察官職務執行法2条1項

争点

　パトカー追跡行為によって第三者に損害が生じた場合、当該追跡行為は当該第三者との関係で違法といえるか。

事実

　Y（富山県）の警察官であるAらは、午後10時50分頃、パトカーで機動警ら中、B運転の車両（本件加害車両）が速度違反車であることを現認し、追跡を開始した。本件加害車両が一旦停止したため、Aらは車両番号を確認した。しかし、本件加害車両が再度逃走を開始したため、Aらは追跡するとともに本件加害車両の車両番号等につき無線手配を行った。本件加害車両は赤信号を無視するなどの暴走を続け、同57分頃、青信号に従って進行してきたC運転の車両と衝突し（同乗者即死）、同車両がXらの乗車する対向車両に激突したため、Xらが重傷を負った。そこでXらは、国賠法1条1項に基づき、Yに対して損害賠償を求めて出訴した。

判旨　　破棄自判（請求棄却）

　警察官は、異常な挙動その他周囲の事情から合理的に判断して何らかの犯罪を犯したと疑うに足りる相当な理由のある者を停止させて質問し、現行犯人を現認した場合には速やかにその検挙または逮捕にあたる職責を負っており（警察法2条・65条、警察官職務執行法2条1項）、右職責を遂行する目的のために被疑者を追跡することはもとより可能である。警察官がかかる目的のために交通法規等に違反して車両で逃走する者をパトカーで追跡する職務

218

99 違法性(1)

の執行中に、逃走車両の走行により第三者が損害を負った場合において、右追跡行為が違法であるというためには、右追跡行為が当該職務目的を遂行する上で不必要であるか、または逃走車両の逃走の態様及び道路交通状況等から予測される被害発生の具体的危険性の有無および内容に照らし、追跡の開始・継続もしくは追跡の方法が不相当であることを要する。

本件パトカーの乗務員が、追跡による第三者への被害発生につき蓋然性のある具体的な危険性を予測しえたものということはできず、本件パトカーの追跡方法自体にも特に危険を伴うものはなかったため、右追跡行為を違法とすることはできない。

解説

本件においては、行政作用の相手方（本件ではB）との関係では適法である警察官の追跡行為によって、第三者（本件では、巻き添えとなったXら）が損害を受けた場合、行政主体であるYが国賠法による責任を負うかが問題となった。

類似の事案について、下級審裁判例には、①追跡行為は正当な職務行為であるから、追跡方法が妥当であれば、警察官に過失はないとするものと、②追跡行為は、他に手段がなく第三者の法益侵害が不可避であり、追跡によって達成しようとする社会的利益が第三者の法益に優越する場合にのみ、違法性が阻却されるとするものがあった。

本判決は、これを違法性の問題としてとらえた上で、追跡行為は、それが職務目的を遂行する上で不必要であるか、追跡の方法等が不相当である場合にのみ、違法となるとした。パトカーによる追跡の必要性に配慮しつつ、比例原則によって違法性を判断しようとする考え方といえよう。もっとも、本判決は、法律上許容される追跡行為が上記のような場合に違法となる根拠を明示していない。

■ **評 釈**　稲葉馨・百選Ⅱ444頁　　　　　　　　［朝田とも子］

Ⅶ 国家補償

100 違法性(2)
——奈良過大更正事件

最判平成5年3月11日民集47巻4号2863頁

関連条文 ▶ 国賠法1条

争　点

所得税更正処分はいかなる場合に国賠法上違法となるか。

事　実

Xが事業所得について確定申告を行ったところ、奈良税務署長は税務調査のため、Xに対し何度も帳簿書類の提示を求めた。しかし、Xがこれに応じなかったため、同税務署長はXの得意先や取引銀行の口座の反面調査によって収入金額を認定した上で、Xが提出した申告書に記載の必要経費を控除して所得金額を算定し、Xに対して更正処分（本件各更正処分）を行った。Xが本件各更正処分の取消訴訟を提起したところ、必要経費の認定が過小であるとして、一部取消しの判決が下され、確定した。そこでXは、本件各更正処分により損害を被ったとして、国賠法1条1項に基づき、Y（国）に対して損害賠償を求めて出訴した。

判　旨　　破棄自判（請求棄却）

税務署長のする所得税の更正は、所得金額を過大に認定していたとしても、そのことから直ちに国賠法1条1項にいう違法があったとの評価を受けるものではなく、税務署長が資料を収集し、これに基づき課税要件事実を認定、判断する上において、職務上通常尽くすべき注意義務を尽くすことなく漫然と更正をしたと認めうるような事情がある場合に限り、違法の評価を受ける。

本件各更正における所得金額の過大認定は、もっぱらXにおいて本件係争各年分の申告書に必要経費を過少に記載し、本件各更正に至るまでこれを訂正しようとしなかったことに起因するもの

ということができ、奈良税務署長がその職務上通常尽くすべき注意義務を尽くすことなく漫然と更正をした事情は認められないから、本件各更正処分に国賠法1条1項にいう違法があったということはできない。

解説

本件は、更正処分取消判決の確定後に国賠訴訟が提起された事案であり、取消訴訟における違法（取消違法）と国賠法上の違法（国賠違法）が同義であるかが問題となった。両者の関係については、同義であるとする違法性一元説（違法性同一説、公権力発動要件欠如説）と、両者は異なるとする違法性相対説（職務行為基準説）が対立している。

本判決は、国賠違法について、処分が法の定める要件に違反したこと（取消違法）を意味するのではなく、公務員が職務上通常尽くすべき注意義務を尽くすことなく漫然と行為を行ったことを意味するとし、違法性相対説をとることを明らかにした。

この点については、判例106や判例107が先例と説明されることがあるが、こうした見方は疑問であり（判例106の解説参照）、むしろ判例108が直接の先例であろう。同判例は立法行為に関するものであるが、本判決は、違法性相対説を一般の行政行為に適用したといえる。

本判決以降、判例の大勢は本判決の示した枠組みによっている。ただし、判例19や判例104のように、違法性一元説と思われる判例も散見され、必ずしも統一がとれていない。

違法性相対説による場合、国賠違法と故意過失が事実上一体的に判断されることになり、加害行為が法令の定める要件に違反するかが不明確なままとなってしまう。学説には、国賠訴訟の違法性統制機能を損なうことになるとの批判がある。

■ **評釈** 北村和生・百選Ⅱ450頁

［朝田とも子］

Ⅶ 国家補償

101
規制権限不行使の違法性(1)
——京都宅建業者事件

最判平成元年11月24日民集43巻10号1169頁

関連条文 ▶ 国賠法1条

争 点

宅建業法に基づく規制権限の不行使はいかなる場合に国賠法上違法となるか。

事 実

A社は、昭和47年10月、京都府知事より宅建業者の免許（本件免許）を付与され、昭和50年10月にその更新を受けた。しかし、A社の実質的経営者Bはかねてより宅建業法違反などにより刑事訴追中であり、本件免許の付与直後に有罪判決が宣告され、その執行猶予期間中に免許の更新が行われた。

昭和51年9月、XはA社から建売住宅を購入し手付金および中間金を支払った。しかし、同物件は他人所有のものであったところ、Bが右金員を他に流用したため、Xはその所有権を取得することができず損害を被った。そこで、Xは、国賠法1条1項に基づき、Y（京都府）に対して、本件免許の付与・更新、および、A社に対する業務停止処分・取消処分等の規制権限の不行使が違法であるとして、損害賠償を求めて出訴した。

判 旨　　上告棄却（請求棄却）

宅建業者に対する監督処分の選択、その権限行使の時期等は、知事等の専門的判断に基づく合理的裁量に委ねられている。したがって、宅建業者の不正な行為により個々の取引関係者が損害を被った場合であっても、具体的事情の下において、知事等に監督処分権限が付与された趣旨・目的に照らし、その不行使が著しく不合理と認められるときでない限り、右権限の不行使は、当該取

222

引関係者に対する関係で国賠法1条1項の適用上違法の評価を受けるものではない。

解　説

　行政庁の不作為責任には、申請不応答型（判例103）と規制権限不行使型（本件・判例102）がある。後者では、私人Aが私人Bに損害を与えた場合に、行政庁がAに対して有する規制権限を適切に行使していれば損害を防止できたとして、当該行政庁の所属する行政主体に対しBが損害賠償を請求できるかが問題となる。

　規制権限不行使については、かつては、①規制権限は公益のために認められるものであるから、それによって保護されるのは反射的利益（事実上の利益）にすぎない（反射的利益論）、②規制権限を行使するか否かについては行政庁に広範な裁量権があるため、その不行使が違法となることはない（行政便宜主義）などとして、損害賠償責任は生じえないとする見解があった。しかし、規制権限は被害者である第三者の保護のために認められることもあり、また、行政庁の裁量には限界があることから、全面否定説は支持されていない。現在では、規制権限の不行使がいかなる場合に国賠法上違法となるかが主たる争点である。

　この点について、下級審裁判例では、①重要な法益に対する危険の切迫、②予見可能性、③結果回避可能性、④補充性、⑤期待可能性に照らして判断するものが多かった。これに対し、本判決は、具体的事情の下において、規制権限が付与された趣旨・目的に照らし、権限不行使が著しく不合理と認められるか、という総合考慮型の判断枠組みを提示した上で、本件については国賠法上の違法性は認められないと判断した（国賠法上の違法を認めた事例として、判例102などがある）。本判決以降の判例はこの判断枠組みによっているが、判断基準が不明確であるとの批判もある。

■ 評　釈　　宇賀克也・百選Ⅱ 456頁

[朝田とも子]

Ⅶ　国家補償

102 規制権限不行使の違法性(2)——熊本水俣病関西事件

最判平成16年10月15日民集58巻7号1802頁

関連条文 ▶ 国賠法1条

争点

水質二法等による規制権限の不行使はいかなる場合に国賠法上違法となるか。

事実

熊本水俣病は、A社水俣工場のアセトアルデヒド製造施設内で生成され、同工場の排水に含まれたメチル水銀化合物（有機水銀化合物の一種）により汚染された水俣湾またはその周辺海域の魚介類を多量に摂取したことによって起こる、中毒性中枢神経疾患である。かつて水俣湾周辺に居住し、水俣病の罹患者であると主張する者またはその承継人であるXらは、Y₁（国）については公共用水域の水質の保全に関する法律および工場排水等の規制に関する法律（水質二法）に基づく規制権限を、Y₂（熊本県）については熊本県漁業調整規則（漁業調整規則）に基づくそれを行使しなかったため損害を被ったとして、国賠法1条1項に基づき、Y₁およびY₂に対して損害賠償を求めて出訴した。

判旨　　**上告棄却（請求認容）**

国または公共団体の公務員による規制権限の不行使は、その権限を定めた法令の趣旨、目的や、その権限の性質等に照らし、具体的事情の下において、その不行使が許容される限度を逸脱して著しく合理性を欠くと認められるときは、その不行使により被害を受けた者との関係において、国賠法1条1項の適用上違法となる。

水質二法に基づく、水質を保全するための規制権限は、周辺住民の生命、健康の保護をその主要な目的の一つとして、適時にか

224

つ適切に行使されるべきものである。

　昭和34年11月末の時点で、国は、①多数の水俣病患者の発生と相当数の死亡者を認識し、②水俣病の原因物質とその排出源を、高度のがい然性をもって認識しうる状況にあり、③A社水俣工場の排水に微量の水銀が含まれることの定量分析が可能であった。そうすると、同年12月末には、上記規制権限の行使が可能であり、被害の深刻さにかんがみると直ちに行使すべき状況にあり、この時点で行使されていれば、それ以降の水俣病の被害拡大を防ぐことができた。以上から、昭和35年1月以降、水質二法に基づく規制権限を行使しなかったことは、水質二法の趣旨目的や、権限の性質等に照らし、著しく合理性を欠くものであって、国賠法1条1項の適用上違法である。

解　説

　規制権限不行使については、判例101が一応の判断枠組みを示したが、その後請求を認容する判例はなかった。本判決は、同年の筑豊じん肺訴訟（最判平成16年4月27日民集58巻4号1032頁）とともに、請求を認容した重要判例である。

　本判決は、判例101を踏まえて、規制権限不行使が国賠法上違法となるための一般的な判断枠組みを示しており、この点は判例上確立したものと解される。

　本判決で注目されるのは、水質二法が被害者の保護を目的としている旨を明示している点である。水産動植物の繁殖保護を目的とする漁業調整規則についても、それを摂取する者の健康の保持が「究極の目的」であるとして、県の責任を肯定している。判例が、規制権限不行使による責任が認められるためには、根拠法令が被害者の利益を保護していることが必要であると考えていることがうかがえる。

■ **評　釈**　　島村健・百選Ⅱ 462頁

[朝田とも子]

Ⅶ　国家補償

103 申請に対する不作為の違法性
——熊本水俣病認定遅延訴訟

最判平成3年4月26日民集45巻4号653頁

関連条文 ▶ 国賠法1条

争点

申請に対する処分の遅延はいかなる場合に国賠法上違法となるか。

事実

公害に係る健康被害の救済に関する特別措置法および公害健康被害補償法の下、水俣病に関する認定申請が年々大幅に増加したため、熊本県知事の応答処分は追い付かず、昭和48年末には未処分件数が約2000件に達した。そこで、申請者の一部が、認定申請に対する不作為の違法確認訴訟（行訴3条5項）を提起し、確定判決（熊本地判昭和51年12月15日判時835号3頁）によってその違法が確認された。しかし、その後も未処理件数は増え続けた。

Ｘら（うち13名は上記判決を得ている。）は、昭和47年12月から昭和52年5月までの間に、水俣病であるとの認定申請を熊本県知事に行ったが、昭和52年12月に至っても、県知事はなんらの処分もしなかった。そこで、Ｘらは、県知事が長期間にわたりその応答処分をしなかったために精神的苦痛を被ったとして、本件認定申請業務を県知事に機関委任したＹ₁（国）および費用負担者であるＹ₂（熊本県）に対し、国賠法1条1項に基づき、損害賠償を求めて出訴した。原審が請求を認容したため、Ｙ₁・Ｙ₂が上告した。

判旨　破棄差戻し

処分庁には、認定申請に対し不当に長期間にわたって処分しないことによって、申請者が不安感、焦燥感を抱かされ内心の静穏

226

な感情を害されるような結果を回避すべき条理上の作為義務がある。そして、処分庁がそのような作為義務に違反したといえるためには、客観的に処分庁がその処分のために手続上必要と考えられる期間内に処分できなかったことだけでは足りず、その期間に比してさらに長期間にわたり遅延が続き、かつ、その間、処分庁として通常期待される努力によって遅延を解消できたのに、これを回避するための努力を尽くさなかったことが必要である。

解　説

　本件は、行政権限の不行使が争われた事例のうち、申請不応答型に属する事例である（判例101の解説参照）。

　申請処理の遅延による財産的損害が賠償の対象となることに争いはない（判例40参照）。これに対し、本件では、申請処理の遅延そのものから生ずる精神的苦痛（いわゆる「待たせ賃」）が、賠償の対象となるかが争われた。本判決は、難病といわれる水俣病の特殊性を踏まえて、「内心の静穏な感情を害されない利益」としてこれを肯定した点で重要である。

　本件では、先行する不作為の違法確認訴訟において、認定申請に対する不作為を違法とする判決が確定している場合に、国賠法上も、当然に不作為が違法となるかが問題となった。

　本判決は、不作為の違法確認訴訟で不作為が違法とされる期間よりもさらに長期にわたる不作為がなければ国賠法上は違法とならないとし、要件を加重している。そのため、本判決につき、違法性の意味が、不作為の違法確認訴訟と国賠訴訟において異なるとする立場に立つものとする見方がある。しかし、本件では、処分が遅延したことによる財産的損害ではなく、精神的損害が問題となっていることから、そのように断定できるか疑問もある。

■ **評　釈**　　久保茂樹・百選Ⅱ448頁

[朝田とも子]

Ⅶ　国家補償

104

過失(1)
──不法滞在外国人国民健康保険事件

最判平成16年1月15日民集58巻1号226頁

関連条文 ▶ 国賠法1条、国民健康保険法（平成11年法律第160号による改正前のもの。）5条

争　点

公務員が法令解釈を誤った場合に過失は認められるか。

事　実

在留資格を有しない外国人であるXは、国民健康保険法9条2項に基づいて、Y₂（横浜市）の市長から委任を受けたA（横浜市港北区長）に対し国民健康保険の被保険者証の交付を請求した。Aは、在留資格を有しない外国人を国民健康保険の適用対象外とする厚生省（当時）の通知（本件各通知）に従って、Xが同法5条所定の被保険者に該当しないことを理由として被保険者証を交付しない旨の処分（本件処分）を行った。そこでXは、Y₁（国）が同法5条について誤った解釈を前提とする通知を発し、Aがこれに従ったことにより違法な本件処分がなされたとし、国賠法1条1項に基づき、Y₁とY₂に対して損害賠償を求めて出訴した。

判　旨　　上告棄却（請求棄却）

ある事項に関する法律解釈につき異なる見解が対立し、実務上の取扱いも分かれていて、そのいずれについても相当の根拠が認められる場合に、公務員がその一方の見解を正当と解しこれに立脚して公務を遂行したときは、後にその執行が違法と判断されたからといって、直ちに上記公務員に過失があったとはいえない。

解　説

本件では、まず、在留資格を有しない外国人であるXが国民健康保険法5条所定の「住所を有する者」に該当し、国民健康保険

の適用対象となるかが争われた。本判決は、在留資格を有しない外国人はこれに該当しないとする本件各通知の解釈を否定し、在留資格を有しない外国人であっても、当該市町村を居住地とする外国人登録をして、在留特別許可（出入国管理及び難民認定法50条）を求めており、当該市町村の区域内で安定した生活を継続的に営み、将来にわたってこれを維持しつづける蓋然性が高い場合は、国民健康保険の適用対象になるとした。その上で、Xはこの要件を満たしているとして、本件処分を違法とした。

次に、本判決は過失について、先例（最判昭和46年6月24日民集25巻4号574頁、判例19）に従い、判旨の通り判示した上で、本件処分は、本件通知に従って行われたもので、同通知には相当の根拠が認められるところ、在留資格を有しない外国人が国民健康保険の適用対象となるかについては定説がなく、下級審裁判例の判断も分かれていたことから、Y_1およびY_2の担当者に過失があったとはいえないとして、国家賠償責任を否定した。

このように、本判決で注目されるのは、本件処分の違法性と公務員の過失を分けて検討した点である。国賠法1条1項にいう「違法」の意味については、これを法令の要件に違反することと解する違法性一元説と、公務員が職務上尽くすべき注意義務を尽くすことなく漫然と行為を行ったことを意味すると解する違法性相対説（職務行為基準説）が対立しており、近時の多くの判例は違法性相対説に立っている（判例100の解説参照）。このような中、本判決は違法性一元説に立つものと解することができ、判例は必ずしも統一されていないといえよう。

■ **評　釈**　梶哲教・行政判例百選Ⅱ〔第5版〕454頁

[朝田とも子]

Ⅶ　国家補償

105 過失(2)
──小樽種痘禍事件

最判平成3年4月19日民集45巻4号367頁

関連条文 ▶ 国賠法1条

争　点

予防接種において過失が認められるのはどのような場合か。

事　実

昭和43年、生後6ヶ月のXが、Y（小樽市）の保健所において、予防接種法に基づく種痘の予防接種を受けたところ、9日後に脊髄炎を発症し、下半身麻痺等の重篤な後遺障害が残った。そこでXとその両親は、Y等に対し、国賠法1条1項に基づき、損害賠償を求めて出訴した。そこでは、接種当日のXは禁忌者（発熱等により予防接種に適しない者）であったにもかかわらず、接種を担当した保健所職員の医師が、十分な予診をしなかったためにこれを見のがしたと主張されたが、控訴審判決は請求を棄却した。

判　旨　　破棄差戻し

ある個人が禁忌者に該当する可能性は、後遺障害を発生しやすい個人的素因を有する可能性よりもはるかに大きいものというべきであるから、予防接種による後遺障害が発生した場合、被接種者が禁忌者に該当していたことによって後遺障害が発生した高度の蓋然性があると考えられる。したがって、予防接種によって後遺障害が発生した場合には、禁忌者を識別するために必要とされる予診が尽くされたがこれに該当すると認められる事由を発見することができなかったこと、被接種者が個人的素因を有していたこと等の特段の事情が認められない限り、被接種者は禁忌者に該当していたと推定するのが相当である。

230

105 過失(2)

解　説

　予防接種は、ときに重篤な後遺障害を発生させてしまう。被害者には予防接種法による補償がなされるが、かつては補償額が低く、損失補償や損害賠償を求める訴えが数多く提起された。

　予防接種事故の原因は、①被接種者が禁忌者であったか、②後遺障害を発生しやすい個人的素因を有する者であったか、いずれかとされる。①による事故は、事前に接種担当者が予診を尽くすこと等で予防できよう。しかし、いかに担当者が注意しても、ごく低い確率ではあるが、②による事故が起きてしまう（「悪魔のくじ」といわれる）。その医学的メカニズムは解明されていないため、事故発生後では、原因が①か②かがわからない。そのため、いかに重大な損害が発生しても、注意義務違反を理由として国賠法1条の過失を認めることが難しくなる。

　他方、憲法29条3項に基づく損失補償で救済することも考えられるが、同項は財産権保障の定めであることが妨げとなる。

　このように、国賠法1条や損失補償のオーソドックスな理論では、いずれも予防接種事故被害者の救済は難しい（国家補償の谷間）。この谷間を埋めるために、本判決は、国家賠償責任が認められる余地を拡げる理論を工夫した。

　本判決は、予防接種事故の原因につき、②よりも①である可能性がはるかに大きいとして、事故が起きれば、それだけで①が原因であることを推定すべきとした。①による事故は、事前に予診を尽くすことなどで予防できるから、事故が起きた以上、過失があったと推定しうることになる。本判決は、例外として、(a)予診が尽くされたのに①を発見できなかったこと、または、(b)②が原因の事故であったこと等、特段の事情が認められる場合には過失は否定されるとするが、実際上、(b)の証明は極めて困難だろう。

■ 評　釈　　小幡純子・百選 II 446頁

[北見宏介]

Ⅶ　国家補償

106 逮捕・拘留や公訴提起の違法性
——芦別国家賠償事件

最判昭和53年10月20日民集32巻7号1367頁

関連条文 ▶ 国賠法1条

争 点

無罪判決が確定した場合、逮捕・拘留や公訴提起は国賠法上違法となるか。

事 実

昭和27年、当時の国鉄根室本線芦別・平岸間の線路が爆破され（芦別事件）、AおよびXが起訴され、第1審ではいずれも有罪判決を受けた。控訴審では、控訴審係属中に死亡したAに対しては控訴棄却、Xに対しては無罪判決がなされた（確定）。そこで、Xとその家族およびAの遺族らが、国、警察官、検察官らに対して、国賠法1条1項に基づく損害賠償と謝罪広告を求めて出訴した。

判 旨　　上告棄却（請求棄却）

刑事事件において無罪の判決が確定したというだけで直ちに起訴前の逮捕・勾留、公訴の提起・追行、起訴後の勾留が違法となるということはない。けだし、逮捕・勾留はその時点において犯罪の嫌疑について相当な理由があり、かつ、必要性が認められるかぎりは適法であり、公訴の提起は、検察官が裁判所に対して犯罪の成否、刑罰権の存否につき審判を求める意思表示にほかならないのであるから、起訴時あるいは公訴追行時における検察官の心証は、その性質上、判決時における裁判官の心証と異なり、起訴時あるいは公訴追行時における各種の証拠資料を総合勘案して合理的な判断過程により有罪と認められる嫌疑があれば足りるものと解するのが相当であるからである。

232

解　説

　本件では、無罪判決が確定した場合、逮捕・拘留や公訴の提起が国賠法上違法となるかが問題となった。この点については、無罪が確定した以上、逮捕・拘留および公訴提起はいずれも違法となるとする説（結果違法説）と、合理的な判断過程により有罪と認められる嫌疑があれば違法とはならないとする説（「職務行為基準説」）が対立していた（後出する違法性相対説の意味で用いられる職務行為基準説と必ずしも同じ意味ではない）。本判決は「職務行為基準説」を採用した上で、本件における捜査官および検察官の判断には合理性があり、逮捕・拘留および公訴の提起・追行に違法はないとした原審の判断を正当とした。

　国賠法1条1項にいう「違法」の意義については、①加害行為の法令違反を意味するという説（違法性一元説）と、②加害公務員が職務上尽くすべき注意義務を尽くすことなく漫然と加害行為を行ったことを意味するという説（違法性相対説、職務行為基準説）が対立しており、判例の多くは後説に立っている（判例100参照）。

　この点に関連して、本判決を違法性相対説の先例であるとする見方がある。しかし、本判決については、公訴提起の要件が「合理的な判断過程により有罪と認める嫌疑」があることであり、この要件に違反したかどうかを判断したものとすれば、違法性一元説に立つものとも理解できる。したがって、本判決を違法性相対説（職務行為基準説）の先例と断じることは必ずしもできないように思われる。

　なお、本判決は、検察官・警察官個人に対する損害賠償等について、先例（最判昭和30年4月19日民集9巻5号534頁等）に従い、公務員個人は責任を負わないと判示している。

■ **評　釈**　　北村和生・百選 II 468頁

[朝田とも子]

Ⅶ　国家補償

107 裁判行為の違法性
——大阪民事判決国賠事件

最判昭和57年3月12日民集36巻3号329頁

関連条文 ▶ 国賠法1条

争　点

裁判行為に瑕疵がある場合、国賠法上違法となるか。

事　実

Xは、Aから、請負契約の債務不履行を理由として損害賠償を求める訴訟を提起され、留置権の行使であるとの抗弁を行った。裁判所はこれを民事留置権の主張として扱い、留置物と被担保債権の間の牽連性を欠くとしてAの請求を認容する判決を下した。Xは控訴せず、同判決は確定した。その後、Xは、前訴において主張したのは商事留置権であって、留置物と被担保債権の間に牽連性を必要としないにもかかわらず、担当裁判官は故意または過失によってこれを民事留置権の主張として取り扱い、X敗訴の判決を言い渡したとして、国賠法1条1項に基づき、Y（国）に対して損害賠償を求めて出訴した。

判　旨　　上告棄却（請求棄却）

裁判官がした争訟の裁判に上訴等の訴訟法上の救済方法によって是正されるべき瑕疵が存在したとしても、これによって当然に国賠法1条1項の規定にいう違法な行為があったものとして国の損害賠償責任の問題が生ずるわけではない。右責任が肯定されるためには、当該裁判官が違法または不当な目的をもって裁判をしたなど、裁判官がその付与された権限の趣旨に明らかに背いてこれを行使したものと認めうるような特別の事情があることを要する。

234

107 裁判行為の違法性

解 説

本件は、確定判決によって損害を受けたとして国家賠償が求められた事案である。国賠法1条1項にいう「国又は公共団体の公権力の行使」に司法作用が含まれるかは問題となりうるが、本判決は含まれることを前提としている（立法作用は判例108参照）。

確定判決がいかなる場合に国賠法上違法となるかが問題となる。この点については、①再審の訴えで取り消されない限り、国賠訴訟で違法を主張することができないとする説（適法性確定説）、②担当裁判官の悪意（害意）による事実誤認等がある場合のみ違法となるとする説（違法性限定説）、③確定判決は適法性の推定を受けるため、国賠訴訟において違法とするためには、原告が再審事由の存在を主張立証して、この推定を覆す必要があるとする説（違法性推定説）、④判決の違法はそのまま国賠法上の違法となり、判決確定後であっても、国賠訴訟でこれを主張できるとする説（無制約説）が対立していた。

本判決は、②違法性限定説に立ち、裁判官が違法または不当な目的をもって裁判をしたなど特別の事情がある場合にのみ、国賠法上違法となると判示した。

判決は当該時点において法に反していれば違法となると解されるにもかかわらず、本判決は違法性を限定して解している。そのため、判例106と同様、本判決についても、違法性相対説（職務行為基準説）の先例とする見方がある。しかし、判決には上訴制度が用意されており、不服がある者はこれによって争うべきであり、確定判決を国賠訴訟で争うことを認めると、上訴制度を設けた意味が失われてしまう。本判決は、こうした判決の特殊性にかんがみて、国賠法上の違法を限定したものと解する余地がある。そうであるとすれば、本判決の射程は狭いものと解されよう。

■ **評 釈** 常岡孝好・百選Ⅱ466頁

[朝田とも子]

Ⅶ　国家補償

|108| **立法行為の違法性**
——在宅投票制度廃止事件

最判昭和60年11月21日民集39巻7号1512頁

関連条文 ▶ 国賠法1条

争　点

立法行為はいかなる場合に国賠法上違法となるか。

事　実

身体障がい者であるＸは、昭和27年の公職選挙法改正による在宅投票制度廃止により選挙権の行使を妨げられたと主張し、同制度を復活させなかったこと（本件立法行為）等が国会議員による違法な公権力の行使にあたるとして、国賠法1条1項に基づき、Ｙ（国）に対して損害賠償を求めて出訴した。

判　旨　　上告棄却（請求棄却）

国賠法1条1項は、国または公共団体の公権力の行使にあたる公務員が個別の国民に対して負担する職務上の法的義務に違背して当該国民に損害を加えたときに、国または公共団体がこれを賠償する責に任ずることを規定するものである。したがって、国会議員の立法行為（立法不作為を含む。）が同項の適用上違法となるかどうかは、国会議員の立法過程における行動が個別の国民に対して負う職務上の法的義務に違背したかどうかの問題であって、当該立法の内容の違憲性の問題とは区別される。

国会議員は、立法に関しては、原則として、国民全体に対する関係で政治的責任を負うにとどまり、個別の国民の権利に対応した関係での法的義務を負うものではないというべきであって、国会議員の立法行為は、立法の内容が憲法の一義的な文言に違反しているにもかかわらず国会があえて当該立法を行うというごとき、容易に想定し難いような例外的な場合でない限り、国賠法1

236

108　立法行為の違法性

条1項の規定の適用上、違法の評価を受けない。

解　説

　本判決は、立法行為も国賠法1条1項にいう「公権力の行使」に含まれることを前提に、まず、同項にいう違法について、公務員が個別の国民に対して負担する職務上の法的義務に違背したことをいうとする。これは違法性相対説（職務行為基準説）をとる趣旨と解され、その後の判例100等につながるものである。なお、判例106や判例107が本判決の先例であるとする見方もあるが、疑問である（判例100参照）。

　次に本判決は、立法内容の違憲性と、立法行為・立法不作為の国賠法上の違法性とを区別する。その上で、立法行為の政治的性格を強調し、それが国賠法上違法となるのは、「立法の内容が憲法の一義的な文言に違反しているにもかかわらず国会があえて当該立法を行うというごとき、容易に想定し難いような例外的な場合」に限るとし、本件立法行為は違法とはいえないとした。

　本判決に対しては、国会議員が憲法遵守義務（憲99条）を負うことから疑問であるとか、政治的責任を負うにもかかわらず例外的に違法となる根拠が不明である等の批判がある。

　その後、判例94は、立法行為が国賠法上違法となるのは、「立法の内容又は立法不作為が国民に憲法上保障されている権利を違法に侵害するものであることが明白な場合や、国民に憲法上保障されている権利行使の機会を確保するための所要の立法措置をとることが必要不可欠であり、それが明白であるにもかかわらず、国会が正当な理由なく長期にわたってこれを怠る場合など」であると判示しており、実質的に要件を緩和したと解される。

■ 評　釈　　長谷部恭男・百選 II〔第6版〕278頁

[朝田とも子]

VII
国家補償

Ⅶ　国家補償

|109| 最終的な賠償責任の負担者
——福島県求償金請求事件

最判平成21年10月23日民集63巻8号1849頁

関連条文 ▶ 国賠法1条、3条

争　点

国家賠償責任を最終的に負担する者は誰か。

事　実

　X（福島県）のY（郡山市）が設置する公立中学校の教員Aはいわゆる県費負担教職員である。すなわち、Aの給与等の人件費はXが負担し、任免権もX教育委員会に属するが、Yの公務員としてY教育委員会の監督に服していた（市町村立学校職員給与負担法1条、地方教育行政法の組織及び運営に関する法律37条・43条）。生徒Bが、Aから体罰を受けたとして、Aの費用負担者であるXに損害賠償を求める別件の訴訟を提起したところ、一部認容判決が確定した。そこでXは、国賠法3条2項に基づく求償権の行使として、Aの監督者であるYに対して賠償額の支払いを求めて出訴した。

判　旨　　上告棄却（請求認容）

　国または公共団体がその事務を行うについて国賠法に基づき損害を賠償する責めに任ずる場合における損害を賠償するための費用も、国または公共団体の事務を行うために要する経費に含まれる。よって、上記経費の負担について定める法令は、上記費用の負担についても定めていると解される。同法3条2項に基づく求償についても、上記経費の負担について定める法令の規定に従うべきであり、法令上、上記損害賠償の費用をその事務を行うための経費として負担すべきものとされている者が、同項にいう内部関係でその損害を賠償する責任ある者にあたると解するのが相当

238

である。

　市町村が設置する中学校の経費については、原則として、当該市町村がこれを負担する（学校教育法5条、地方財政法9条）。そうすると、上記損害賠償の費用については、法令上、当該市町村がその全額を負担すべきものとされているのであって、当該市町村が国賠法3条2項にいう内部関係でその損害を賠償する責任ある者にあたる。よって、生徒に暴行を加えた市町村中学校の教諭の給料その他の給与を負担する都道府県が賠償債務を履行したときは、当該都道府県は、同条2項に基づき、その全額を当該市町村に対して求償することができる。

解　説

　県費負担教職員については、費用負担者と監督者が異なるため、本件では、国家賠償責任につき、費用負担者である県と監督者である市の、いずれが最終的な負担者となるかが争われた。

　国賠法3条2項は、賠償責任を負担した者は「内部関係でその損害を賠償する責任ある者」に対して求償権を有すると規定する。しかし、費用負担者と公務員の選任監督者（国賠法2条に基づく場合は、営造物の設置管理者）のいずれが最終的に負担するかについては明示していない。この問題については、①費用負担者であるとする説（費用負担者説）、②管理責任の主体（公務員の選任監督者や営造物の設置管理者）であるとする説（管理者説）、③加害行為に対する両者の寄与度によって判断する説（寄与度説）が対立していた。

　本判決は①費用負担者説に立つことを明らかにし、県費負担教職員にかかる経費は、人件費を除いて市町村が負担することになっていることから、損害賠償に要する費用も市町村が負担すべきであるとした。

■ **評　釈**　　織朱實・百選Ⅱ498頁

[朝田とも子]

Ⅶ　国家補償

110 営造物の設置管理の瑕疵(1)
——高知落石事件

最判昭和45年8月20日民集24巻9号1268頁

関連条文 ▶ 国賠法2条

争点

道路の設置・管理の瑕疵はいかなる場合に認められるか。

事実

高知県内の国道56号線（本件道路）の山側崖上方で、土壌の自然風化と降り続いた雨により土砂が崩落し、大小20個の岩石が落下して走行中の貨物自動車を直撃したため、助手席に乗っていたAが即死した（本件事故）。そこでAの遺族であるXらが、国賠法2条1項に基づき、本件道路の管理者たるY1（国）と費用負担者たるY2（高知県）を被告として、損害賠償を求めて出訴した。なお、本件事故の現場付近では以前から落石や崩土が発生していたが、Y1らは本件道路の安全確保のために防護柵や防護覆を設置することなく、竹竿の先に赤い布をつけたものや「落石注意」の標識を立てること等により通行車に対して注意を促す程度の措置しかとっていなかった。

判旨　　上告棄却（請求認容）

国賠法2条1項の営造物の設置または管理の瑕疵とは、営造物が通常有すべき安全性を欠いていることをいい、これに基づく国および公共団体の賠償責任については、その過失の存在を必要としない。本件における道路管理の瑕疵の有無は、本件事故発生地点だけに局限せず、約2000mの本件道路全般についての危険状況および管理状況等を考慮に入れて決すべきである。本件道路に防護柵を設置する場合、その費用が相当の多額にのぼり、Y2としてその予算措置に困却するであろうことは推察できるが、それ

240

により直ちに道路の管理の瑕疵によって生じた損害に対する賠償責任を免れうるものとはいえず、その他、本件事故が不可抗力ないし回避可能性のない場合であるとは認められない。

解　説

　本判決は、①国賠法2条1項にいう設置または管理の瑕疵とは、「営造物が通常有すべき安全性を欠いている」状態であること、②同条の賠償責任は無過失責任であること、③道路については、安全措置を講じるための予算措置に困却することを理由に直ちに免責されないことを明らかにし、本件事故が不可抗力によるもので回避可能性がなかったとするY₁らの主張を退けた。

　③の点に関し、その後の判例は、河川につき財政的制約を正面から考慮している（判例112）。もっとも、道路についても本判決は、予算措置が困難なことから「直ちに」賠償責任を免れうるわけではないと述べるにとどまり、財政的制約が全く考慮されないと断定しているわけではないようにもみえる。実際、近時の判例では、道路を安全な状態にしておくための予算確保の困難さを、瑕疵の判断に際しての考慮事項としているものもある。たとえば、最判平成22年3月2日（判時2076号44頁）は、キツネ等の小動物が高速道路上に進入するのを防止するための対策につき、「全国や北海道内の道路において……、そのような対策を講ずるためには多額の費用を要することは明らか」であるとし、瑕疵を否定する論拠の一つとしている。

　また、本判決は、本件道路約2000mの区間の安全性に加え、道路に接している崖のような箇所にも危険防止の措置がとられていたかどうかを判断した上で、道路それ自体が通常有すべき安全性を欠いた状態にあるとした。しかし、管理の対象が道路本体や事故現場のみにとどまらず、どの範囲にまで及ぶか、本判決からは明確ではない。

■ 評　釈　松本充郎・百選Ⅱ482頁　　　　　　　　　［小川一茂］

Ⅶ　国家補償

111 営造物の設置管理の瑕疵(2)
—故障トラック放置事件

最判昭和50年7月25日民集29巻6号1136頁

関連条文 ▶ 国賠法2条、3条、道路法13条、42条

争点

故障トラックが道路上に長時間放置されていたことは、道路管理の瑕疵にあたるか。

事実

和歌山県内でも交通量の多い国道170号線（本件道路）を原動機付き自転車で通行していたＡが、道路上に放置されていた故障トラックに激突して即死した（本件事故）。そこで、Ａの遺族であるＸらが、国賠法2条1項に基づき、本件道路の管理にかかる費用負担者たるＹ（和歌山県）等を被告として、損害賠償を求めて出訴した。なお、当該故障トラックは約87時間にわたって放置されていたが、Ｙの土木事務所はパトロール等をしていなかったため、これに気がつかなかった。

判旨　　上告棄却（請求認容）

道路管理者は、道路を常時良好な状態に保つよう維持・修繕し、一般交通に支障を及ぼさないように努める義務を負う（道路法42条）。本件事故現場付近は、幅員7.5ｍの道路中央線付近に故障したトラックが約87時間にわたって放置され、道路の安全性を著しく欠如する状態であったにもかかわらず、Ｙの土木出張所は道路を常時巡視して応急の事態に対処しうる監視体制をとっていなかったため、本件事故の発生までこの故障車が道路上に長時間放置されていることすら知らず、まして道路の安全性を保持するために必要とされる措置を全く講じていなかったことは明らかである。このような状況の下では、本件事故発生当時、同出張所の道

路管理に瑕疵があったというほかない。

解　説

　本判決は、故障トラックの長時間放置により道路の安全性を著しく欠如する状態であったにもかかわらず、道路管理者がなんらの措置も講じなかったとして、道路管理の瑕疵を肯定した。

　では、もし障害物が放置された直後に事故が発生した場合はどうなるか。この点、奈良県赤色灯標柱事件（最判昭和50年6月26日民集39巻6号851頁）が参考になる。この事件は、県道の工事中に工事箇所であることを示す工事標識板等が設置されていたにもかかわらず、夜間、先行する車両によりそれらが倒されてしまい、後から来た車が工事箇所を避けきれずに事故となり、同乗者が死亡したという事案である。最高裁は、先行する車両により道路が危険な状態になったが、安全な状態に戻すための時間的余裕がなかったことを理由に、道路の管理に瑕疵はなかったとした。

　もっとも、本件と奈良県赤色灯標柱事件を比較した場合、単に危険な状態であった時間の問題とみるだけでは不十分である。道路の状況は場所により多種多様であり、障害物がどのようなものかによっても道路の危険性は変わり、要求される管理の方法も異なってくる。すると時間の問題だけでなく、この点を含め道路を安全な状態にすることができたか否か、すなわち事故発生についての回避可能性の有無が判断を分けたと考えられる。

　なお、「営造物の設置又は管理の瑕疵」の意義については、営造物が通常有すべき安全性を欠くことをいうとする客観説と、設置管理者の義務違反をいうとする義務違反説がある。上記の回避可能性がない場合について、客観説によれば、不可抗力によって免責されると説明されるのに対し（判例110）、義務違反説によれば、そもそも義務がないと説明されることになる。

■ **評　釈**　　高橋正徳・百選Ⅱ484頁

[小川一茂]

Ⅶ　国家補償

112
営造物の設置管理の瑕疵(3)
——大東水害事件

最判昭和59年1月26日民集38巻2号53頁

関連条文 ▶ 国賠法2条

争点

河川の管理の瑕疵はいかなる場合に認められるか。

事実

大阪府大東市を流れる一級河川谷田川では、巨額の事業費をかけて改修工事が行われていたが、家屋移転交渉の難航により川幅が狭い未改修部分があったところ、集中豪雨により、当該未改修部分および近隣の水路からの溢水によって床上浸水等が発生した（本件水害）。これにより被害を被ったXらが、国賠法2条1項に基づき、谷田川の管理者であるY₁（国）、同川の費用負担者であるY₂（大阪府）、上記水路の管理者であるY₃（大東市）を被告として、損害賠償を求めて出訴した。控訴審は請求を認容した。

判旨　破棄差戻し

河川は本来自然発生的な公共用物であって、もともと洪水等の自然的原因による災害をもたらす危険性を内包している。河川の通常備えるべき安全性の確保は、治水事業によって達成することが当初から予定されており、河川管理には財政的制約、技術的制約、社会的制約が内在するため、こうした諸制約のもとで一般的に施行されてきた治水事業による河川の改修・整備の過程に対応するいわば過渡的な安全性をもって足りるとせざるをえない。そこで、河川管理の瑕疵の有無は、諸般の事情を総合的に考慮し、前記諸制約の下での同種・同規模の河川の管理の一般水準および社会通念に照らして是認しうる安全性を備えているかどうかを基準として判断すべきである。既に改修計画が定められ、現に改修

中の河川については、その計画が全体として上記の見地から格別不合理なものと認められないときは、その後の事情の変動により当該河川の未改修部分につき水害発生の危険性が特に顕著となり、当初の計画を変更しなければならないと認めるべき特段の事情がない限り、未改修部分がいまだ改修されていないとの一事をもって瑕疵があるとすることはできない。

解　説

　道路管理の瑕疵については判例110がリーディング・ケースであるが、本判決は河川管理の瑕疵にはその射程が及ばないことを示した。すなわち、河川は自然発生的な自然公物であって、道路のように人工的に設置される人工公物とは異なり、治水事業によって安全性を確保することが必要であるから、さまざまな制約が伴う。そこで、河川管理の瑕疵は、これら諸制約の下での同種・同規模の河川の管理の一般水準および社会通念に照らして是認しうる安全性を備えているか否かによって判断すべきとされた。

　本件では、改修計画に基づいて改修中の河川において水害が発生した。本判決は、未改修河川について、改修計画が上記の判断基準に照らして格別不合理と認められないときは、計画変更を必要とする特段の事情がない限り、未改修であることのみをもって瑕疵があるとはいえないとした。その上で、原審はこの点について十分審理していないとして、原審に差し戻した。

　本件に対し、改修済みの河川（改修の必要がないとされた河川も含む）について判断したのが、多摩川水害事件の上告審判決（最判平成2年12月13日民集44巻9号1186頁）である。この判決によれば、改修済みの河川については、改修計画に定める規模の洪水における流水の通常の作用から予測される災害の発生を防止するに足りる安全性が求められることとされた。

■ **評　釈**　　橋本博之・百選Ⅱ486頁

[小川一茂]

Ⅶ　国家補償

113 営造物の設置管理の瑕疵⑷
——点字ブロック未設置転落事件

最判昭和61年3月25日民集40巻2号472頁

関連条文 ▶ 国賠法2条

争点

点字ブロックが設置されていない駅のホームは、設置・管理に瑕疵があるといえるか。

事実

昭和48年、視覚障害者であるＸは、Ｙ（当時の国鉄）の大阪環状線福島駅の島式ホーム（ホームの両側に列車が発着するホーム）から線路上に転落し、進入してきた電車に轢かれて重傷を負ったため、Ｙを被告として損害賠償を求めて出訴した。なお、Ｘは、同駅ホームには点字ブロックが設置されておらず、通常有すべき安全性を欠いており、設置管理の瑕疵があったと主張した。控訴審はＸの主張を認め、国賠法2条1項に基づく損害賠償責任を認めた。

判旨　　破棄差戻し

点字ブロック等のように、新たに開発された視力障害者用の安全設備を駅のホームに設置しなかったことを理由に、当該駅のホームが通常有すべき安全性を欠くか否かを判断するにあたっては、その安全設備が、視力障害者の事故防止に有効なものとして、その素材、形状および敷設方法等において相当程度標準化されて全国的ないし当該地域における道路および駅のホーム等に普及しているかどうか、当該駅のホームにおける構造または視力障害者の利用度との関係から予測される視力障害者の事故の発生の危険性の程度、視力障害者の事故を未然に防止するためこうした安全設備を設置する必要性の程度および設置の困難性等の諸般の事情

246

を総合考慮することを要する。

解説

　本件においては、当時新たに開発された安全設備である点字ブロックが設置されていなかったことで、駅のホームに設置管理の瑕疵が認められるか否かが問題となった。本判決は、このような場合の考慮事項として、①当該安全設備が有効なものとして標準化され普及しているか、②当該駅のホームの構造や視覚障害者の利用度から予測される事故発生の危険性の程度、③当該安全設備を設置する必要性の程度および設置の困難性の有無等を挙げ、これらを総合考慮すべきという判断枠組みを示した。その上で、これらの点が検討されていないとして、事案を原審に差し戻した。

　なお、本件に類似の事件として高田馬場駅事件（東京地判昭和54年3月27日判時919号77頁）がある。この事件の判決では、事故が発生した駅周辺には視覚障害者のための施設があり、そもそも視覚障害者の乗降客が多い駅での事故であったこと、東京都がその駅の周辺地域を視力障害者対策モデル地区に指定し、駅周辺で点字ブロックの普及を進めていたこと等の理由から、設置管理の瑕疵が認められた。

　現在、点字ブロックはほぼ標準化されて、駅のホームだけでなく歩道等にも敷設されている場所が多い。今後はホームドアやホーム柵といった新たな安全設備について、本件と同様の問題が発生する可能性があるといえるであろう。

■ **評　釈**　　今川奈緒・百選Ⅱ490頁

[小川一茂]

Ⅶ　国家補償

114
営造物の設置管理の瑕疵(5)
——大阪空港事件（国家賠償）

最大判昭和56年12月16日民集35巻10号1369頁

関連条文 ▶ 国賠法2条

争点

空港の供用によって周辺住民に騒音被害が生じた場合、設置・管理の瑕疵が認められるか。

事実

大阪国際空港（本件空港）では昭和39年からジェット機が就航し、また昭和45年には新たな滑走路の供用が始まったことで滑走路の利用頻度が増加した。そこで、本件空港周辺に居住するXらが、国賠法2条1項に基づき、航空機の離着陸に伴う騒音・振動・排気ガスの排出等による被害を理由に、Y（国）を被告として、損害賠償等を求めて出訴した（夜間における本件空港の供用の差止めを求める民事訴訟については判例62を参照）。

判旨

一部上告棄却（過去の損害賠償請求を一部認容）、一部破棄自判（将来の損害賠償請求にかかる訴えを却下）、（一部の原告の過去の損害賠償請求につき）一部破棄差戻し

営造物が通常有すべき安全性を欠いている状態とは、当該営造物を構成する物的施設自体に存する物理的、外形的な欠陥ないし不備によって危害を生ぜしめる危険性がある場合のみならず、その営造物が供用目的に沿って利用されることとの関連において危害を生ぜしめる危険性がある場合をも含み、その危害は営造物の利用者以外の第三者に対するそれも含む。本件空港のような国の行う公共事業が第三者に対する関係において違法な権利侵害ないし法益侵害となるかを判断するにあたっては、侵害行為の態様と侵害の程度、被侵害利益の性質と内容、侵害行為のもつ公共性な

いし公益上の必要性の程度等を比較検討するほか、侵害行為の開始とその後の継続の経過および状況、その間にとられた被害の防止に関する措置の有無およびその内容、効果等の事情をも考慮し、これらを総合的に考察して決すべきである。

解　説

　かつては、営造物の設置・管理の瑕疵は、営造物の物理的・外形的な瑕疵により、その利用者が被害を受けた場合を念頭において議論されてきた。これに対し本判決は、営造物に物理的な欠陥はないが、供用目的に沿って利用されることで、利用者以外の第三者が被害を受ける場合も、営造物の設置・管理の瑕疵にあたることを明らかにした。これを供用関連瑕疵（機能的瑕疵）という。

　本判決は、供用関連瑕疵の有無の判断にあたり、判旨に挙げた諸般の事情を総合的に考慮すべきであるとした。これらの考慮すべき事情のうち、侵害行為の公共性については、①損害賠償請求においては考慮すべきでないとする説、②責任を否定する方向に考慮すべきとする説、③責任を肯定する方向に考慮すべきとする説が対立しているが、本判決は②の見解を採用した。

　もっとも、本判決は、本件空港に高度の公共性があることを認めつつ、(a)それによる便益は国民の日常生活に不可欠な役務の提供のように絶対的な優先順位を主張できないこと、(b)本件空港の供用によって被害を受ける住民は多数に上り、その被害内容も広範かつ重大であること、(c)これらの住民が空港によって受ける利益と被害との間には、被害が利益によって補われる（被害が大きい者ほど得られる利益が大きい）関係が成り立たないことを指摘し、本件における公共性の実現はXらを含む周辺住民という限られた一部少数者の特別の犠牲の上でのみ可能であり、看過することのできない不公平があるとして、供用関連瑕疵を肯定した。

■ **評　釈**　　磯村篤範・百選Ⅱ494頁

[小川一茂]

Ⅶ 国家補償

115 営造物の設置管理の瑕疵(6)
——テニス審判台転倒事件

最判平成5年3月30日民集47巻4号3226頁

関連条文 ▶ 国賠法2条

争 点

公の営造物を本来の用法によらずに使用したため被害が生じた場合、設置・管理の瑕疵は認められるか。

事 実

X₁らは長男A（当時5歳10ヶ月）を連れて町立中学校の校庭内にあるテニスコートでテニスを行っていた。この時、Aはテニスコートの脇にある審判台（本件審判台）に昇って遊んでいたが、本件審判台の座席後部の背当てを構成している鉄パイプを両手で握ってその後部から降りようとした際に、本件審判台が後ろに倒れ、Aはその下敷きとなって死亡した（本件事故）。そこで、Aの両親であるX₁およびX₂は、国賠法2条1項に基づき、Y（町）を被告として損害賠償を求めて出訴した。

判 旨 破棄自判（請求棄却）

公の営造物が通常有すべき安全性を欠くか否かは、当該営造物の構造、本来の用法、場所的環境および利用状況等、諸般の事情を総合考慮して具体的、個別的に判断すべきである。本件審判台については、本来の用法に従った使用を前提として、何らかの危険発生の可能性があるか否かによって決するべきであるが、本来の用法に従って使用する限り転倒の危険を有する構造ではなかった。公の営造物の設置管理者は、本件の例についていえば、審判台が本来の用法に従って安全であることについて責任を負うが、その責任は原則としてこれをもって限度とすべきで、本来の用法に従えば安全である営造物を、設置管理者の通常予測しえない異

常な方法で使用しないという注意義務は、利用者である一般市民の側が負うのが当然である。本件事故当時のＡの行動は極めて異常なもので、設置管理者の通常予測しえないものであるため、本件事故は本件審判台の安全性の欠如に起因するものではなく、Ａの異常な行動に原因があり、Ｙは損害賠償責任を負わない。

解　説

　本判決は、営造物が本来の用法により利用されていれば安全であるにもかかわらず、その営造物の設置管理者が通常予測できないような行動によって利用されたことで損害が発生した場合に、営造物の設置管理者は責任を負わないとした。その理由として本判決は、①本件審判台の通常有すべき安全性は本来の用法に従った使用を前提として判断すべきであり、設置管理者の責任もこれを限度とすること、②幼児がどんな行動に出ても不測の結果が生じないようにせよというのは、校庭内の設備の設置管理者に不能を強いるものであること、③本来の用法に従えば安全な営造物を、設置管理者の予測できない異常な方法で使用しないという注意義務は、利用者である一般市民の側が負うのが当然であることを挙げる。

　そして本判決は、本件審判台につき、その使用歴（事故歴）、場所的環境等を考慮して、本来の用法に従えば転倒の危険を有するものではないと評価した。その上で本件事故は本件審判台の本来の用法と異なるだけでなく、設置管理者が通常予測できない用法で用いられたことに起因するものであるとして、被告の責任を否定した。通常有すべき安全性の判断は、「本来の用法」に照らして判断することを基本とすべきとの立場と見ることもできるだろう。

■ **評　釈**　　田村泰俊・百選Ⅱ492頁

［小川一茂］

VII 国家補償

116 憲法に基づく損失補償請求権
——名取川河川附近地制限令事件

最大判昭和43年11月27日刑集22巻12号1402頁

関連条文 ▶ 憲法29条、旧河川附近地制限令4条、10条

争 点

特別の犠牲を課すにもかかわらず、損失補償の規定を欠く法令は、憲法29条3項に違反して無効となるか。

事 実

宮城県知事は、旧河川附近地制限令に基づき、名取川の堤外民有地を河川附近地に指定した。同令によれば、河川附近地を掘さくする場合は都道府県知事の許可を受けなければならず（4条2号）、これに違反した場合は処罰される（10条）。被告人Xは、従前から当該民有地で砂利を採取してきたが、この許可を得ないまま当該民有地で砂利等を採取したため、同令違反で起訴された。

判 旨 　上告棄却（有罪）

河川附近地制限令4条2号による制限について、同条に損失補償に関する規定がないからといって、同条があらゆる場合について一切の損失補償を全く否定する趣旨とまでは解されず、Xも、その損失を具体的に主張立証して、別途、直接憲法29条3項を根拠にして、補償請求をする余地が全くないわけではないから、単に一般的な場合について、当然に受忍すべきものとされる制限を定めた同令4条2号およびこの制限違反について罰則を定めた同令10条の各規定を直ちに違憲無効の規定と解すべきではない。

解 説

損失補償を要するような措置に関し、その措置の根拠法令が損失補償に関する規定を欠く場合については、①憲法29条3項は立法指針を定めたにすぎないから、憲法上の問題を生じないとす

252

る説（立法指針説）、②憲法29条3項に違反するから、法令それ自体が違憲無効となるとする説（違憲無効説）、③憲法29条3項に直接基づいて損失補償を請求しうるとする説（請求権発生説）が対立していたところ、本判決は③の請求権発生説を採用した。

そして本判決は、旧河川附近地制限令4条2号による規制は、河川管理上支障のある事態の発生を未然に防止するためのもので、その態様も許可制にすぎないことから、公共の福祉のためにする一般的な制限であり、原則的には何人もこれを受忍すべきものであるから、損失補償は不要であるとした。

ただし、本件においては、河川附近地の指定によりXが従前より行ってきた砂利採取を継続できなくなったことから、補償を要するかどうかが問題となった。本判決はこの点について、Xは従来から賃借料を支払い、人を雇うなど相当の資本を投入していたにもかかわらず事業の継続ができなくなることから、損失補償の要件たる特別の犠牲にあたるとみる余地もあるとして、Xの受けた現実の損失に対する補償を請求しうる可能性を認めた。

しかし本判決は、上記の通り③請求権発生説を採用し、憲法29条3項を直接の根拠として損失補償を請求する余地があるから、損失補償についての明文の規定を欠く河川附近地制限令は違憲無効ではないとし、Xは有罪とされた。

■ **評　釈**　　野村武司・百選Ⅱ516頁

[小川一茂]

Ⅶ　国家補償

117
財産権制限と損失補償(1)
——奈良県ため池条例事件

最大判昭和38年6月26日刑集17巻5号521頁

関連条文 ▶ 憲法29条、94条

争　点

災害防止のために条例で財産権を制限することは許されるか、またその場合、損失補償は必要か。

事　実

昭和29年に制定された奈良県ため池の保全に関する条例（本件条例）は、ため池の破損や決壊等による災害の発生を未然に防止するため、ため池の堤とう（堤防）に竹木または農作物を植えること等を禁止し（4条）、違反者は3万円以下の罰金に処すると定めていた。Xは、従前から同県内のため池の堤とうで農作物を栽培しており、本件条例制定後も栽培を継続したため、本件条例違反で起訴された。控訴審は、本件条例を憲法違反であるとしてXに無罪を言い渡した。

判　旨　　破棄差戻し

ため池の破損、決壊の原因となる堤とうの使用行為は、憲法や民法によって適法な財産権の行使として保障されておらず、当該行為を条例で禁止、処罰しても、憲法および法律に違反するとはいえないし、当該事項について規定している法令は存在しないため、これを条例で定めても違憲または違法とは認められない。

本件条例は災害を防止し公共の福祉を保持するためのものであり、その4条2号はため池の堤とうを使用する財産上の権利の行使を著しく制約するが、そのような制約は災害を防止し公共の福祉を保持するために社会生活上やむをえないものであり、ため池の堤とうを使用しうる財産権を有する者が当然受忍しなければな

254

らない責務であるから、憲法29条3項に基づく損失補償は必要ない。

解　説

　本判決は、ため池の堤とうの使用行為は憲法が保障する財産権の行使の範囲外にあるとした上で、条例による財産権の制限を可能とした。さらに、本件条例による財産権の制限は、災害を防止し公共の福祉を保持するという目的からすれば財産権を有する者が当然受忍すべきものであるため、損失補償も不要とした。

　財産権の制限に対する損失補償の要否を決する基準として、現在の通説では、次の三点が考えられている。①財産権の制限対象が特殊なものか一般的かという制限行為の形式、②その制限が財産権の本来の効用を失わせるほどのものであるかという制限行為の強度、③制限行為の目的である。なお、③については、公共の福祉を増進させるという積極目的のための財産権の制限であれば損失補償は必要とされるのに対し、公共の福祉を増進させるのではなく国民の安全や秩序の維持といった消極目的での財産権の制限であれば、損失補償は不要とされる。現在の通説は、これら三点を総合的に考慮して判断するとしている。

　本件の場合、Yが従前からため池の堤とうで耕作をしていたこと、財産権の制限が強度であることを重視すれば、損失補償が必要と考える余地もある。他方で、本件のようなため池の堤とうの使用行為が憲法でも民法でも保障されないことや、災害の未然の防止という本件条例の目的を重視すれば、損失補償は不要となる。本判決については、財産権の制約が強度であっても、消極目的での制限であるという目的を重視して、損失補償を不要としたとみることもできる。

■ **評　釈**　　大橋洋一・百選Ⅱ514頁

［小川一茂］

VII 国家補償

	財産権制限と損失補償(2)
118	——高松ガソリンスタンド事件

最判昭和58年2月18日民集37巻1号59頁

関連条文 ▶ 憲法29条、道路法70条

争 点

　道路法70条1項に基づいて損失補償を求めうるのはいかなる場合か。

事 実

　Yは国道交差点付近で、地下にガソリンタンクを設置してガソリンスタンドを経営していたところ、X（国）が当該国道に地下トンネルを設置したため、同ガソリンタンクと地下トンネルの水平距離が10メートル以内となり、消防法等に違反する状態となった。そこでYは、同ガソリンタンクの移転工事（本件工事）を行った上で、本件工事に要した費用について、道路法70条1項に基づき、Xに対して補償を請求したが、協議が成立しなかったので、同条4項に基づき、土地収用委員会に裁決の申請をした。これに対し同委員会が損失補償金を約907万円とする裁決を行ったため、XがYを被告として、当該補償金支払債務の不存在確認等を求めて出訴した。

判 旨　　破棄自判（請求認容）

　道路法70条1項による補償の対象は、道路工事の施行による土地の形状の変更を直接の原因として生じた隣接地の用益または管理上の障害を除去するためにやむをえない必要があってした工作物の新築等の工事に起因する損失に限られる。したがって、警察法規が一定の危険物の保管場所等につき保安物件との間に一定の離隔距離を保持すべきことなどを内容とする技術上の基準を定めている場合の補償について、道路工事の施行の結果、警察違反

の状態を生じ、危険物保有者が技術上の基準に適合するように工作物の移転等を余儀なくされ、これによって損失を被ったとしても、それは道路工事の施行によって警察規制に基づく損失がたまたま現実化したにすぎず、そのような損失は道路法70条1項の定める補償の対象には属しない。

解　説

　道路法70条1項によれば、「道路を新設し、又は改築したことにより、当該道路に面する土地について、通路、みぞ、かき、さくその他の工作物を新築し、増築し、修繕し、若しくは移転し、又は切土若しくは盛土をするやむを得ない必要があると認められる場合」、道路管理者はその費用の全部または一部を補償しなければならない。これは「みぞかき補償」と呼ばれ、道路設置により土地の境界が移動し、塀の移築が必要となった場合の補償がその典型例である。

　本件では、地下トンネルが設置された結果、消防法違反の状態となり、Yがガソリンタンクの移転を余儀なくされたことから、その工事費用を道路法70条1項に基づいて請求できるかが問題となった。本判決は、同項の対象となるのは、道路工事による土地の形状の変更を直接の原因として必要となった工事に起因する損失に限られ、警察規制が現実化することによって生じた費用は含まないとして、Xの補償債務を否定した。

　もっとも、道路法70条1項の適用はないとしても、憲法29条3項に直接基づく損失補償の問題は残る（判例116参照）。本判決はこの点について判示していないが、道路工事によって移転が必要となったことは明らかだから、憲法29条3項に基づいて補償を認めるべきとする見解と、道路工事により警察規制に基づく損失が現実化したにすぎないから、補償は必要ないとする見解がある。

■ 評　釈　　桑原勇進・百選Ⅱ506頁

[小川一茂]

Ⅶ 国家補償

119 行政財産使用許可の撤回と損失補償
——東京都中央卸売市場事件

最判昭和49年2月5日民集28巻1号1頁

関連条文 ▶ 憲法29条、国有財産法19条、24条

争点

行政財産の使用許可を撤回する場合、損失補償を要するか。

事実

昭和21年、XはY（東京都）から、東京都中央卸売市場内の行政財産たる土地（本件土地）につき、期間の定めのない使用許可を受けた。その後市場施設の拡張が必要となったため、昭和32年、YはXに対し、本件土地の使用許可を取り消す旨を通告し、行政代執行により本件土地上の物件等を除去した。そこでXは、Yに対して土地使用権の喪失による損失補償等を求めて出訴した。控訴審は、Xの損失が特別の犠牲にあたるとして、憲法29条3項に基づき、Yに損失補償（約1億円）の支払を命じた。

判旨 破棄差戻し

本件のような都有行政財産たる土地につき使用許可により与えられた使用権は、それが期間の定めのない場合であれば、当該行政財産本来の用途または目的上の必要を生じたときは、その時点において原則として消滅すべきであり、また、権利自体にこのような制約が内在するものとして付与されているものとみるのが相当である。当該行政財産にこのような必要を生じたときに使用権が消滅を余儀なくされるのは、使用権自体に内在する制約に由来するから、使用権者は、行政財産にこのような必要を生じたときは、原則として、当該使用権を保有する実質的理由を失う。

解説

地方公共団体が有する財産は、公用または公共用に供される行

政財産とそれ以外の普通財産とに区別されており、いずれについても契約あるいは許可により私人に使用させることができる。私人が使用している行政財産を公用あるいは公共用に戻す必要が生じた場合に、地方公共団体は契約の解除または許可の取消し（講学上の撤回にあたる。この点については判例37の解説を参照）を行うことが可能だが、これにより、それまでの使用者に損失が発生することがある。本件では、このような場合に損失補償が必要か否かが争われた。

　本件においては、都有行政財産について損失補償を定めた明文規定が存在していなかったため、損失補償の根拠がまず問題となった。控訴審判決は、判例116を引用して、憲法29条3項に直接基づく損失補償を認めたのに対し、本判決は、国有財産法に損失補償の規定があることから、都有行政財産にこれを類推適用すべきであり、憲法29条3項の適用は論じるまでもないとした。

　次に、使用許可の撤回による損失について補償を要するかについて、①これを特別の犠牲とみる見解（補償は必要）がある一方で、②許可を受けて行政財産を利用している者は撤回を予定（受忍）すべき立場にあり、撤回以後の使用権を有さず、したがって特別の犠牲とはみないとする見解（補償は不要）もある。本判決は、②の立場をとり、行政財産本来の用途または目的上の必要を理由とする取消し（撤回）は当該行政財産の使用権の内在的制約の現れであり、使用権者はこれを受忍しなければならず、原則として損失補償は不要とした。

　もっとも、本判決は、使用権者が使用許可にあたりその対価を支払っているが、これを償却するに足りない期間内に許可の取消し（撤回）がされた場合や、使用許可に際して別段の定めがある場合など、使用権者が当該使用権を保有する実質的理由を有する特別の事情がある場合は補償が必要となりうることを認めている。

■ **評　釈**　　野田崇・百選 I 182頁　　　　　　　　［小川一茂］

Ⅶ　国家補償

120 都市計画制限と損失補償
——都市計画制限事件

最判平成17年11月1日判時1928号25頁

関連条文 ▶ 憲法29条

争 点

都市計画制限が長期間課せられた場合、損失補償を要するか。

事 実

　Xらが所有する土地は、昭和13年に当時の都市計画法に基づいて都市計画道路の区域に指定され、その後60年近くにわたり、市街地建築物法、建築基準法、都市計画法等による建築制限を受けてきた。Xらは、これはY（盛岡市）が都市計画事業を放置してきたことによるものであるとして、Yに対して憲法29条3項に基づく損失補償等を求めて出訴した。

　第1審は、一般に、都市計画法に基づく建築制限は、都市内に位置する不動産の所有者が当然に負担すべき内在的制約に属するところ、Xらが本件土地を第三者に処分することは法的に制限されていない上、都市計画道路区域内の土地であっても、都市計画法に定める基準の範囲内で、都道府県知事の許可を得て建築物を建築することが可能であることからすると、本件における権利制限の程度は収用等と同視すべきほど強度なものではないとして、補償請求を棄却した。控訴審もこの判断を維持した。

判 旨　　上告棄却（請求棄却）

　原審の適法に確定した事実関係の下においては、Xらが受けた建築制限による損失は、一般的に当然に受忍すべきものとされる制限の範囲を超えて特別の犠牲を課せられたものということがいまだ困難であるから、Xらは、直接憲法29条3項を根拠として上記損失につき補償請求をすることはできない。

260

解　説

　都市計画に道路等の都市施設（都計法4条5項、11条1項1号）について定めた場合、当該都市計画施設（同4条6項、11条1項1号）の区域については、都市計画の実現を担保するために、一定の建築制限（都市計画制限）が課される。すなわち、当該都市計画施設が予定されている区域においては、建築物の建築が原則として禁止され、建築をしようとする者は都道府県知事等の許可を受けなければならない（同53条1項）。

　このような都市計画制限に関し、特別の犠牲として損失補償を要するか否かが問題となる。この点については、都市計画制限は都市における土地所有権の内在的制限と解されること、土地の譲渡は可能であること、一定範囲での土地利用は可能であるため、財産権の強度の制限ではないこと等を理由として、一般に損失補償は必要ではないと解されている。本判決も、本件に関する事例判断としてではあるが、同旨を述べている。

　もっとも、都市計画が全く進行せず、長期間にわたって都市計画制限を課せられ続けている場合にまで、損失補償を要しないといえるかは問題である。本判決の藤田宙靖裁判官補足意見は、都市計画制限が損失補償を伴うことなく認められるのは、その制限が都市計画の実現を担保するため必要不可欠であり、権利者に無補償での制限を受忍させることに合理的な理由があることが前提であるから、その前提を欠く事態となった場合は補償を拒むことは許されず、都市計画制限に対するこの意味での受忍限度を考えるにあたっては、制限の内容と同時に、制限の及ぶ期間が問題とされなければならないと述べている。これは、都市計画制限が合理的な理由なく長期間に及ぶような場合、補償を認めるべきとする趣旨とも解される。本判決の「いまだ」という文言から、同補足意見と同旨であることが読み取れるかもしれない。

■ **評　釈**　　岡田正則・百選Ⅱ518頁　　　　　　　　［小川一茂］

Ⅶ　国家補償

121　正当な補償
──倉吉都市計画街路事件

最判昭和48年10月18日民集27巻9号1210頁

関連条文 ▶ 日本国憲法29条3項、旧土地収用法72条

争　点

土地収用においてはどのような内容の補償をすべきか。

事　実

　Xらの所有地（本件土地）が、都市計画の街路用地に決定され、建築制限を受けることとなった。その後、Y（A県知事）による申請を受けたA県収用委員会が、本件土地の損失補償額を決定する裁決を下したが、その際、補償額は、本件土地が建築制限を受けていることを前提に算定された。そこでXらが、同補償額が、近傍類地の売買価格に比べて著しく低額であるとして、Yを相手に、差額の支払いを求めて出訴（行訴法4条前段のいわゆる形式的当事者訴訟）したところ、控訴審は請求を棄却した。なお、当時の土地収用法71条は、裁決時の価格によって補償額を算定すべきと定め、同法72条は、収用する土地に対しては、近傍類地の取引価格等を考慮して、「相当な価格をもって補償しなければならない」と定めていた。

判　旨　　破棄差戻し

　土地収用法における損失の補償は、完全な補償、すなわち、収用の前後を通じて被収用者の財産価値を等しくならしめるような補償をなすべきであり、金銭をもって補償する場合には、被収用者が近傍において被収用地と同等の代替地等を取得することをうるに足りる金額の補償を要する。土地収用法72条によって補償すべき相当の価格とは、被収用地が、建築制限を受けていないとすれば、裁決時において有するであろうと認められる価格である。

262

解　説

　憲法29条3項では、私有財産を公共のために用いるためには、「正当な補償」が必要とする。この「正当な補償」の意味につき、最大判昭和28年12月23日民集7巻13号1523頁は、「当時の経済状態において成立することを考えられる価格に基き、合理的に算出された相当な額をいう」とし、上記価格と「必ずしも常に……完全に一致することを要」しないとしていた。市場価格を下回る額でも「正当な補償」とする相当補償説とよばれるものである。

　本件当時の土地収用法72条は、「相当な価格」の損失補償を求めていた（現在の土地収用法71条はやや異なる）。その文言からすれば、昭和28年最大判と同様の考え方が採用されそうである。しかし本判決は、「完全な補償」であることを求めた。

　昭和28年最大判の事案は、戦後の農地改革（判例18の解説参照）という、旧来の社会構造を劇的に変容させる改革に関わるものであった。これに対し、本件は、土地収用という、私有地を公共の用に供する際の通常の制度に関わる点で異なる。このような通常の制度としての土地収用で求められる「相当な額」の内容として、「完全」であることを判示したといえよう。

　なお、補償金算定の基準時について、本件当時の土地収用法71条は、収用委員会の裁決時としていた。しかし、昭和48年改正の土地収用法は、同裁決より以前の、事業認定の告示時に改めている（現行土地収用法71条）。この点が憲法29条3項に反するかどうかが争われた事件において、最判平成14年6月11日民集56巻5号958頁は、昭和28年最大判を先例として引用しつつ、合理的な制度であるとして憲法に反しないとした。その際、土地収用法71条によって、「被収用者は収用の前後を通じて被収用者の有する財産価値を等しくさせるような補償を受けられる」としている。本判決を意識した説示と思われる。

■ **評　釈**　　西村淑子・百選Ⅱ512頁　　　　　　　　　　［北見宏介］

判例索引

＊イタリック体のものは、本文中で引用されているものです。

最判昭和27年1月25日民集6巻1号22頁［高知県農地買収事件］・・・・・・・・・・・・・・・・・・192

最判昭和27年11月20日民集6巻10号103頁・・・・・・・・・・・・・・・・・・・・・・・・・・・・・・・・・・・・・*191*

最大判昭和28年2月18日民集7巻2号157頁［大分県農地委員会事件］・・・・・・・・・・・30

最大判昭和28年12月23日民集7巻13号1523頁・・・・・・・・・・・・・・・・・・・・・・・・・・・・・・・・・・*263*

最判昭和29年7月30日民集8巻7号1463頁・・・・・・・・・・・・・・・・・・・・・・・・・・・・・・・・・・・・・・・*81*

最判昭和30年4月19日民集9巻5号534頁・・・・・・・・・・・・・・・・・・・・・・・・・・・・・・・・・・・・・・・*233*

最判昭和30年9月30日民集9巻10号1498頁・・・・・・・・・・・・・・・・・・・・・・・・・・・・・・・・・・・・・・*33*

最判昭和31年4月24日民集10巻4号417頁・・・・・・・・・・・・・・・・・・・・・・・・・・・・・・・・・・・・・・・*31*

最判昭和31年11月30日民集10巻11号1502頁

　　［川崎駅警察官強盗殺人事件］・・214

最判昭和33年3月28日民集12巻4号624頁［パチンコ球遊器事件］・・・・・・・・・・・・・・・・・*57*

最判昭和33年9月9日民集12巻13号1949頁

　　［秋田本荘町農地買収令書事件］・・・86

最判昭和34年1月29日民集13巻1号32頁［東山村消防長同意取消事件］・・・・・・・150

最大判昭和35年3月9日民集14巻3号355頁・・・・・・・・・・・・・・・・・・・・・・・・・・・・・・・・・・・・・・*181*

最判昭和35年3月18日民集14巻4号483頁［精肉販売食品衛生法違反事件］・・・・32

最判昭和36年2月16日民集15巻2号244頁・・・・・・・・・・・・・・・・・・・・・・・・・・・・・・・・・・・・・・*217*

最判昭和36年3月7日民集15巻3号381頁［山林所得課税事件］・・・・・・・・・・・・・・・・・・68

最判昭和36年4月21日民集15巻4号850頁・・・・・・・・・・・・・・・・・・・・・・・・・・・・・・・・・・・・・・・*61*

最判昭和38年5月31日民集17巻4号617頁・・・・・・・・・・・・・・・・・・・・・・・・・・・・・・・・・・・・・*105*

最大判昭和38年6月26日刑集17巻5号521頁［奈良県ため池条例事件］・・・・・・・・254

最判昭和39年1月23日民集18巻1号37頁・・*33*

最判昭和39年10月29日民集18巻8号1809頁

　　［大田区ごみ焼却場設置事件］・・140

東京地決昭和40年4月22日行例集16巻4号708頁

　　［健康保険医療費値上げ事件］・・196

最大判昭和40年4月28日民集19巻3号721頁

　　［名古屋郵政局職員免職事件］・・180

東京高決昭和40年5月31日行例集16巻6号1099頁・・・・・・・・・・・・・・・・・・・・・・・・・・・・・*197*

大阪高決昭和40年10月5日行例集16巻10号1756頁［茨木市庁舎事件］・・・・・・・110

最大判昭和41年2月23日民集20巻2号271頁・・・・・・・・・・・・・・・・・・・・・・・・・・・・・・・・・・・*156*

264

判例索引

最判昭和41年2月23日民集20巻2号320頁
　［茨城県農業共済組合連合会事件］ …………………………………… 112
最大判昭和43年11月27日刑集22巻12号1402頁
　［名取川河川附近地制限令事件］ ……………………………………… 252
最判昭和43年12月24日民集22巻13号3147頁［墓地埋葬通達事件］……56
最判昭和43年12月24日民集22巻13号3254頁［東京12チャンネル事件］…… 198
最大判昭和45年7月15日民集24巻7号771頁……………………………… *35*
最判昭和45年8月20日民集24巻9号1268頁［高知落石事件］……………240
最判昭和46年6月24日民集25巻4号574頁…………………………………*229*
最判昭和46年10月28日民集25巻7号1037頁［個人タクシー事件］…………100
最大判昭和47年11月22日刑集26巻9号554頁［川崎民商事件］……………… 118
最判昭和47年11月30日民集26巻9号1746頁［長野勤評事件］…………………*207*
最判昭和47年12月5日民集26巻10号1795頁［大分税務署事件］……………66
最判昭和48年4月26日民集27巻3号629頁［譲渡所得課税事件］……………70
最決昭和48年7月10日刑集27巻7号1205頁［荒川民商事件］………………120
東京高判昭和48年7月13日行例集24巻6・7号533頁［日光太郎杉事件］………78
最判昭和48年10月18日民集27巻9号1210頁［倉吉都市計画街路事件］………262
最判昭和49年2月5日民集28巻1号1頁［東京都中央卸売市場事件］……………258
最判昭和49年2月28日民集28巻1号66頁……………………………………… *73*
最判昭和49年5月30日民集28巻4号594頁……………………………………… *39*
最判昭和49年7月19日民集28巻5号790頁……………………………………… *81*
最判昭和50年2月25日民集29巻2号143頁［陸上自衛隊事件］………………34
最判昭和50年5月29日民集29巻5号662頁［群馬中央バス事件］……………102
最判昭和50年6月26日民集39巻6号851頁［奈良県赤色灯標柱事件］…………*243*
最判昭和50年7月25日民集29巻6号1136頁［故障トラック放置事件］………242
最判昭和50年9月10日刑集29巻8号489頁［徳島市公安条例事件］……………44
最判昭和51年5月21日刑集30巻5号615頁［旭川学力テスト事件］………………*51*
熊本地判昭和51年12月15日判時835号3頁……………………………………*226*
最判昭和52年12月20日民集31巻7号1101頁［神戸全税関事件］………………72
最判昭和53年3月14日民集32巻2号211頁［主婦連ジュース事件］…………162
最判昭和53年5月26日民集32巻3号689頁……………………………………… *63*
最判昭和53年6月16日刑集32巻4号605頁
　［余目町個室付特殊浴場事件〈刑事〉］ ………………………………… 62
最判昭和53年6月20日刑集32巻4号670頁 ………………………………… 21
最判昭和53年9月7日刑集32巻6号1672頁［所持品検査事件］……………… 20
最大判昭和53年10月4日民集32巻7号1223頁［マクリーン事件］………………74

265

最判昭和53年10月20日民集32巻7号1367頁［芦別国家賠償事件］……………232

最判昭和53年12月8日民集32巻9号1617頁［成田新幹線事件］……………38

東京地判昭和54年3月27日判時919号77頁［高田馬場駅事件］……………247

最決昭和55年9月22日刑集34巻5号272頁［自動車一斉検問事件］……………18

最判昭和55年11月25日民集34巻6号781頁［運転免許停止事件］……………182

最判昭和56年1月27日民集35巻1号35頁［宜野座村企業誘致事件］……………24

最判昭和56年2月26日民集35巻1号117頁［ストロングライフ事件］……………58

最判昭和56年4月7日民集35巻3号443頁……………115

最判昭和56年7月16日民集35巻5号930頁……………91

最大判昭和56年12月16日民集35巻10号1369頁
［大阪空港事件（国家賠償）］……………248

最大判昭和56年12月16日民集35巻10号1369頁
［大阪空港事件（民事差止め）］……………138

大阪地判昭和57年2月19日行例集33巻1=2号118頁……………197

最判昭和57年3月12日民集36巻3号329頁［大阪民事判決国賠事件］……………234

最判昭和57年4月1日民集36巻4号519頁［岡山税務署健康診断事件］……………216

最判昭和57年4月22日民集36巻4号705頁［盛岡用途地域指定事件］……………152

最判昭和57年7月15日民集36巻6号1169頁［交通反則金事件］……………116

最判昭和57年9月9日民集36巻9号1679頁［長沼ナイキ基地事件］……………164

最判昭和58年2月18日民集37巻1号59頁［高松ガソリンスタンド事件］……………256

最判昭和59年1月26日民集38巻2号53頁［大東水害事件］……………244

最判昭和59年2月24日刑集38巻4号1287頁［石油カルテル事件］……………22

最判昭和59年10月26日民集38巻10号1169頁［仙台市建築確認事件］……………188

最判昭和60年1月22日民集39巻1号1頁［パスポート発給拒否事件］……………104

最判昭和60年7月16日民集39巻5号989頁［品川マンション事件］……………94

最判昭和60年11月21日民集39巻7号1512頁［在宅投票制度廃止事件］……………236

最判昭和60年12月17日民集39巻8号1821頁……………156

最判昭和61年2月27日民集40巻1号124頁［富山パトカー追跡事件］……………218

最判昭和61年3月25日民集40巻2号472頁［点字ブロック未設置転落事件］…246

最判昭和62年4月17日民集41巻3号286頁……………203

最判昭和62年4月21日民集41巻3号309頁［米子鉄道郵便局事件］……………194

最判昭和62年10月30日判時1262号9頁［青色申告課税事件］……………26

最判昭和63年3月31日判時1276号39頁［麹町税務署事件］……………122

最判昭和63年6月17日判時1289号39頁［優生保護医指定撤回事件］……………88

最決昭和63年10月28日刑集42巻8号1239頁……………63

最判平成元年2月17日民集43巻2号56頁［新潟空港事件］……………166

判例索引

大阪地判平成元年3月14日民集48巻1号97頁 ……………………………… *128*

最判平成元年4月13日判時1313号121頁［近鉄特急料金変更認可事件］……… 168

最決平成元年11月8日判時1328号16頁 …………………………………………… *91*

最判平成元年11月24日民集43巻10号1169頁［京都宅建業者事件］…………… 222

最判平成2年1月18日判時1337号3頁［伝習館高校事件］……………………… 50

最判平成2年2月1日民集44巻2号369頁 ………………………………………… *55*

大阪高判平成2年10月31日民集48巻1号107頁 ………………………………… *128*

最判平成2年12月13日民集44巻9号1186頁［多摩川水害事件］……………… *245*

最判平成3年3月8日民集45巻3号164頁［浦安漁港事件］…………………… 16

最判平成3年4月19日民集45巻4号367頁［小樽種痘禍事件］……………… 230

最判平成3年4月26日民集45巻4号653頁［熊本水俣病認定遅延訴訟］……… 226

最判平成3年7月9日民集45巻6号1049頁［幼児接見不許可事件］…………… 52

最判平成4年1月24日民集46巻1号54頁

　［八鹿町土地改良事業施行認可事件］……………………………………… 200

最大判平成4年7月1日民集46巻5号437頁［成田新法事件］…………………… 98

最判平成4年9月22日民集46巻6号571頁［もんじゅ事件（原告適格）］……… 170

最判平成4年9月22日民集46巻6号1090頁［もんじゅ事件（補充性）］……… 202

最判平成4年10月6日判時1439号116頁 ………………………………………… *157*

最判平成4年10月29日民集46巻7号1174頁［伊方原発事件］………………… 76

最判平成4年11月26日民集46巻8号2658頁 …………………………………… *156*

最判平成4年12月15日民集46巻9号2753頁［一日校長事件］………………… 48

最判平成5年2月18日民集47巻2号574頁［武蔵野マンション事件〈民事〉］…96

最判平成5年2月25日民集47巻2号643頁 ……………………………………… *139*

最判平成5年3月11日民集47巻4号2863頁［奈良過大更正事件］……………… 220

最判平成5年3月16日民集47巻5号3483頁 ……………………………………… *77*

最判平成5年3月30日民集47巻4号3226頁［テニス審判台転倒事件］……… 250

最判平成5年9月10日民集47巻7号4955頁［松戸市開発許可事件］…………… *189*

最判平成6年1月27日民集48巻1号53頁［大阪府知事交際費事件］………… 128

最判平成6年1月27日判時1487号48頁［栃木県知事交際費事件］…………… *129*

最判平成6年2月8日民集48巻2号123頁 ………………………………………… *39*

最判平成6年2月8日民集48巻2号255頁 ………………………………………… *131*

最判平成6年9月27日判時1518号10頁 …………………………………………… *173*

最大判平成7年2月22日刑集49巻2号1頁［ロッキード事件］………………… 36

最判平成7年3月23日民集49巻3号1006頁

　［盛岡市公共施設管理者同意拒否事件］………………………………… 144

最判平成8年3月8日民集50巻3号469頁［剣道実技拒否事件］……………… 80

267

最判平成7年6月23日民集49巻6号1600頁［クロロキン薬害事件］…………………… *89*

最判平成10年12月17日民集52巻9号1821頁

［国分寺市パチンコ店営業許可事件］………………………… 172

最判平成11年1月21日民集53巻1号13頁［志免町給水拒否事件］……………… 90

最判平成11年11月19日民集53巻8号1862頁［逗子市情報公開事件］……… 108

最判平成11年11月25日判時1698号66頁……………………………………………… *177*

最判平成13年3月27日民集55巻2号530頁………………………………………… *129*

最判平成13年12月18日民集55巻7号1603頁

［兵庫県レセプト開示請求事件］……………………………………… 126

最判平成14年1月17日民集56巻1号1頁［御所町2項道路指定事件］………… 158

最判平成14年4月25日判例地方自治229号52頁……………………………………… *161*

最判平成14年6月11日民集56巻5号958頁………………………………………… *263*

最判平成14年7月9日民集56巻6号1134頁［宝塚市パチンコ店事件］………… 114

最判平成15年9月4日判時1841号89頁［労災就学援護費不支給事件］………… 142

最判平成15年11月11日判時1846号3頁［大田区指導要録事件］……………… 134

最判平成16年1月15日民集58巻1号226頁

［不法滞在外国人国民健康保険事件］……………………………… 228

最決平成16年1月20日刑集58巻1号26頁［今治税務署事件］……………… 124

最判平成16年4月27日民集58巻4号1032頁［筑豊じん肺訴訟］…………………… *225*

最判平成16年7月13日判時1874号58頁………………………………………………… *71*

最判平成16年10月15日民集58巻7号1802頁［熊本水俣病関西事件］………… 224

最判平成17年4月14日民集59巻3号491頁［登録免許税還付通知拒否事件］…… 146

最決平成17年6月24日判時1904号69頁［東京建築検査機構事件］…………… 40

最判平成16年7月13日判時1874号58頁［ネズミ講事件］…………………………… *71*

最判平成17年7月15日民集59巻6号1661頁［病院開設中止勧告事件］………… 148

最大判平成17年9月14日民集59巻7号2087頁［在外国民選挙権事件］………… 206

最判平成17年11月1日判時1928号25頁［都市計画制限事件］……………………… 260

最大判平成17年12月7日民集59巻10号2645頁［小田急事件（原告適格）］… 174

最判平成18年2月7日民集60巻2号401頁［呉学校施設使用不許可事件］……… 82

最判平成18年3月10日判時1932号71頁［京都府レセプト訂正請求事件］…… 136

最判平成18年7月14日民集60巻6号2369頁［高根町水道条例事件］………… 28

大阪地判平成18年10月26日判タ1226号82頁………………………………………… *173*

最判平成18年11月2日民集60巻9号3249頁［小田急事件（本案）］……………… 84

最判平成19年1月25日民集61巻1号1頁［積善会事件］……………………………… 42

最判平成19年2月6日民集61巻1号122号…………………………………………………… *27*

最判平成19年12月7日民集61巻9号2390頁……………………………………………… *83*

最決平成19年12月18日判時1994号21頁［弁護士懲戒処分執行停止事件］·····212

大阪地判平成20年2月14日判タ1265号67頁······················*173*

最大判平成20年9月10日民集62巻8号2029頁

　［浜松市土地区画整理事業計画事件］·····························154

最決平成21年1月15日民集63巻1号46頁［沖縄ヘリ墜落事件］·················132

最判平成21年2月27日民集63巻2号299頁［優良運転免許証不交付事件］·····186

最判平成21年7月10日判時2058号53頁［福間町公害防止協定事件］··············92

最判平成21年10月15日民集63巻8号1711頁［サテライト大阪事件］············178

最判平成21年10月23日民集63巻8号1849頁［福島県求償金請求事件］········238

最大判平成21年11月18日民集63巻9号2033頁·······················*55*

最判平成21年11月26日民集63巻9号2124頁［横浜市保育所廃止条例事件］

　··160

最判平成21年12月17日民集63巻10号2631頁［新宿区建築安全条例事件］·····64

最判平成22年3月2日判時2076号44頁·····························*241*

最判平成22年6月3日民集64巻4号1010頁

　［名古屋冷凍倉庫固定資産税事件］·······························60

最決平成22年11月25日民集64巻8号1951頁·······················*117*

福岡高判平成23年2月7日判時2122号45頁［産廃処分場措置命令事件］········204

最判平成23年5月30日民集65巻4号1740頁·······················*210*

最判平成23年6月7日民集65巻4号2081頁［一級建築士免許取消事件］·········106

最判平成23年12月16日判タ1463号47頁·····························*33*

最判平成24年1月16日判時2147号127頁·····························*73*

最判平成24年2月9日民集66巻2号183頁［東京都教職員国旗国歌事件］·······208

最判平成24年2月28日民集66巻3号1240頁·······················*77*

最判平成24年4月20日民集66巻6号2583頁·····························46

最決平成24年7月3日判例集未登載［産廃処分場措置命令事件］··············*204*

最判平成25年1月11日民集67巻1号1頁

　［医薬品インターネット販売権事件］·····························54

東京地判平成25年3月26日判時2209号79頁·······················*169*

大阪高判平成25年8月30日判例地方自治379号68頁·······················*173*

最判平成26年7月14日判時2242号51頁［沖縄返還密約事件］·················130

東京高判平成26年2月19日訟月60巻6号1367頁·······················*169*

最決平成26年8月19日判時2237号8頁·····························*99*

最判平成27年3月3日民集69巻2号143頁

　［北海道パチンコ店営業停止命令事件］·····························184

最決平成27年4月21日判例集未登載·····························*169*

269

最判平成27年12月14日民集69巻8号2404頁 ·· *189*

最判平成28年3月10日判夕1426号26頁［京都府個人情報保護条例事件］······ 190

最判平成28年12月8日民集70巻8号1833頁 ··· *139*

事項索引

あ行

青色申告 ······················26〜, 66〜, 122〜
——課税事件 ····························26
青写真判決 ···························· 156〜
秋田本庄町農地買収令書事件 ··········86
悪魔のくじ ·····························231
明渡し ·································110
旭川学力テスト事件····················51
芦別国家賠償事件 ·····················232
余目町（あまるめちょう）個室付特
　殊浴場事件〈刑事〉·················62
荒川民商事件 ·························120
安全認定 ··························64〜
安全配慮義務 ······················34〜
伊方原発事件 ·························76
意見公募手続 ······················106〜
意見陳述手続 ·······················100
違憲無効説 ···························253
著しさの統制 ·······················73
一日校長事件 ·························48
一括指定 ··························158〜
一級建築士免許取消事件 ···········106
一定の処分 ·····················205, 209
一般運転者 ························186〜
一般処分 ·····························159
一般用医薬品·····························54
委任の範囲······························54
委任命令 ···························52〜
茨城県農業協同組合連合会事件·····112
茨木市庁舎事件························110
違反運転者·····························187

違法性·········218〜, 222〜, 229, 232〜
——一元説 ··············· 221, 229, 233
——限定説 ······················235
——推定説 ······················235
——相対説
　　············221, 229, 233, 235, 237
——阻却····························22
——同一説 ······················221
——統制機能 ······················221
——の承継 ······················64〜
違法判断の基準時 ·····················192
今治税務署事件························124
医薬品インターネット販売権事件····54
医療情報 ·····························135
医療費の職権告示······················196
インカメラ審理························132〜
訴えの利益········ 40, 147, 161, 164〜,
　　　　　　　　180〜, 194, 199, 200〜
浦安漁港事件 ·····························16
運転免許証·····························186
運転免許停止事件 ·····················182
（運転）免許停止処分············63, 182〜
営業停止命令 ·························184
営造物の設置管理者 ·····················239
営造物の設置管理の瑕疵 ····215, 240〜
エホバの証人 ·························80
大分県農地委員会事件·················30
大分税務署事件························66
大阪空港事件
　（国家賠償）··························248
　（民事差止め）·························138
大阪府知事交際費事件··················128

271

大阪民事判決国賠事件 …………234
大田区ごみ焼却場設置事件 …………140
大田区指導要録事件 …………134
公の施設 …………28〜
岡山税務署健康診断事件 …………216
沖縄ヘリ墜落事件 …………132
沖縄返還密約事件 …………130
小田急事件
　(原告適格) …………174
　(本案) …………84
小樽種痘禍事件 …………230

か行

外郭団体 …………46
外観上一見明白説 …………69, 71
外形標準説 …………215
戒告 …………110
外国旅行の自由 …………104
開示請求権 …………130
解釈基準 …………57
改修計画 …………244
蓋然性 …………209
開発行為 …………144
開発許可 …………145, 189
開発指導要綱 …………96〜
回避可能性 …………241, 243
回復すべき法律上の利益 …………182〜, 185
加害公務員の特定 …………216
学習指導要領 …………50〜, 83
確定申告 …………66, 118, 120, 220
確認訴訟　→公法上の確認訴訟
確認の利益 …………206〜, 209, 211
過失 …………228〜, 240
瑕疵の治癒 …………66〜, 109

課税処分 …………68, 70〜, 105, 122〜
河川の設置・管理の瑕疵 …………244
川崎駅警察官強盗殺人事件 …………214
川崎民商事件 …………118
関係地域 …………175
関係法令 …………176
環境影響評価 …………85, 174〜
完結型計画 …………153, 157
還元不能説 …………203
間接強制調査 …………119, 121, 122〜, 125
完全な補償 …………262〜
換地処分 …………154〜, 200〜
仮換地指定 …………155〜
管理者説 …………239
技術的制約 …………244
規制規範 …………22
規制権限不行使 …………89, 222〜
　──型 …………223
起訴議決 …………117
機能的瑕疵 …………249
宜野座村（ぎのざそん）企業誘致事件
　…………24
既判力 …………147, 196
寄附金 …………96
義務違反説 …………243
客観説 …………243
客観的明白説 …………69
求償権 …………238〜
給水拒否 …………90〜
教育施設負担金 …………96〜
教育情報 …………135
教科書検定 …………77
強行法規 …………32〜
教示 …………191
行政機関相互（間）の行為 …………38, 150

事項索引

行政基準 ······················· 51, 143
行政規則 ············ 51, 57, 91, 143, 185
行政強制 ························· 112〜, 114
行政契約 ······················· 91, 93, 115
行政刑罰 ····························· 113
行政権限の不行使 ···················· 227
行政権の主体 ························ 114
行政権の濫用 ····················· 62〜
行政行為 ···················· 38, 53, 141
行政財産 ······················ 82, 258〜
　　——使用許可の撤回 ············ 258〜
強制執行　→行政上の強制執行
行政執行法 ·························· 112
行政指導 ·············· 22〜, 36〜, 91, 92,
　　　　　　　　　　94〜, 96〜, 148
　　——指針 ·························· 97
行政主体 ·············· 40〜, 115, 131, 217
行政上の強制執行
　　············· 16〜, 110〜, 112〜
行政上の強制徴収 ··················· 111〜
行政上の制裁 ························ 111
行政上の秩序罰 ······················ 113
（行政）処分 ············· 38〜, 41, 51, 53,
　　　　　　　60〜, 62〜, 66〜, 68〜,
　　　　　　　70〜, 86〜, 140〜
行政代執行 ········ 16〜, 110〜, 113, 115
行政調査 ············ 18, 20, 118〜, 120〜
強制徴収　→行政上の強制徴収
行政手続 ··················· 98〜, 116〜
行政の安定性 ························ 69
行政罰 ····························· 112
行政文書 ····················· 130, 132〜
行政便宜主義 ························ 223
行政法規違反 ························ 32
行政立法 ························ 51, 159

行訴法改正
　　·········· 167, 169, 171, 173, 176, 212
京都宅建業者事件 ···················· 222
京都府個人情報保護条例事件 ········ 190
京都府レセプト訂正請求事件 ········· 136
供用関連瑕疵 ························ 249
許可 ······························· 59
寄与度説 ·························· 239
起立斉唱行為 ························ 208
禁忌者 ························· 230〜
緊急性 ····························· 197
緊急避難 ···························· 17
金銭納付義務 ························ 60
近鉄特急料金変更認可事件 ··········· 168
空港管理権 ························ 138〜
具体的価値衡量説 ···················· 69
国の法令 ···························· 44
熊本水俣病関西事件 ················· 224
熊本水俣病認定遅延訴訟 ············· 226
倉吉都市計画街路事件 ··············· 262
呉学校施設使用不許可事件 ············ 82
群馬中央バス事件 ···················· 102
競願（けいがん）関係 ··············· 198
警察官の職務質問　→職務質問
警察規制 ··························· 257
形式的当事者訴訟 ··················· 262
刑事訴訟 ··························· 62
刑事手続 ······················ 98, 116
契約締結義務 ························ 91
劇物指定 ··························· 58
結果違法説 ························ 233
欠格事由 ··························· 58
原因行為 ··························· 49
健康保険医療費値上げ事件 ··········· 196
原告適格 ············· 162〜, 205, 210

273

現在の科学技術の水準⋯⋯⋯⋯⋯76
検査拒否（の）罪⋯⋯⋯⋯⋯118, 120
検察審査会⋯⋯⋯⋯⋯⋯⋯⋯⋯117
検証物提示命令⋯⋯⋯⋯⋯⋯⋯132
原処分主義⋯⋯⋯⋯⋯⋯⋯⋯194〜
原子炉設置許可⋯⋯⋯⋯76〜, 170, 202
建築確認
　⋯⋯40〜, 64〜, 94〜, 152, 188, 196
　──（の）留保⋯⋯⋯⋯⋯⋯94〜
建築士免許取消処分⋯⋯⋯⋯⋯⋯106
建築主事⋯⋯⋯⋯⋯⋯⋯⋯40〜, 137
剣道実技拒否事件⋯⋯⋯⋯⋯⋯⋯80
県費負担教職員⋯⋯⋯⋯⋯⋯238〜
憲法遵守義務⋯⋯⋯⋯⋯⋯⋯⋯237
憲法上の権利⋯⋯⋯⋯⋯⋯⋯⋯81
憲法に基づく損失補償請求権⋯⋯⋯252
権利制限・拡張区分説⋯⋯⋯⋯⋯131
故意過失⋯⋯⋯⋯⋯⋯⋯⋯⋯⋯221
公害防止協定⋯⋯⋯⋯⋯⋯⋯92, 115
公害防止計画⋯⋯⋯⋯⋯⋯⋯⋯85
効果裁量⋯⋯⋯⋯⋯⋯⋯83, 73, 83
公共施設⋯⋯⋯⋯⋯⋯⋯⋯⋯⋯144
　──管理者⋯⋯⋯⋯⋯⋯⋯⋯144
公共性⋯⋯⋯⋯⋯⋯⋯⋯⋯⋯⋯249
公共団体⋯⋯⋯⋯⋯⋯⋯⋯⋯⋯41
工業地域⋯⋯⋯⋯⋯⋯⋯⋯⋯152〜
航空行政権⋯⋯⋯⋯⋯⋯⋯⋯138〜
公権力の行使⋯⋯41, 42〜, 138〜, 141,
　　　143, 149, 211, 216, 235〜
公権力発動要件欠如説⋯⋯⋯⋯⋯221
抗告訴訟⋯⋯⋯⋯ 38, 141, 143, 145〜,
　　　149〜, 151, 159, 211
工作物使用禁止命令⋯⋯⋯⋯⋯98〜
工事完了⋯⋯⋯⋯⋯⋯⋯⋯⋯⋯188
麹町税務署事件⋯⋯⋯⋯⋯⋯⋯122

公証⋯⋯⋯⋯⋯⋯⋯⋯⋯⋯⋯⋯59
更正処分⋯⋯⋯⋯26, 60, 66〜, 109, 220〜
公正競争規約⋯⋯⋯⋯⋯⋯⋯162〜
拘束力⋯⋯⋯⋯⋯⋯⋯⋯⋯⋯⋯198
公訴提起⋯⋯⋯⋯⋯⋯⋯⋯⋯232〜
高知県農地買収事件⋯⋯⋯⋯⋯192
高知落石事件⋯⋯⋯⋯⋯⋯⋯⋯240
公聴会⋯⋯⋯⋯⋯⋯⋯⋯⋯⋯102〜
交通反則金⋯⋯⋯⋯⋯⋯⋯⋯116〜
　──事件⋯⋯⋯⋯⋯⋯⋯⋯⋯116
公定力⋯⋯⋯⋯⋯60〜, 62〜, 65, 69
幸福追求権⋯⋯⋯⋯⋯⋯⋯⋯⋯99
神戸全税関事件⋯⋯⋯⋯⋯⋯⋯72
公法私法二元論⋯⋯⋯⋯⋯⋯⋯31
公法上の確認訴訟⋯⋯⋯⋯206, 208〜
公法上の当事者訴訟⋯⋯⋯⋯ 143, 149,
　　　160〜, 202〜, 207, 209, 211
公務員の個人の責任⋯⋯⋯⋯43, 233
考慮遺脱⋯⋯⋯⋯⋯⋯⋯⋯⋯⋯79
国営空港⋯⋯⋯⋯⋯⋯⋯⋯⋯138〜
告示⋯⋯⋯⋯⋯⋯50〜, 158〜, 196〜,
国税犯則事件⋯⋯⋯⋯⋯⋯⋯⋯123
国賠違法⋯⋯⋯⋯⋯⋯⋯⋯⋯⋯221
国分寺市パチンコ店営業許可事件
　⋯⋯⋯⋯⋯⋯⋯⋯⋯⋯⋯⋯172
国民皆保険制度⋯⋯⋯⋯⋯⋯148〜
個室付浴場⋯⋯⋯⋯⋯⋯⋯⋯⋯62
故障トラック放置事件⋯⋯⋯⋯⋯242
個人情報⋯⋯⋯⋯⋯⋯126, 134〜, 190
　──保護⋯⋯⋯⋯126〜, 135, 136〜
個人タクシー事業免許⋯⋯⋯⋯100〜
個人タクシー事件⋯⋯⋯⋯⋯⋯100
個人的素因⋯⋯⋯⋯⋯⋯⋯⋯230〜
個人の責任　→公務員の個人の責任
御所町（ごせちょう）2項道路指定

事項索引

事件……………………………158
国家賠償請求……………………40, 60
国家補償の谷間……………………231
固定資産課税台帳…………………60
固定資産評価審査委員会…………60
個別具体説………………………131
個別指定………………………158～
根拠規範…………………… 19, 22～

さ行

在外国民選挙権事件………………206
罪刑法定主義……………………44
裁決固有の瑕疵…………………195
裁決主義………………………60, 198
債権放棄議決……………………46
財産権（の）制限………………254～
財産権の主体……………………114～
最小限審査……………73, 81, 83, 84
財政的制約………………………241, 244
在宅投票制度……………………236
　──廃止事件……………………236
裁判規範…………………………51
裁判行為…………………………234
裁判の公開………………………133
財務会計行為………………17, 46～, 48～
債務不履行………………………35
在留期間更新許可………………74
在留特別許可……………………229
裁量………………………… 59, 72～
裁量基準…………………………57
差止訴訟………………………139, 208～
サテライト大阪事件……………178
差別的取扱い（の禁止）…………28～
産廃処分場措置命令事件…………204

山林所得課税事件………………68
恣意抑制機能………67, 105, 107, 109
指揮監督権限……………………36～
事業計画…………………………154
事業認定…………………50, 78, 156, 263
自己拘束論………………………171
自己情報………………… 127, 135
　──開示規定…………………134
　──コントロール権……………135
　──の本人開示………………134～
自己の法律上の利益に関係のない
　　違法…………………………167
自己責任説………………………217
事実行為…………………………141
事実誤認………………………73, 75
事実上の推認……………………77, 131
事情判決…………155, 168, 197, 200～
施設周辺地域……………………173
事前手続…………………………120
自然公物…………………………245
執行機関………………………33, 49
執行停止
　………… 110, 161, 196, 209～, 212～
実効的権利救済…………………65, 157
執行罰……………………………111
執行不停止原則…………………212
実子あっせん行為………………88
質問検査………………120～, 124～
指定医師の指定…………………88
指定確認検査機関………………40～
指定法人…………………………40～
私的自治の原理…………………91
自動車一斉検問…………………18～
　──事件………………………18
児童福祉施設……………………62

275

児童遊園 ……………………62	情報公開
指導要綱 ……………………96〜	………108, 126〜, 128〜, 130, 132〜
児童養護施設 ………………42〜	消滅時効 ………………27, 34〜
品川マンション事件 ……………94	将来効 ……………………87, 89
司法作用 ……………………235	条理上の作為義務 ………………227
司法的執行 …………111, 112〜, 114	条例 ………………28〜, 44〜,
志免町（しめまち）給水拒否事件	53, 114〜, 160〜, 197
……………………90	職業活動の自由 ………………54
諮問機関 ……………………102〜	職業選択の自由 ………………100
諮問手続 ……………………102〜	職務関連性 ……………………214
社会観念審査 ………………73	職務権限 ……………………36, 56
社会的制約 …………………244	職務行為基準説
社会福祉法人 ………………42〜	………221, 229, 233, 235, 237
修正裁決 ……………………194〜	職務質問 ……………………20〜
重損要件 ……………………205	職務命令 ……………………208〜
重大かつ明白な瑕疵 …………68〜	職務を行うについて ……………214〜
重大説 ……………………69	職権取消し ………………86〜, 89
重大な損害 ………204〜, 208〜, 212〜	所掌事務 ……………………23
重大明白説 …………………71	所持品検査 …………………20〜
住宅集合地域 ………………173	──事件 ……………………20
住民 ………………………28	処分 → （行政）処分
──監査請求 ………………108	処分基準 …………………106, 184〜
──訴訟 …………16〜, 46〜, 48〜	処分時説 ……………………193
出訴期間 …………65, 70, 190〜	処分性 ………116〜, 140〜, 200, 210
受託収賄 ……………………36	知る権利 ……………………127
主張立証責任 …………76〜, 130	白色申告 ……………………27
主婦連ジュース事件 ……………162	侵害行政作用 …………………19
準法律行為的行政行為 …………59	信義衡平の原則 ………………25
場外車券発売施設 ………………178	信義則 ………………24〜, 34〜
消極目的 ……………………255	信教の自由 …………………81
証拠能力 …………………20, 124	人工公物 ……………………245
証拠の偏在 …………………131	審査基準 …………………76〜, 100〜
使用者責任 ………………43, 215	審査請求 …………66, 94, 194
譲渡所得課税事件 ………………70	紳士協定 ……………………93
消防長（の）同意 ……………150〜	新宿区建築安全条例事件 …………64

事項索引

申請型義務付け訴訟……………193, 204
申請不応答型………………………223, 227
信頼関係……………………25, 129, 135
信頼保護………………………………87
診療報酬明細書……………………126, 136
推認……………………………………133
逗子市情報公開事件………………108
ストロングライフ事件………………58
制限地域………………………………172
政策変更………………………………24
生活保護基準………………………50, 77
請求権発生説………………………253
政治的・政策的裁量………………75, 77
正当な理由……………………………191
正当な補償…………………………262～
正当の理由…………………………56, 90～
精肉販売食品衛生法違反事件………32
税務調査………119, 122～, 124～, 220
積善会事件……………………………42
石油カルテル事件……………………22
是正命令………………………………189
接見……………………………………52
絶対的効力説………………………161, 197
設置管理者……………………………239
接道義務……………………………64, 158
設備基準………………………………58
仙台市建築確認事件………………188
選任監督者……………………………239
専門技術的裁量………………………77
前歴…………………………………183, 184
総合考慮型……………………………223
捜索……………………………………20
相対的効力説…………………………197
相当補償説……………………………263
贈賄……………………………………36

訴願……………………………………192
遡及効…………………………………87
遡及買収………………………………192
即時強制………………………………110
即時執行………………………………110
組織規範………………………………19
訴訟要件………………………………163
租税法律主義…………………………26
措置命令………………………………204
損害賠償…………………………214～, 231
(損失) 補償………………31, 231, 252～

た行

代位責任説……………………………217
退学処分……………………………80～
第三者効……………………160～, 196～
第三者の信頼………………………69, 71
代執行　→行政代執行
代替措置………………………………81
代替的作為義務……………………110～
大東水害事件…………………………244
滞納処分………………………………111
逮捕・拘留…………………………232～
高根町水道条例事件…………………28
高松ガソリンスタンド事件…………256
宝塚市パチンコ店事件………………114
他事考慮………………………………79
筑豊じん肺訴訟………………………225
知事交際費…………………………128～
懲戒処分
　………50, 72～, 194, 207, 208, 212～
調査義務説……………………………69
聴聞…………………………………100
直接強制………………………………111

277

直接強制調査 ………… 119, 122～, 125

通信販売 ………………………………54

通知 …………………………………228

通達 ………… 27, 56, 142～, 208～

定期航空運送事業免許 ……………166

訂正請求 ……………………… 136～

適法性確定説 ………………………235

撤回 ……………… 87, 88～, 258～

手続的瑕疵 …………………… 101, 103

手続的権利 …………………………165

手続濫用 ……………………………123

鉄道料金変更認可処分 ……………168

テニス審判台転倒事件 ……………250

点字ブロック ………………… 246～

　　──未設置転落事件 ……………246

伝習館高校事件 ………………………50

同意 ……………………… 144, 150

東京建築検査機構事件 ………………40

東京12チャンネル事件 ……………198

東京都教職員国旗国歌事件 …………208

東京都中央卸売市場事件 ……………258

当事者 ………………………………196

　　──訴訟　→公法上の当事者訴訟

道路の設置・管理の瑕疵 ……… 240～

登録 …………………………………58

登録免許税還付通知 ………………146

　　──拒否事件 ……………………146

徳島市公安条例事件 …………………44

特殊法人 ………………… 38～, 151

特別行政主体 …………………………39

特別の犠牲 ……… 252～, 258～, 260～

独立行政法人 …………………………39

都市計画区域 ………………………155

都市計画決定 …………………………84

都市計画事業（の）認可

　　………………………84～, 174～

都市計画施設 ………………………261

都市計画制限 ………………… 260～

　　──事件 …………………………260

都市施設 ……………………………261

土地改良事業施行認可 ……………200～

栃木県知事交際費事件 ……………129

土地区画整理事業 ……………139, 154～

土地収用 ……………… 78, 262～

届出 …………………92～, 155, 180

富山パトカー追跡事件 ……………218

取消違法 ……………………………221

取消訴訟の排他的管轄 ……… 61, 63

取締法規 ……………………… 32～

な行

内閣総理大臣 ………………… 36～

内在的制約 ………………… 259, 261

内部関係 ………………………………39

長沼ナイキ基地事件 ………………164

名古屋郵政局職員免職事件 …………180

名古屋冷凍倉庫固定資産税事件 ……60

名取川河川附近地制限令事件 ………252

奈良過大更正事件 …………………220

奈良県ため池条例事件 ……………254

成田新幹線事件 ………………………38

成田新法事件 …………………………98

新潟空港事件 ………………………166

二項道路 ……………………… 158～

二重効果的行政処分 …………………87

日光太郎杉事件 ………………………78

任意調査 ………………… 119, 122

農地改革 ………………… 31～, 263

農地買収計画 ………………31, 151, 192

事項索引

農地買収処分 ……………………………30

は行

賠償責任の負担者 ………………………238
バイパス理論 ……………………………113
パスポート発給拒否事件 ……………104
浜松市土地区画整理事業計画事件
　……………………………………………154
判決時説 …………………………………193
犯罪の非刑罰的処理 ……………………117
反射的利益（論）…………………162, 223
反則行為 …………………………………116
犯則事件 …………………………………125
犯則調査 ………119, 122〜, 123, 124〜
判断過程審査 ………77, 78〜, 81, 82〜, 84
判断代置型審査 …………………………73, 79
反面調査 …………………………………220
東山村消防長同意取消事件 …………150
非完結型計画 ……………………153, 157
非申請型義務付け訴訟 ………193, 204
病院開設許可 ……………………………148
病院開設中止勧告 ………………………148
　——事件 ………………………………148
兵庫県レセプト開示請求事件 ………126
平等原則 …………………………………28〜
費用負担者 ………238〜, 240, 242, 244
費用負担者説 ……………………………239
比例原則 ……………………………121, 219
風俗営業許可 …………………………172〜
不開示情報 ………………………131, 133
不可抗力 …………………………241, 243
福島県求償金請求事件 ………………238
福間町公害防止協定事件 ……………92
不在地主 …………………………………30

不作為 ……………………………………226
　——義務 ………………………………115
　——の違法確認訴訟 …………………226
付随的効果 …………………153〜, 183, 185
普通財産 …………………………………259
不服申立て …………………………………162〜
　——の資格 …………………………162〜
不服申立便宜機能 ……67, 105, 107, 109
不法滞在外国人国民健康保険事件
　……………………………………………228
プライバシー権 …………………………127
不利益処分 ……………67, 89, 106, 185
不利益変更 ……………………………167, 210
分限免職処分 ……………………………180
弁護士懲戒処分執行停止事件 ………212
保安林指定解除処分 …………………164
法規 ……………………50〜, 53, 56, 105
法規命令 ……………………………51, 53, 55
法定抗告訴訟 ……………………209, 211
法定手続 …………………………………98
法治国家原理 ……………………………99
法の一般原則 ……………………………25, 31
法律解釈 …………………………………228
法律上の争訟 ……………………39, 114〜
法律上の利益
　…………………162〜, 167, 171, 174, 183
法律上保護された利益（説）
　………162〜, 165, 171, 174, 176, 179
法律先（専）占論 ………………………45
法律による行政の原理
　……………………………… 26, 51, 68, 87
法律の根拠 ……………………58, 87, 89
法律の委任 ………………………………44, 51
法律要件分類説 ……………………130〜
保健医療機関 ……………………136, 148

279

——の指定 …………………………148
保護に値する利益説……………163, 171
補充性………………202〜, 205, 209〜
北海道パチンコ店営業停止命令事件
　………………………………………184
墓地埋葬通達事件………………………56
本人情報………………………………126〜
本来の用法……………………………250〜
不可争力…………………………………65, 69

ま行

マクリーン事件…………………………74
待たせ賃…………………………………227
松戸市開発許可事件…………………189
未決勾留…………………………………52
みぞかき補償……………………………257
密約………………………………………130
民事訴訟
　………138〜, 141, 143, 160〜, 202〜
　——の基本原則………………………132
無効…………………………68〜, 70〜
　——確認…………………………68, 70
　——確認訴訟……………171, 202〜
武蔵野マンション事件〈民事〉………96
無制約説…………………………………235
無名抗告訴訟…………139, 207, 209〜
明白（性）…………………………68, 70
命令服従義務……………………………51
目的外使用許可…………………………82
目的外利用………………………………190
目的達成不能説………………………203
黙秘権……………………………………125
盛岡市公共施設設置管理者同意拒否
事件………………………………………144

盛岡用途地域指定事件………………152
もんじゅ事件（原告適格）…………170
もんじゅ事件（補充性）………………202

や行

友好関係…………………………………129
優生保護医指定撤回事件………………88
郵便等販売………………………………54
優良運転者……………………………186〜
優良運転免許証不交付事件…………186
八鹿町（ようかちょう）土地改良事
業施工認可事件………………………200
要件裁量…………………75, 77, 79, 81, 85
要綱……………………………………91, 142〜
要綱行政…………………………………91
幼児接見不許可事件……………………52
用途地域………………………………115, 152
　——（の）指定……………………152〜
要保護児童………………………………42
横浜市保育所廃止条例事件…………160
米子鉄道郵便局事件…………………194
予防接種………………………………230〜

ら行

利益的処分………………………………87, 89
陸上自衛隊事件…………………………34
立証責任………………………………77, 130〜
立法行為……………196, 206, 221, 236〜
立法指針説………………………………253
立法不作為……………………206, 236〜
理由（の）差替え……………………108〜
理由（の）提示
　………………67, 104〜, 106〜, 109

事項索引

理由の追完……………………………109

理由付記…………66〜, 104〜, 107, 109

令状主義…………………118〜, 125

レセプト…………………126, 136〜

労災就学援護費……………………142

——不支給事件……………………142

ロッキード事件……………………36

〈編者紹介〉

下井　康史（しもい・やすし）　　千葉大学教授
〔1～3・5～14・69～70・86執筆〕

村上　裕章（むらかみ・ひろあき）　九州大学教授
〔29～35・58～59・72・89・92～96執筆〕

〈執筆者紹介（五十音順）〉

朝田　とも子（あさだ・ともこ）　熊本大学准教授
〔16～17・98～104・106～109執筆〕

小川　一茂（おがわ・かずしげ）　神戸学院大学准教授
〔4・56・62・110～120執筆〕

岸本　太樹（きしもと・たいき）　北海道大学教授
〔52～55・63～67執筆〕

北見　宏介（きたみ・こうすけ）　名城大学准教授
〔15・18～26・61・71・105・121執筆〕

児玉　　弘（こだま・ひろし）　佐賀大学准教授
〔27～28・36～39・42～47・60執筆〕

石　　龍潭（せき・りゅうたん）　山口大学教授
〔48～51・73～80執筆〕

久末　弥生（ひさすえ・やよい）　大阪市立大学教授
〔40～41・57・68・81～85・87～88・90～91・97執筆〕

判例フォーカス 行政法

2019年5月31日　第1刷発行

編著者	村　上　裕　章
	下　井　康　史
発行者	株式会社 三　省　堂
	代表者　北口克彦
印刷者	三省堂印刷株式会社
発行所	株式会社 三　省　堂

〒101-8371　東京都千代田区神田三崎町二丁目22番14号
電話　編集　(03)3230-9411
営業　(03)3230-9412
https://www.sanseido.co.jp/

©H. Murakami, Y.Shimoi 2019　　　　　　Printed in Japan

落丁本・乱丁本はお取り替えいたします。　〈判例フォーカス 行政法・288pp.〉

ISBN978-4-385-32275-9

本書を無断で複写複製することは、著作権法上の例外を除き、禁じられ
ています。また、本書を請負業者等の第三者に依頼してスキャン等によっ
てデジタル化することは、たとえ個人や家庭内での利用であっても一切
認められておりません。